Weidner • Versunkenen Schätzen auf der Spur

Mario M. Weidner

Versunkenen Schätzen auf der Spur

Das Handbuch für Wracktaucher

pietsch

Einbandgestaltung: Michael Kreutz

Titelbild: Gerhard Binanzer

Privatkollektion des Autoren: Seiten 14, 16, 28, 36, 46 (oben), 49, 60, 78, 79, 81, 83, 84, 102, 115, 117, 137, 141, 143, 161, 162, 163, 164, 165, 166, 167, 169, 170, 171, 173, 181, 182, 191, 192, 194, 196, 206, 208, 209, 217
Gerhard Binanzer: Seiten 15, 111
Klaus Keppler, Seabed Invest: Seiten 20, 85, 87, 88, 92, 110, 113, 129, 130
Dan Burton: Seite 20
Andreas Wagenknecht: Seiten 29, 42, 61, 67, 104, 109, 118, 119, 122, 123, 125, 127, 132, 136, 138, 139 (oben), 184, 189, 195
Werksfoto Firma SINN Spezialuhren zu Frankfurt am Main: Seite 46
Henry Keatts, mit freundlicher Genehmigung blue point Verlag, Sandra Grünewald: Seiten 65, 66, 79, 86, 90
Alan Wright, Norsemaid Charters: Seite 74
Michael Waldbrenner: Seite 99
Gunther Meier, 4-G-Diver, Rheinheim/Od.: Seite 106
Geoff Mellard, immersed, U.K.: Seite 139 (unten)
WZ-Bilddienst, Wilhelmshaven: Seiten 148, 156, 158, 174, 190, 202, 203, 218
University of Liverpool: Seiten 149, 153, 159
Schiffahrtsverlag Peter Fuchs, Hamburg: Seite 157
Deutsche Dienststelle, Referat V. Berlin: Seite 159

ISBN 3-613-50312-3

1. Auflage 1998

Lektor: Oliver Schwarz
Layout und Satz: DOPPELPUNKT Auch und Grätzbach GbR, Leonberg
Druck: Henkel Druck, 70435 Stuttgart
Bindung: Karl Dieringer, 70839 Gerlingen
Printed in Germany

Inhalt

Danksagung

Während meinen Recherchen und Nachforschungen, die zur Auffindung der hier beschriebenen Schiffe notwendig waren, halfen mir zahlreiche Personen mit Informationen und durch Bereitstellung wichtiger Dokumente sowie Archivmaterial. Ohne ihre Mithilfe hätte ich dieses Buch nie schreiben können. Insbesondere möchte ich folgenden Personen und Organisationen für ihre wertvolle Mitarbeit danken:

Dr. Mayerhöfer, Archivdirektor des Bereiches »Kaiserliche Marine«, und Dr. Fleischer, Archivdirektor des Bereiches »Kriegsmarine« beim Bundesmilitärarchiv, Freiburg im Breisgau, beantworteten mir nicht nur jede Frage am Telefon, sondern stellten mir auch das gesamte Archivmaterial an Kriegstagebüchern und Verlustmeldungen zur Verfügung. Peter Fiedler von der Deutschen Dienststelle, Referat V., Berlin, gewährte mir Einblick in die Ranglisten der Kaiserlichen Marine und war mir bei der Klärung des Verbleibs deutscher U-Bootbesatzungen behilflich. Von Herrn Postkpa vom Bundesarchiv Koblenz und Herrn Vogt vom Bundesarchiv, Berlin, wurden mir freundlicherweise einige Reproduktionen alter Originalbilder zur Verfügung gestellt. Ebenfalls mit historischem Bildmaterial unterstützten mich Simon Wilson von der University of Liverpool, der WZ-Bilddienst in Wilhelmshaven sowie Wolfgang Fuchs, vom Schiffahrtsverlag in Hamburg. Mein besonderer Dank geht in diesem Zusammenhang auch an Klaus Keppler, Geschäftsführer von Seabed Invest, Hamburg; Alan Wright, Norsemaid Charters, Michael Bern, Düsseldorf; Michael Waldbrenner, Mannheim, und Geoff Mellard, Representative »imersed«, Nottingham, die mir ebenfalls Bildmaterial zur Verfügung stellten.

Bei der Beschaffung von Bildmaterial englischer Schiffe und Personen waren mir Jane Constantini, Archivarin des Bildarchivs des National Maritime Museum, Greenwich, London, sowie das Public Record Office, London, eine große Hilfe; gleiches gilt für ihre Kollegen R.G. Todd und Graham Slater von der Historical Photographs and Ships Plans Section des National Maritime Museum, Greenwich, sowie Ian Whitehead von der Museum & Art Galery, Hartlepool; und dem Imperial War Museum, London, die mir die kompletten Konstruktionszeichnungen sowie Bildmaterial einiger Schiffe zur Verfügung stellten. Von Harland&Wolff, Technical Services, Belfast, erhielt ich ebenfalls Konstruktionszeichnungen und Bildmaterial ihrer Schiffe. Mein Dank geht hier an Deborah Linsey, die mich freundlich und kompetent beriet. Jenny Wraight, Archivarin der Naval Historical Branch des Ministry of Defence, London war eine wertvolle Hilfe bei der Klärung vieler Detailfragen bei meiner Wrack-Recherche.

In diesem Zusammenhang geht mein Dank auch an Lieut. Cdr. Nelson McEachen, Royal Navy Wreck Officer von der Wreck Section des Hydrographic Institute beim Ministry of Defence in Tounton, Somerset, der mir die Vermessungsunterlagen der Seekarten für meinen Datenabgleich der Wrackpositionen zur Verfügung stellte. Cormac Connolly von Lloyds of London Press Ltd, London, vollführte das kleine Wunder und besorgte mir die kompletten, offiziellen Kriegsverlustlisten von Lloyds of London.

Das War Risk Insurance Office des Department of Transport in London sowie Lloyds of London, Insurance Department waren mir bei der Klärung der Besitzverhältnisse von Schiffen und ihrer Ladung behilflich und ermöglichten meinem Partner Tommy Cecil und mir den Kauf einiger Schiffswracks. Eine schier unersetzbare Hilfe bei meinen Nachforschungen waren Ann Cowne vom Lloyds Register of Shipping, London, sowie Angelika Pensel, von Lloyds Register of Shipping, Hamburg, die keine meine Anfragen unbeantwortet ließen und teilweise sehr viel Geduld bei der Beantwortung meiner Fragen aufbringen mußten.

Besonderer Dank und Würdigung gebührt meinem guten Freund Tommy J. Cecil, der in mir den Funken entfacht hat, von dem alle meine weiteren Aktivitäten ausgingen. Dies gilt auch für meinen früheren Tauchpartner Gunther Meier sowie die weiteren Mitglieder der »4-G-Diver«, die für mich in den Anfängen meiner Tauchkarriere stets große Vorbilder waren und mich immer wieder aufs Neue dazu ermutigt haben, dieses Buch zu schreiben.

Ich danke allen Beteiligten, die mir bei der Fertigstellung dieses Buches durch Rat und Tat geholfen haben und dazu viel Geduld aufbringen mußten. Insbesondere geht mein Dank in diesem Zusammenhang an Christine Kronshage, die das mühsame Korrekturlesen meines Manuskriptes übernahm und viele nützliche Anregungen und berechtigte Kritik anbrachte, sowie an meinen Freund und Tauchpartner Andreas Wagenknecht, der mich bei der Auswahl und der Herstellung des verwendeten Bildmaterials unterstützte und mich bei einigen meiner Wrackerkundungen in der Irischen See begleitete.

Danken möchte ich auch meinem Lektor Oliver Schwarz, der meiner Arbeit von Anfang an Vertrauen entgenbrachte und mir den Weg zum Erscheinen dieses Buches ebnete. Claudia Vonnegut gab mir den nötigen Rückhalt und die Motivation, um diese Arbeit bis zum druckreifen Abschluß zu bringen. Weiterhin bin ich meinen langjährigen irischen Tauchpartnern Norman Woods und Oliver McElroy, zu großem Dank verpflichtet, die gemeinsam mit mir die in diesem Buch beschriebenen Wracks betauchten und mich in jeder Hinsicht mit Rat und Tat unterstützen.

Ein besonderes Wort des Dankes geht auch an meine Sponsoren Michael Armitage, Leitender Direktor der Fa. Northern Diver, Wigan, Lancaster; Werner Thomaier, Uwe Lehmann und Norbert Nickel von der Firma JWL-AQUALUNG Tauchsport GmbH, Rielasingen; Daniel Bernhard von der Firma Euwasport, Alpnach-Dorf/Schweiz; Thomas und Horst Dederichs, Tauch- und Reisewelt Mönchengladbach und Lothar Schmidt, Geschäftsführer der Firma SINN Spezialuhren zu Frankfurt am Main, sowie Leonie Konietzko, zuständig für den Bereich Öffentlichkeitsarbeit im Hause SINN, die mir kostenlos meine umfangreiche Spezialausrüstung zur Verfügung gestellt und somit großes Vertrauen in meine Person und Interesse an meiner Arbeit gezeigt haben. Ohne diese großzügige und freundliche Unterstützung wären meine kostenintensiven Tauchprojekte nicht durchführbar gewesen.

Vorwort

Seit den Anfängen der Seefahrt sind unzählige Schiffe ein Raub des Meeres geworden. Allein in den letzten drei Jahrhunderten versanken Millionen Tonnen an Schiffsraum samt ihrer Ladungen in den Tiefen der Weltmeere. Ein Blick auf die Seekarten genügt, um zu erkennen, wieviele Schiffe infolge von Kriegen, Naturkatastrophen und menschlichem oder technischem Versagen ihren Heimathafen nie wieder erreicht haben. Viele dieser Schiffsschicksale sowie die tragischen Umstände ihres Untergangs sind längst in Vergessenheit geraten; ihre Geschichte wurde nie erforscht. Niemand macht sich die Mühe, nach diesen Wracks zu suchen. Sie ruhen daher unangetastet auf dem Boden der Meere.

Für Wracktaucher und Schatzsucher jedoch sind diese versunkenen Schiffe und die mit ihnen verlorengegangenen Ladungen der Stoff, aus dem die Träume sind. Jedes Wrack hat für sie eine Geschichte, die voller interessanter Details steckt und die es in staubigen Archiven zu erforschen gilt. Oftmals gelingt es erst nach Jahren, die gesammelten Informationen und Erkenntnisse über ein Wrack wie ein Puzzle zusammenzufügen, bevor mit der eigentlichen Ortung und Erforschung des gesunkenen Schiffes begonnen werden kann. In vielen Fällen scheitert ein solches Projekt jedoch an der zu bewältigenden Tauchtiefe. Viele Schiffwracks konnten bis zum heutigen Tag nicht erforscht werden, da sie selbst für sehr erfahrene Taucher in unerreichbaren Tiefen liegen. Tauchgänge an Schiffswracks jenseits der für Sporttaucher empfohlenen Tiefengrenze von 40 Metern waren für viele Jahre ein Tabu. Durch die Entwicklung von neuen Tauchtechniken wie beispielsweise den Einsatz von Mischgas im offenen oder geschlossenen Kreislauf ist es nun erfahrenen Spezialisten endlich möglich, freitauchend und ohne Einsatz von U-Booten oder Unterwasserrobotern die Geheimnisse tiefer, unberührter Schiffswracks zu entdecken.

Seitdem auch in Deutschland das sogenannte »Technical Diving« – das technische, einsatzbezogene Tauchen mit modernsten Techniken – Einzug hält, sind die Diskussionen über das Tieftauchen neu entflammt. Von dieser Entwicklung unbeeindruckt und von der übrigen Taucherwelt oft als »Kamikazetaucher« belächelt, gingen meine Tauchpartner Tommy, Norman und Oliver sowie ich selbst in den vergangenen Jahren neue Wege. Aufgrund von persönlichem Enthusiasmus und Wagemut, gepaart mit jahrelanger

Erfahrung im Bereich des Tieftauchens und der Wrackpenetration, gelang es uns, eine Reihe beeindruckender Schiffswracks – von Kriegsschiffen über Frachter und U-Boote bis hin zu großen und bekannten Passagierschiffen – zu entdecken und zu erforschen. Wir drangen in eine Welt vor, die weit unterhalb der 40-Meter-Tiefengrenze für Sporttaucher liegt und die vorher noch nie ein Mensch betreten hatte. Allen Risiken und Gefahren des Meeres zum Trotz gelang es uns, mit herkömmlicher Tauchausrüstung, Schiffswracks in Tiefen von weit über 100 Metern zu betauchen. Wir konnten uns so einen Wunsch erfüllen, der für viele Taucher und Schatzsucher immer unerfüllt bleiben muß: Unberührte Wracks zu entdecken und dem Meer einige echte oder ideelle Schätze zu entreißen. Gleichzeitig wurden wir durch unvergeßliche Tauchgänge in einer unberührten Unterwasserwelt für unsere Risikobereitschaft belohnt und hatten die Gelegenheit, die Überreste längst vergangener Epochen zu entdecken.

Mit der erfolgreichen Betauchung und Erforschung dieser verschollenen Schiffe konnten wir darüber hinaus auch demonstrieren, daß für ein solches Unternehmen nicht unbedingt Millionen aufgebracht werden müssen. Zwar sind – wie im Fall der erst im August 1996 mit großem Medienspektakel durchgeführten Bergungsexpedition zum Luxusliner »Titanic« – oft erhebliche finanzielle Mittel nötig, um ein Schiff zu erforschen, doch können in vielen Fällen auch Enthusiasmus und persönlicher Einsatz zum Ziel führen.

Dieses Buch ist das Ergebnis meiner jahrelangen Recherchen und eigener Wracksuchen und gleichzeitig eine Mischung aus Abenteuer und Geschichte, geschrieben sowohl für den enthusiastischen Wracktaucher und Schatzsucher als auch für den Lehnstuhl-Abenteurer und Hobbyhistoriker.

Als ich mich im Herbst 1996 zum ersten Mal mit der Idee zu diesem Buch befaßte, war es ursprünglich nur meine Absicht, die zum Teil dramatischen Geschichten jener Schiffe zu erzählen, die ich in den letzten Jahren erforschen konnte. Gleichzeitig stellte ich in Gesprächen mit anderen Tauchern und Schatzsuchern immer wieder fest, daß kaum jemand bereit ist, seine persönlichen Erfahrungen und sein Wissen an andere interessierte Personen weiterzugeben. Es ist daher mein Wunsch, einige dieser Informationslücken zu schließen und allen Lesern Tips und Anregungen sowie persönliche Erfahrungen zu einem, wie ich meine, äußerst interessanten und faszinierenden Hobby zu geben, damit sie sich selbst vielleicht einmal den Traum von ihrem unberührten Wrack erfüllen können.

Das vorliegende Buch führt den Leser in die rauhen Gewässer des Nordatlantiks, in das Gebiet des Nordkanals zwischen Nordirland und Schottland. Da die Erforschung der nachfolgend beschriebenen Wracks nur aufgrund langer Erfahrung im Bereich des Tieftauchens mit weit über 1000 Dekompressionstauchgängen unter zum Teil schwierigsten Verhältnissen möglich war, wie sie weltweit nur eine Handvoll Taucher nachweisen können, soll

dem Leser, dem diese Welt vielleicht für immer verschlossen bleiben wird, auf diese Weise ein Eindruck vom Leben eines »Wrackjägers« vermittelt und ein Blick in die Welt versunkener Schiffe gewährt werden. Gleichzeitig ist es ein Ausflug in die interessante Geschichte dieser gesunkenen Schiffswracks. Für diejenigen von uns, die an diesen Wracks tauchen, ist die Vergangenheit jener einst stolzen Schiffe genauso beeindruckend wie die Entdeckung und Erforschung ihrer Überreste. Tief unterhalb des Meeres vereinigten wir mit unserem »Besuch« Vergangenheit und Gegenwart und hatten Gelegenheit beides zugleich kennenzulernen.
Keinesfalls dürfen Taucher dieses Handbuch als Aufforderung dazu verstehen, unter Mißachtung ihrer eigenen Leistungsgrenzen und der Empfehlungen und Richtlinien der internationalen Tauchsport- und Ausbildungsverbände selbst auf Wracksuche zu gehen. Sport- und Hobbytaucher verfügen weder über ausreichendes Know-how noch über die umfangreichen technischen Voraussetzungen noch über ausreichende Erfahrungen mit tiefen Mischgastauchgängen, um ein solches Risiko eingehen zu können. Ihnen ist daher dringend von einer Nachahmung der beschriebenen Tauchgänge abzuraten.

Dieses Buch ist meinem guten Freund Tommy J. Cecil gewidmet, der am 21. September 1997 bei einem Mischgastauchgang zum Wrack des englischen Passagierschiffes »Tuscania« ums Leben kam. Sein Leben und seine ganze Leidenschaft galt den versunkenen Schiffen, die er so sehr liebte. Es ist schon eine Ironie des Schicksals, daß er ausgerechnet an einem solchen Schiff sein Leben ließ. Das letzte, was er in den Händen hielt, war eine Schiffsglocke, die er noch wenige Minuten vor seinem Tod bergen konnte. Ich hätte mir sehr gewünscht, daß er eines Tages dieses Buch als Ergebnis unserer langjährigen Wracksuche in den Händen hätte halten können. Alles, was mir bleibt, sind die vielen Jahre unserer Freundschaft und die Erinnerungen an die gemeinsamen Wrackexpeditionen, die ich mit diesem Buch verewigen möchte.

Mario M. Weidner
Frankfurt am Main, November 1998

Abb. 1

Der Autor Mario M. Weidner zusammen mit Tommy Cecil im Hafen von Rathlin Island/Nordirland. Hier entstand die Idee zu diesem Buch.

Wracktauchen: Faszination, Abenteuer und Beginn einer Leidenschaft

«Tue das, wovor Du Angst hast,
und der Tod Deiner Angst ist Dir sicher.«
R.W. Emerson

Die Zahl der Tauchsportbegeisterten und Hobbyschatzsucher ist in den letzten Jahren sprunghaft angestiegen und mit ihr auch die Zahl derer, die zur Befriedigung der tief in uns verwurzelten Neugier oder aus Forschungsdrang Schiffswracks finden und betauchen wollen. Aber der Drang zur Erforschung von Wracks und vor allem der in ihnen vermuteten wertvollen Ladung oder der Schiffsgerätschaften ist nichts Neues. Schon immer hat es Frauen und Männer gegeben, die von der Idee besessen waren, die Schätze des Meeres zu entdecken und versunkene Schiffe zu erforschen, auch wenn nur wenige jemals das Glück hatten, ein noch unberührtes Wrack zu betauchen und tatsächlich einen selbst geborgenen, wertvollen Fund mit an Land bringen zu können.

Abb. 2

Die Erforschung versunkener Schiffe und die Suche nach verborgenen Schätzen, ist ein faszinierendes Hobby, dem immer mehr Taucher mit großer Leidenschaft nachgehen.

Spätere Tauchergenerationen werden keine Ausnahme bilden, denn solange es Menschen gibt, werden diese versuchen, das Meer mit allen seinen Geheimnissen zu erforschen. Dank des raschen Fortschrittes in der Tauchtechnik verfügen wir über immer bessere Möglichkeiten, die Überreste der maritimen Vergangenheit selbst in Augenschein zu nehmen und Wissen aus erster Hand zu erlangen. Wir müssen uns nicht damit zufrieden geben, unsere Vergangenheit in einem Museum oder aus einem Buch zu lernen, sondern können persönlich die Reise in die Geschichte antreten, um etwas über frühere Generationen zu erfahren.

Ich selbst habe seit meinem ersten Wracktauchgang vor der Küste Spaniens vor mehr als 15 Jahren davon geträumt, ein noch unberührtes Wrack zu finden und einmal »der Erste« zu sein. Damals weckten die Geschichten der »alten Hasen« in mir den Wunsch, mich auf die Suche nach unbekannten Wracks zu machen. Mein Abenteuer- und Forscherdrang war geweckt und gebannt verschlang ich einschlägige Literatur oder Fernsehsendungen der großen bekannten Taucher wie Hans Hass oder Jacques Cousteau. Da sich jedoch das Meer nicht vor meiner Haustüre befand und ich zu diesem Zeitpunkt auch nicht die nötigen finanziellen Mittel und das erforderliche Fachwissen besaß, um nach Wracks zu suchen, beschränkte ich mich in den folgenden Jahren darauf, in heimischen Seen nach verborgenen Schätzen zu suchen oder an Wrackexpeditionen zu bereits bekannten Wracks im In- und Ausland teilzunehmen.

Abb. 3

Das Wrack eines im Mittelmeer gesunkenen deutschen Torpedoschnellbootes. Es ist eines der ersten Wracks, die der Autor betauchte.

Mit den Jahren sind versunkene Schiffe meine Leidenschaft geworden, und viele befreundete Taucher teilen diese Passion. Mit jedem Tauchgang, den ich an Schiffsüberresten unternahm, wurde der Traum vom »eigenen«, unberührten Wrack stärker.

Die Idee, selbst nach neuen Wracks zu suchen, blieb unverrückbar in meinen Gedanken, doch es sollte weitere Jahre dauern, bis ich im Frühjahr 1989 in Nordirland, auf Rathlin Island, den irischen Wracktaucher und Buchautor Thomas Cecil kennenlernte, der mir im Verlauf unserer Gespräche immer öfter von seiner Suche nach verschollenen Wracks im Seegebiet des Nordkanals zwischen Irland und Schottland erzählte. Tage später erwähnte Tommy, daß sich seine Nachforschungen hinsichtlich der von ihm gesuchten Wracks als sehr schwierig erwiesen, da er keinerlei Zugriff auf die in deutschen Archiven gelagerten Kriegstagebücher der für die Versenkung verantwortlichen U-Boote erhielt. Natürlich bot ich ihm meine Mithilfe bei der erforderlichen Recherche an.

Immer stärker zog uns die längst vergangene Welt dieser Wracks in ihren Bann bis wir endlich, nach Hunderten von Stunden, die ich mit Recherchen in Archiven und Bibliotheken und unzähligen Anfragen an Dienststellen und Behörden zugebracht hatte, ihre ganze Geschichte kannten. Die mühsam gewonnenen Erkenntnisse wurden von uns sorgsam gehütet, damit nicht andere Wracktaucher uns »unsere« Wracks streitig machen oder ihre Schätze bergen konnten. Ebenso mit Bedacht wählten wir die Tauchpartner aus, mit denen wir uns auf die Wracksuche sowie der Erforschung der gefundenen Schiffe begaben.

Enthusiastische Wracktaucher und Schatzsucher üben schon ein interessantes aber auch irgendwie ein wenig verrücktes Hobby aus. Es ist immer dasselbe: Wenn endlich nach umfangreichen Vorbereitungen der Tag näher rückt, an dem ein unbekanntes Wrack betaucht werden soll, laden wir in einer Stimmung äußerster emotionaler Spannung Unmengen von Ausrüstungsgegenständen und Atemgasflaschen in unser Tauchboot und machen uns in den frühesten Morgenstunden auf die zum Teil stundenlange Fahrt zu unserem Tauchrevier, wo wir die schwere und komplexe Ausrüstung anlegen und ins Wasser springen. Für Stunden, in denen wir auf das Ende unserer umfangreichen Dekompressionsroutine harren, begeben wir uns in eine unbekannte Unterwasserwelt voller Gefahren, nur um zuvor wenige Minuten am Grunde des Meeres »unser« Wrack erforschen zu können. Wenn wir jedoch in der Tiefe die Überreste eines für Jahrzehnte im Verborgenen liegenden Wracks berühren, fließen Vergangenheit und Gegenwart zusammen, und alle Mühe hat sich ausgezahlt.

Während wir über die verrosteten Aufbauten gleiten, leuchten wir mit unseren Unterwasserscheinwerfern in jeden Winkel und jede Luke, immer hoffend, einen sensationellen Fund zu machen. Manchmal ist uns das Finderglück hold, und wir kehren mit einem Korb Porzellan, einer Schiffsglocke, einem schönen Messingsextanten oder gar einem gut erhaltenen Taucherhelm an die Wasseroberfläche zurück. Wieder daheim, verbringen wir dann weitere Stunden mit der Reinigung der gefundenen Artefakte, die schließlich, auf Hochglanz poliert, ihren Weg in eine Sammelvitrine oder in die Ausstellungsräume eines Museums finden und dort vom Glanz der Vergangenheit künden. Die Geschichte der Seefahrt steht nämlich nicht nur in den Akten alter Archive geschrieben – der Meeresboden selbst und die auf ihm ruhenden Schiffe geben Zeugnis davon. Wie Menschen einst gelebt und gedacht; welche Kunstfertigkeit sie besessen haben, zeigt jedes kleinste Stück, das wir während unserer Tauchgänge bergen. Alles gibt Anschauungsunterricht in Geschichte und mahnt uns gleichzeitig, die zahlreichen Katastrophen, die zum Untergang des Schiffes geführt haben, nicht zu vergessen.

Natürlich gibt es auch Taucher, denen es nicht um das Aufstöbern solcher »Mitbringsel« geht und die stattdessen Wochen und Monate damit verbringen, ein Schiff genau zu vermessen, archäologische Geheimnisse zu lüften oder die fehlende Scherbe eines Tonkruges aus dem 18. Jahrhundert zu suchen. Alle passionierten Wracktaucher, ob Unterwasserarchäologen oder Schatzsucher, sollten bei allem Entdeckerdrang nicht vergessen, daß sie dazu beitragen, unsere Kenntnisse über die Vergangenheit, über das Leben und die Gewohnheiten unserer Vorfahren und das Verständnis für die Geschichte zu vertiefen. Jegliche Bergung von Gegenständen und Schiffsartefakten aus Schiffwracks sollte daher mit dem nötigen Verantwortungsbewußtsein und mit dem Ziel, den Fund für unsere Nachwelt zu erhalten, vorgenommen werden.

Teil 1: Schatzsuche in Schiffswracks

Mit der Zahl der begeisterten Tauchsportanhänger ist, wie bereits erwähnt, in den letzten Jahren auch das Interesse an der Wracksuche ständig gewachsen. Nicht zuletzt auch durch den Kinowelterfolg von James Camerons Verfilmung des Untergangs der *Titanic* oder auch durch die im November 1997 von meinem Tauchpartner Alan Wright erfolgreich durchgeführte Erstbetauchung des im November 1916 vom deutschen U-Boot *U-73* versenkten Schwesterschiffes *Britannic* mit einer Tauchtiefe von 120 Metern wird das Interesse der Öffentlichkeit immer wieder neu entfacht. Das Betauchen versunkener Schiffe und die Schatzsuche sind Hobbies, die immer mit einem Hauch von Abenteuer behaftet sein werden und grundsätzlich von jedem Menschen – Mann oder Frau, jung oder alt – durchgeführt werden können. Theoretisch bedarf es hierfür nur eines ärztlichen Tauglichkeitsattestes sowie einiger Tage Zeit, um einen Tauchkurs zu absolvieren, und schon kann jeder fertig ausgebildete Taucher auf eigene Faust auf Unterwasserentdeckungsreise gehen.

In der Praxis braucht man für die erfolgreiche und sichere Erforschung von Schiffswracks jedoch wesentlich mehr. Erst jahrelange, durch unzählige Dekompressions- und Wracktauchgänge erworbene Erfahrung, ermöglicht es dem Schatzsucher, das Risiko bei seinen Exkursionen in einem kalkulierbaren Rahmen zu halten. Dem unerfahrenen Taucher drohen viele Gefahren: Schnell bleibt er in einer vermeintlich leicht zu betauchenden Wrackpassage stecken, gerät in Panik oder begibt sich unnötigerweise in Gefahr, weil er die Situation nicht richtig einzuschätzen weiß. Ganz zu schweigen von den Kosten für Ausrüstung, Atemgase für tiefe Mischgastauchgänge, Ortungsgerät, Suchschiff oder -boot, die für eine effiziente Wracksuche und -erforschung zwar nicht unbedingt gleich in Millionenhöhe gehen müssen, jedoch schnell sechsstellige Dimensionen erreichen.

Vernünftigerweise beschränken sich die meisten Sporttaucher daher darauf, an bereits gut erforschten Wracks zu tauchen, um ihre Abenteuerlust und ihren Forschungsdrang zu stillen. Meist begnügen sie sich auch damit, diese Wracks von außen zu begutachten und zeigen keine Ambitionen, ins Innere der Schiffe vorzudringen, zumal bekannte Wracks von ihren Entdeckern ohnehin in der Regel bereits »ausgeschlachtet« wurden und die Chancen, einen interessanten Fund zu machen, denkbar gering sind.

Abb. 4

Ein mit modernster elektronischer Suchtechnik ausgestattetes Bergeschiff, wie dieses zur Wracksuche umgebaute ehemalige Peilschiff, erhöht die Erfolgschancen einer Unterwasser-Schatzsuche enorm.

Die wirklich vielversprechenden, weil unberührten Wracks liegen meist in Tauchtiefen, die weit jenseits der Reichweite normaler Sport- und Hobbytaucher liegen. Die eindringlichen Empfehlungen der Tauchsportverbände und Ausbildungsorganisationen, nicht tiefer als 40 Meter zu tauchen – bei einigen amerikanischen Verbänden wie beispielsweise PADI, wird die Tiefenbegrenzung sogar schon bei 30 Meter gesetzt – haben durchaus ihre Berechtigung. Die Unfallstatistiken tödlich verunglückter Taucher sprechen für sich, und daher wird diese Tiefenbegrenzung auch von den meisten Taucher wie ein eisernes Gesetz befolgt. Ganz besonders für unerfahrene Taucher birgt das Tieftauchen mit normaler Preßluft ein hohes Maß an Risiko. Spätestens nach Überschreiten einer Tiefe von 65 Meter sind selbst erfahrene Taucher aufgrund der Sauerstoff- und Stickstofftoxikation, hervorgerufen durch einen hohen Sauerstoffpartialdruck und der hohen Stickstoffaufsättigung im Körpergewebe, so stark in ihrer körperlichen und geistigen Verfassung beeinträchtigt, daß jeder Meter tiefer tödlicher Leichtsinn wäre.

Doch selbst das Wracktauchen in den von den Verbänden empfohlenen Tiefengrenzen kann nicht von vorneherein als sicher betrachtet werden. Nicht jeder Taucher bringt die mentalen und körperlichen Voraussetzungen mit, die für das Eindringen in ein Wrack lebensnotwendig sind. Schnell kann ein mental schwacher Taucher bereits in einer Tiefe von 10 Metern an einem Wrack im Roten Meer selbst bei guten Tauchbedingungen in Panik geraten, weil er durch aufgewühltes Sediment den Ausgang nicht mehr findet. Jeder Taucher sollte daher bedenken, daß das Betauchen und Eindringen in Schiffswracks zu einer extrem stressigen Angelegenheit werden kann, die schon manches Taucherleben gekostet hat.

Streßbewältigung beim Tauchen in Wracks

Das Tauchen an Wracks ist ebenso ein Spezialgebiet des Tauchens wie beispielsweise das Höhlentauchen. In beiden Fällen ist der Taucher aufgrund verschiedenartigster Faktoren, wie zum Beispiel Dunkelheit, Kälte oder Tiefe, körperlichem und mentalem Streß ausgesetzt. Zusätzlich ist dem Taucher oftmals der freie Aufstieg an die Wasseroberfläche verwehrt, da er sich im Inneren eines Wracks befindet – ein Gedanke, der nicht jedem Taucher behagt. Viele der im Laufe der vergangenen Jahre hauptsächlich von amerikanischen Höhlentauchern entwickelten Richtlinien und Vorschriften für sogenannte »Overhead Environments«, also nach oben hin geschlossenen Umgebungen wie Wracks, Höhlen oder Tauchgänge unter Eis, finden auch beim Wracktauchen seit Jahren Anwendung. Das Tauchen mit redundanten und voneinander unabhängigen Atemreglern, oder die sogenannte »Drittel-

Abb. 5

Um tief liegende Wracks sicher betauchen zu können, sind ein hohes Maß an Streß- und Risikobereitschaft sowie ein großer Ausrüstungsaufwand erforderlich.

Regelung«, die besagt, daß bei der Berechnung der benötigten Atemgasmengen für Tauchgänge in Overhead Environments der Taucher jeweils ein Drittel des gesamten Atemgasvorrates während der Abtauchphase sowie beim Aufenthalt auf Tiefe atmet und ein Drittel für den Rückweg sowie eventuelle Dekompressions-Stops einplant, während das verbleibende Drittel des Gases nur als Reserve für Notfälle angetastet wird, sind nur zwei Beispiele dieser Sicherheitsüberlegungen.

Eines der obersten Gebote diktiert jedoch der gesunde Menschenverstand: Falls ein Mitglied der Tauchgruppe sich vor oder während des Tauchganges nicht wohl fühlt, sollte es den Tauchgang sofort abbrechen beziehungsweise erst gar nicht ins Wasser gehen. Dies gilt natürlich nicht nur für das körperliche, sondern viel mehr noch für das mentale Wohlbefinden. Nur dann, wenn der Taucher alle Anforderungen an einen bestimmten Tauchgang, das möglicherweise vorhandene Gefahrenpotential beim Betauchen des Wracks und alle sonstigen erschwerenden Umstände des Tauchganges, wie beispielsweise Strömung, oder die Tatsache ohne das sichere Ankerseil einen freien Aufstieg zur Wasseroberfläche durchführen zu müssen, kennt und sich diesen Gefahren bewußt aussetzt, weil er weiß, daß er alle Anforderungen erfüllen kann, wird er einen streßfreien Tauchgang durchführen können. Grundsätzlich sollte sich jeder Wracktaucher folgenden Leitsatz zum Motto machen: »Wann immer Du Zweifel an der Durchführbarkeit einens Tauchganges oder einer unter Wasser zu bewältigenden Aufgabe hast, läßt Du die Finger davon!«

So manches Mal saß ich schon fertig ausgerüstet auf dem Boot, fühlte mich aufgrund der Tauchplatzgegebenheiten, Wetterbedingungen oder der Person, mit der ich den Tauchgang durchführen wollte, nicht wohl, und ließ mich von meinen Zweifeln oder meinem unguten Gefühl leiten: Ich führte den Tauchgang überhaupt nicht oder ohne den Tauchpartner durch, der mir Kopfschmerzen bereitete. Es ist wesentlich sicherer und vernünftiger und alles andere als ein Zeichen von Schwäche, bei Zweifeln oder Unwohlsein einen Tauchgang abzusagen, als später unter Wasser mit einer Gefahrensituation konfrontiert zu werden, die nicht mehr lösbar ist und zu extremen Streß- oder gar Panikreaktionen führen kann. Es ist wichtig, ja lebensnotwendig, während des Tauchens stets die Ruhe zu bewahren, die Situation richtig einzuschätzen, seine Ausrüstung und Notfallroutine »im Schlaf« zu kennen und jederzeit genau zu wissen, wo Reservelampen oder alternative Luftversorgung zu finden sind. Nur durch genaueste Kenntnisse darüber, wie man sich in einer eventuell auftretenden Notfallsituation zu verhalten hat, kann man bereits vor Eintreten einer Gefahrensituation Streß vermeiden. Jeder Taucher muß sich stets gedanklich mit Notfällen und Gefahrensituationen vertraut machen, um eine Notfallroutine zu erhalten, die ihm unter Umständen das Leben retten wird. Dies gilt besonders dann, wenn er den Entschluß faßt, ein Wrack zu betauchen, und sich dadurch zusätzlichen Gefahren auszusetzen.

Niemals sollte sich ein Wracktaucher durch Gruppenzwang oder durch pure Souvenirgier dazu verleiten lassen, unter Mißachtung seiner persönlichen Fähigkeiten zu tauchen oder sein ursprünglich geplantes Tauchprofil zu vernachlässigen. Während der Jahre, die ich mit extremen Tauchgängen verbracht habe, wurde ich stets mit *dem* Gebot aller Profis konfrontiert: »Plan the dive & dive the plan!« – Plane Deinen Tauchgang & tauche nach Deinem Plan! Bereits ein oder zwei Minuten verlängerte Grundzeit an einem tiefen Wrack – weil man vielleicht doch noch schnell die letzte Schraube des Maschinentelegrafen lösen möchte, oder noch einige Teller mehr einpacken will, können schnell die notwendige Dekompressionszeit um eine halbe Stunde oder gar länger, ausdehnen.

Ist dies bei der Planung der benötigten Atemgasmengen nicht berücksichtigt, kann diese Unvernunft schnell dazu führen, daß für Notfälle keine Atemgasreserven mehr zur Verfügung stehen, oder gar die Atemgasflaschen völlig leer geatmet werden. Muß der noch dekompressionspflichtige Taucher aufgrund von leergeatmeten Flaschen auftauchen, kann dies selbst dann, wenn er nach einem schnellen Flaschenwechsel seine Dekompressionszeit fortsetzt, schnell zu einem schweren Dekompressionsunfall oder gar zum Tod führen. Sich selbst in eine solche Gefahrensituation hineinzumanövrieren ist nicht nur undiszipliniert und unverantwortlich, es ist schlicht und ergreifend dumm! Die letzte Schraube des Maschinentelegrafen kann ich auch noch bei einem anderen Tauchgang mit vollen Flaschen in aller Ruhe lösen. Wenn dieser Fund in den vergangenen Jahren unangetastet auf dem Meeresgrund gelegen hat, wird er dies auch noch einige Tage länger tun, ohne daß er plötzlich verschwindet. Im übrigen wäre es in diesem Fall ja auch nicht damit getan, die letzte Schraube zu lösen und den Fund freizulegen. Um den Maschinentelegrafen tatsächlich bergen zu können, müssen je nach Gewicht ein oder mehrere Hebesäcke angeschlagen und mit Preßluft gefüllt werden. Für diese Arbeit braucht selbst ein geübter Wracktaucher zwei bis drei Minuten! Werden diese zusätzlichen Minuten zu der Zeit hinzugezählt, die noch benötigt wird, um die letzte Schraube zu lösen, ist die geplante Grundzeit am Wrack schnell um fünf, sechs Minuten überschritten und dies führt bei einem tiefen Tauchgang jenseits der 100-Meter-Marke schnell zu einer zusätzlichen Dekompressionszeit von möglicherweise einer Stunde! Ich denke, durch dieses Beispiel ist jedem vernünftigen Taucher klar geworden, daß es für Tauchgänge an tiefen Wracks nur eine Devise gibt: Generalstabsmäßige Planung und Tauchgangsvorbereitung sowie absolute Disziplin und Verantwortungsbewußtsein bei der Durchführung!

Nur durch langjährige Erfahrung und eine Vielzahl von schwierigen, technisch anspruchsvollen Tauchgängen wird ein Taucher diese Disziplin und Routine erlangen. Er sollte sich jedoch stets vor Augen halten, wie gefährlich und lebensbedrohend Disziplinlosigkeit und Unvernunft für sich und andere sein können! So kann beispielsweise auch die Oberflächenmannschaft im

Begleitboot bei einer unvorhersehbaren Tauchgangverlängerung in arge Bedrängnis durch einsetzenden Gezeitenwechsel und die damit zwangsweise verbundenen Schwierigkeiten, wie hoher Seegang und starke Strömung etc. kommen, wenn es darum geht, die Taucher nach Beendigung ihrers Tauchgangs wieder ins Boot aufzunehmen.

Darüber hinaus sollte ein Wracktaucher über ein besonderes Maß an körperlicher Fitneß verfügen, um seinen Körper nicht noch zusätzlich zum mentalen Streß mit körperlichem Streß zu belasten. Auch die genaue Ortskenntnis eines Wracks sowie seiner Gegebenheiten und die ständige Überprüfung der mitgeführten Ausrüstung auf Funktionstüchtigkeit kann Streß vermeiden. Ein unerfahrener Taucher, der zum ersten Mal in ein Wrack eindringt und plötzlich mit Dunkelheit und mangelnder Sicht aufgrund von aufgewühltem Schlamm konfrontiert wird, kann schnell durch Angst und Klaustrophobie in Panik geraten. In einer solche Gefahrensituation muß der Taucher einen kühlen Kopf bewahren und schnell und effektiv die notwendigen Gegenmaßnahmen einleiten, um nicht schnell in eine lebensgefährliche Situation zu geraten. Es ist daher wesentlich sicherer und, man kann es nicht oft genug wiederholen, überhaupt keine Schande, bei Zweifeln oder Unwohlsein einen Tauchgang abzusagen, als später unter Wasser mit einer Gefahrensituation konfrontiert zu werden, die man nicht lösen kann. Ist der Taucher erst einmal unter Wasser, muß er stets versuchen, in allen Situationen, seine Emotionen und Ängste zu beherrschen.

Angst und Unwohlsein sind die hauptsächlichen Faktoren, die zu einer Streß- oder Panikreaktion beim Tauchen führen. Ruhe zu bewahren kann unter Umständen schwierig werden, vor allen Dingen dann, wenn man sich plötzlich einem großen Hai gegenüber sieht oder wenn der angehende Wracktaucher gerade sein erstes langersehntes Bullauge gefunden hat und in einen wahren »Bergerausch« verfällt. Wie dem auch sei, die Kontrolle über sich selbst und die Fähigkeit, ruhig und mit Übersicht und Bedacht einer solchen Situation entgegenzutreten, sind zwingend erforderlich. Die Tatsache, einen Hai in seiner Nähe zu wissen, oder die Freude über das erste Bullauge lassen sich sicherlich besser ertragen, wenn man nicht vor lauter Aufregung hektisch und unkontrolliert an seinem Atemregler saugt, aus Angst, man würde keine Luft mehr bekommen.

Mein verstorbener Freund Tommy Cecil sagte einmal zu mir: »Man erkennt einen guten Wracktaucher vor allen Dingen an der Fähigkeit, genau zu wissen, wann er einen Tauchgang abbrechen muß oder erst überhaupt nicht beginnt!« Selbst wenn er gerade einen Goldbarren gefunden hat, wird der Profi diesen Schatz auf dem Meeresgrund zurücklassen, wenn er an die Grenzen seiner Luftreserven angekommen oder seine geplante Grundzeit verstrichen ist. Dieses hohe Maß an Selbstdisziplin ist unerläßlich, wenn man die Grenzen des Sporttauchens überschreiten und in die faszinierende Welt des Wracktauchens eintauchen will.

Wie kann ich Streß vermeiden?

1. Lege Wert auf eine umfangreiche und sorgfältige Ausbildung.
2. Kenne Deine persönlichen Grenzen und plane Tauchgänge stets im Rahmen Deiner Fähigkeiten.
3. Lerne das Tauchgebiet und den Tauchplatz (das Wrack) genau kennen.
4. Wähle einen verläßlichen, verantwortungsbewußten und erfahrenen Tauchpartner.
5. Verlasse Dich nie auf Deinen Tauchpartner, sondern führe nur Tauchgänge durch, die Du auch ohne fremde Hilfe zu Ende bringen kannst.
6. Tauche stets mit einwandfreier, vollständiger Ausrüstung.
7. Trainiere Notsituationen und ihre Bewältigung, bevor sie entstehen.
8. Tauche immer mit ausreichender und redundanter Luftversorgung.
9. Entsteht beim Tauchen eine Problemsituation, bleib ruhig, analysiere dein Problem, denke nach und wende die erlernten und trainierten Lösungen an.
10. Bei irgendwelchen Zweifeln oder Unwohlsein verzichte auf den Tauchgang.

Risiken und Gefahren beim Wracktauchen

Es ist sicherlich kein Geheimnis, daß das Tauchen an Wracks einige Gefahren und Risiken mit sich bringt. Dennoch sind die meisten dieser Gefahren bereits im Vorfeld vermeidbar. Jeder Taucher sollte daher genau wissen, wie er sich in einer solchen Gefahrensituation zu verhalten hat und seine Konfliktlösungen ständig und bis zu schlafwandlerischer Sicherheit trainieren.

Angelschnüre und Netze

Dünne, fast unsichtbare Nylonangelschnüre oder Netze finden sich an vielen Schiffwracks. Fischer angeln mit großer Vorliebe an untergegangenen Schiffen, weil ein Wrack in den Weiten des Meeres wie ein natürliches Riff Unterschlupf und Lebensraum für eine Vielfalt von maritimen Lebensformen bietet. Zum Bedauern der Fischer und zum Leidwesen der Taucher verfangen sich viele dieser Angelschnüre und Netze am Wrack, reißen ab und werden daher zurückgelassen. Diese Überreste stellen eine potentielle Gefahrenquelle für den Wracktaucher dar, da er sich sehr schnell in ihnen verfangen kann. Ist dies passiert, sollten sofort alle Körperbewegungen unterbleiben, bis die Körperstelle, mit der man sich verheddert hat, gefunden und untersucht ist. Hat sich der Taucher mit seinem Körper oder seinen Ausrüstungsgegenständen in einer Angeleine oder in einem Netz verwickelt, bleiben ihm nur zwei Möglichkeiten: Meistens genügt schon eine leichte Körperdrehung oder ein kurzer Ruck an den Angelschnüren und das Problem ist beseitigt. Bei Netzen müssen vorsichtig die Maschen, in denen man hängt, zur Seite gezogen werden, um sich zu befreien. Bringt diese Methode jedoch keinen Erfolg, bleibt nur der Griff zu einem Tauchermesser, um sich aus der gefährlichen Umklammerung freizuschneiden. Es versteht sich fast von selbst, daß aus diesem Grund jeder Taucher die mitgeführten Messer stets in einem einwandfrei geschärften Zustand hält. In einer solchen Gefahrensituation mit einem stumpfen Messer arbeiten zu müssen, könnte schnell kritisch werden. In der Praxis hat sich für solche Situationen auch der Einsatz einer stabilen Mehrzweckschere bewährt, mit der sich Netze oder Nylonschnüre oftmals wesentlich leichter trennen lassen als mit einem Messer. Muß am Wrack mit der Gefahr gerechnet werden, daß man sich möglicherweise in Drahtseilen oder sonstigen schnittfesten Hindernissen verheddert, ist es ratsam, neben einem Messer und einer Schere eine Kombizange oder einen Drahtschneider mitzuführen.

Abb. 6

Ein gutes Messer ist manchmal die einzige Chance, sich aus einer Gefahrensituation zu befreien. Es dient zugleich als vielseitig einsetzbares Werkzeug.

Das Risiko, sich in großen Fischernetzresten zu verfangen, ist sicherlich geringer, da man diese, anders als die hauchdünnen Angelschnüre, normalerweise rechtzeitig erkennt und ihnen ausweichen kann. Dennoch stellen diese Fischnetze gerade an dunklen, trüben Tauchplätzen eine große Gefahr dar. Für den Fall, daß sich der Taucher einmal mit dem am Wadenbein befestigten Messer in einem Netz oder einer Angelschnur verfängt, sollte er sich angewöhnen, ein zweites Messer griffbereit am Unterarm oder im Brustbereich am Jacket befestigt zu tragen. Obwohl ich mich glücklicherweise selbst noch nie in einer solchen Gefahrensituation befunden habe, ist die Vorgehensweise beim Verfangen in einem Netz oder einer Schnur die gleiche wie in vielen anderen: Nicht weiterschwimmen, über die Gefahrensituation nachdenken, dann effektiv und überlegt handeln. Durch das sofortige Vermeiden aller Schwimmbewegungen, wird in einer solchen Situation ein weiteres, meist schlimmeres Verheddern konsequent vermieden.

Steckenbleiben in engen Wrackpassagen

Ein weiteres Risiko beim Betauchen eines Wracks ist die Möglichkeit, im Schiffsinneren gefangen zu sein, weil man in einem engen Durchgang stecken bleibt. Für mich persönlich ist eine solche Situation neben dem Orientierungs-

Günstige Platzierungsmöglichkeiten für Schneidwerkzeuge wie Messer, Drahtschneider oder Schere

- Vorderer oder seitlicher Unterschenkel,
- Innen- oder Außenseite des Oberschenkels,
- Unterarm,
- Luftablaßschlauch des Tarierjackets oder Wings,
- Rückseite von Instrumentenkonsolen.

Immer daran denken daß Redundanz lebenswichtig ist. Es sollten daher stets zwei Messer (oder alternativ: Messer und Schere) getragen werden, die an unterschiedlichen Stellen am Körper angebracht sind. Hat man sich in einem Seil oder Netz verheddert, kann man nämlich unter Umständen eines der Schneidwerkzeuge nicht erreichen.

Denke darüber nach:

- Wo kann ich mein Messer, Schere etc. am leichtesten erreichen?
- Wo bringe ich das Schneidwerkzeug am günstigsten an, ohne dabei in die Gefahr zu geraten, damit an Wrackteilen oder Sicherungsleinen etc. hängen zubleiben?
- Wo muß mein Reserveschneidwerkzeug angebracht sein, damit ich es leicht erreichen kann, wenn ich mein Hauptmesser nicht fassen kann?

Abb. 7

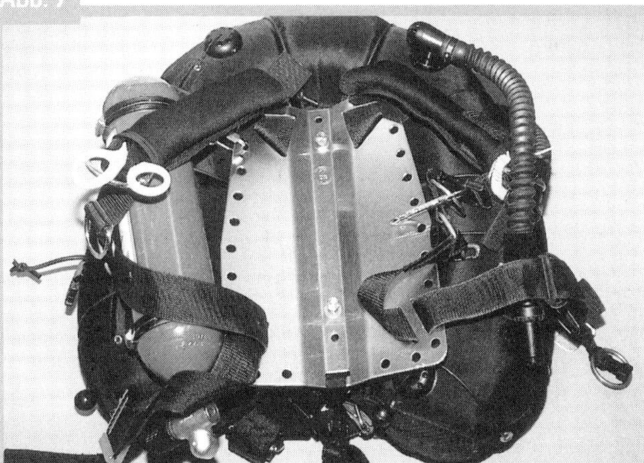

Auch eine Möglichkeit: Die Schere ist am Tarierjacket befestigt.

verlust, der wohl größte Alptraum im Leben eines Wracktauchers. Die erfolgreiche Gefahrenabwehr in einem solchen Fall erfordert sowohl absolute körperliche als auch mentale Kontrolle über sich selbst, aber auch in diesem Fall gilt: Ruhe bewahren, das Problem analysieren, über Lösungen nachdenken, dann handeln. Unkontrollierte Bewegungen werden meist durch erhöhten Luftverbrauch und damit verbundener unkontrollierter Atmung oder gar Hyperventilation bestraft. Bleibt der Wracktaucher im Inneren eines Wracks stecken, sollte er mit ruhigen, überlegten Bewegungen versuchen, sich zu befreien, ohne gleich in Panik zu geraten. Meist gelingt es auch in einem solchen Fall, sich durch wenige Körperbewegungen oder das An-den-Körperpressen der Gliedmaßen zu befreien. Gelingt dies nicht, gibt man seinem Tauchpartner ein Zeichen und bittet ihn um Unterstützung.

Während eines Tauchganges am Wrack des amerikanischen Tankers *Santa Maria*, im Rathlin Sound, im Jahre 1992, zwängte ich mich zusammen mit meinem Tauchpartner Norman durch ein Loch unterhalb der Schiffsbrücke, um so in die tiefergelegenen Unterkunftsräume zu tauchen. Wir arbeiteten uns langsam von Raum zu Raum – immer darauf bedacht, keinen Schlamm aufzuwirbeln, der uns die Sicht nehmen würde. Als ich ein Schott zwischen dem 2. und 3. Raum durchtauchen wollte, stellte ich plötzlich fest, daß ich mich irgendwo verfangen hatte. Ich versuchte, nach vorne durch das Schott zu gelangen, doch ich hing weiterhin fest. Ich befand mich in 70 Meter Wassertiefe, tief im Inneren eines unerwartet zur Falle gewordenen Wracks. Unmittelbar vor mir erkannte ich im trüben Licht meiner Lampe plötzlich einen alten Gummistiefel, und im ersten Moment kam es mir so vor, als ob sein ehemaliger Besitzer ebenfalls dort liegen würde. Dies war der Moment, wo Panik mehr und mehr von mir Besitz ergriff. Schließlich gelang es mir aber, meine Angst in den Griff zu bekommen, und ich begann, über meine Situation nachzudenken. Als erstes überprüfte ich meinen Luftvorrat. Mein 15-Liter-Doppelpaket war noch weit über die Hälfte gefüllt, also bestand kein Grund zur Panik. Als nächstes tastete ich meinen Körper sowie meine Ausrüstung ab, um die Stelle zu lokalisieren, an der ich mich verfangen hatte. Norman, der sich hinter mir befand, konnte zwar erkennen, daß ich irgendwo hängengeblieben war, und spürte auch, daß ich ein ernstes Problem hatte, es gelang ihm aber nicht, in der Enge des Schotts nahe genug an mich heranzukommen, um mich aus der mißlichen Lage zu befreien.

Beim Abtasten meiner Schultern stellte ich fest, daß ich mich irgendwo in der Nähe des linken Flaschenventils verhakt hatte. Als ich mit meiner rechten Hand weit über meine Schulter griff und das Flaschenventil erreichte, spürte ich, daß mein Finimeterschlauch am Abgang der 1. Stufe an einem vorstehenden kleinen Bolzen festhing. Durch Vor- und Rückwärtsbewegungen gelang es mir nicht, von dem Schott loszukommen, doch als ich mich weit zu meiner rechten Seite legte, kam ich plötzlich wieder frei. Die ganze Angelegenheit dauerte weniger als eine Minute, doch es kam mir vor wie eine kleine Ewigkeit. Der Vorfall löste dennoch bei mir keine Panik aus und meine Atmung war immer noch relativ normal. Hier zeigte sich wieder einmal, wie wichtig es sein kann, jedes Ausrüstungsteil erreichen zu können und vor allen Dingen Ruhe zu bewahren und überlegt an die Lösung des Problems heranzugehen. Gerät ein Taucher allerdings in einer solchen oder ähnlichen Situation in Panik, besteht schnell Lebensgefahr! Eine ruhige überdachte Vorgehensweise ist der Schlüssel für die erfolgreiche Bewältigung aller Gefahrensituationen. Norman und ich schwammen zurück und unser Atemgasvorrat ließ es sogar trotz dieses Zwischenfalls noch zu, ein weiteres Stück des Unterdecks zu erforschen, bevor wir endgültig zur Wasseroberfläche zurückkehren mußten.

Bei Solo-Tauchgängen in einem engen Wrackbereich, in dem für die Passage eines zweiten Tauchers kein ausreichender Platz vorhanden ist, kann ich nur raten, behutsam und überlegt vorzugehen, damit man sich nicht in Schwierigkeiten bringt. Ist der Taucher auf sich alleine gestellt, sollte die eigene Risikobereitschaft, auf ein Minimum reduziert werden. Selbst bei Tauchgängen mit einem Partner kann es gerade bei Wracktauchgängen sehr häufig vorkommen, daß ein auftretendes Problem alleine gelöst werden muß, weil der Tauchpartner entweder mit einem eigenen Fundstück beschäftigt ist, oder in einem anderen Bereich des Wracks sucht, oder weil einfach eine Öffnung oder ein Raum im Schiffsinneren zu eng ist, um einen zweiten Taucher zuzulassen. Wie ich schon an anderer Stelle erwähnt habe, sollte daher ein ambitionierter Wracktaucher jeden Tauchgang als Solo-Tauchgang ansehen. Er muß also in der Lage sein, alle möglicherweise auftretenden Gefahren- oder Notsituationen ohne fremde Hilfe zu bewältigen. Das »blinde« Vertrauen auf einen Tauchpartner kann sich schnell als tödlicher Leichtsinn herausstellen! Daß diese Aussage auch bei vermeintlich »leichten« Tauchgängen in geringer Tauchtiefe seine Gültigkeit hat, wenn man in das Innere eines Wracks taucht, verdeutlicht vielleicht ein Erlebnis, daß ich vor einigen Jahren am Wrack des englischen Panzerkreuzers *H.M.S. Drake*, in einer Tiefe von nur 18 Metern machte, bei dem ich beinahe ums Leben gekommen wäre:

Gemeinsam mit einem früheren Tauchpartner, der noch nicht so erfahren war, schwamm ich durch einen etwa sechs Meter breiten und verhältnismäßig leicht zu betauchenden Bereich im Inneren des Kreuzers. Ich kannte diese Stelle aufgrund früherer Tauchgänge sehr genau und wußte, daß wir eine Passage von etwa 15 Meter Länge zu durchschwimmen hatten, was bei einer durchschnittlichen Höhe von etwa drei Metern und der Tatsache, daß man den Ausgang aus dem Wrack im Tageslicht gut erkennen kann, kein Problem darstellen sollte. Allerdings kannte ich auch im Inneren dieser Passage eine Stelle, an der die Schiffsdecke eingestürzt war und zwischen der Decke und dem Boden des Wracks lediglich ein Spalt von knapp einem Meter klaffte. Durch ein ebenfalls eingestürztes Schott war es jedoch möglich, in diesen Bereich des

Wracks einzutauchen, allerdings mußte man sich hierbei mit dem Bauch flach auf den Boden pressen, um nicht mit den Flaschenventilen und den Finimeter- oder Lungenautomatschläuchen an der eingestürzten Decke hängenzubleiben. Bei einem früheren Solo-Tauchgang hatte ich an dieser Stelle im Schlamm mehrere Bajonette sowie goldene Uniformknöpfe, Gürtelschnallen und Tafelbesteck aus Silber gefunden. Es handelte sich um die Offiziersmesse des Schlachtschiffes. Da ich ebenfalls wußte, daß die Schiffsdecke im hinteren Bereich dieser Stelle bis unmittelbar zum Boden eingestürzt war und immer enger wurde, hatte ich mich damals, als ich alleine unterwegs war, nicht bis zum hinteren Ende im Wrack vorgewagt.

An diesem Tag hatte ich jedoch einen Tauchpartner dabei, der mir – so dachte ich – in einer Notsituation zu Hilfe kommen konnte. Ich faßte daher den Plan, diese Engstelle noch tiefer zu erkunden. Meinem damaligen Partner teilte ich bei der Tauchgangbesprechung mein Vorhaben mit und bat ihn, während meiner Erkundung vor dem Schott im Inneren der großen Wrackpassage zu bleiben, um mich notfalls an den Flossen aus der Engstelle herauszuziehen. Da mir bekannt war, daß aufgrund der Enge dieser Stelle meine Flossen aus dem Schott herausragen würden, während ich mich auf dem Bauch bis zu den Knöcheln tiefer in das Innere des Wracks vorarbeitete, trafen wir die Absprache, daß ich beim Auftreten eines Problemes mit den Flossen wackeln sollte, damit mein Partner mir zur Hilfe eilen könnte. Die gemeinsame Vorgehensweise und Aufgabenverteilung war also klar definiert. Kurze Zeit später drang ich daher in die erwähnte Engstelle ein und arbeitete mich soweit vor, bis ich mit meinem Kopf an die Decke stieß und mein Kinn den Boden des Wracks berührte. Vor meinem Gesicht hatte ich gerade noch einen freien Platz von 40 Zentimeter Höhe, einer Tiefe von einem Meter und einer Breite von etwa 1,5 Metern. Vorsichtig fächerte ich im Schlamm, um nach weiteren Fundstücken zu suchen. Schlagartig breiteten sich die aufgewühlten Sedimentwolken im Wrack aus und verschlechterten die Sicht zunehmend. In der Enge dieser Spalte konnte ich trotz meiner starken Unterwasserlampe nur etwa 10 Zentimeter weit sehen, doch dies genügte mir, um mehrere goldene Unifomknöpfe und eine weitere Gürtelschnalle zu finden. Als ich nach etwa 10 Minuten fast überhaupt nichts mehr sehen konnte, beschloß ich, für heute diese Stelle ruhen zu lassen und begann mich rückwärts aus dem engen Loch herauszuschieben. Kaum hatte ich mich einige Zentimeter bewegt, spürte ich, daß ich mich irgendwo im Bereich der Flaschenventile an der Decke verkeilt hatte. Alle meine Versuche, mich durch Bewegungen meines Rückens freizulösen, scheiterten und nach etwa einer Minute gab ich mein Vorhaben auf, denn ich konnte meine Ventile, die an der Decke festhingen, nicht erreichen. Mein Partner hätte die Ventile von seinem Standpunkt aus sehen und vom Hindernis befreien können, vorausgesetzt, er wäre dagewesen! Doch dies wußte ich zu diesem Zeitpunkt noch nicht.

Erst als ich auf das Wackeln meiner Flossen keinerlei Reaktion meines Partners erhielt, stellte ich schlagartig fest, daß ich mit meinem Problem alleine war!

Doch wie hätte ich mich lösen können? Nach vorne gab es nur ein Loch von etwa einem Meter Tiefe, seitlich hatte ich etwa jeweils einen Platz von 30–40 Zentimetern zur Verfügung und nach hinten konnte ich nicht weiter, da ich festhing und mein Flaschenventil durch meine Rüttelbewegung nun offensichtlich endgültig in der Decke verkeilt war. Mein Hauptproblem war, daß ich weder über meine Schultern nach hinten greifen konnte, denn dort war die Decke, noch nach hinten etwas sehen konnte. Ich konnte also nur erahnen, wo sich der Ausstieg aus dem Schott befand, doch das nützte mir ohnehin nichts, denn ich hing fest. Als ich einen Moment über meine Situation nachgedacht hatte, traf ich den Entschluß, daß es nur eine Möglichkeit für mich gab, mich aus dieser gefährlichen Situation zu befreien: Ich mußte den mir verbleibenden knapp einen Meter Spielraum, den ich nach vorne hatte, nutzen, um mein Ventil freizubekommen. Da jedoch nach vorne kein Weiterkommen mehr war, blieb mir keine andere Wahl, als mich irgendwie zu drehen, um den Ausstieg aus dem Schott sehen zu können, an dem ich hängengeblieben war. Ich wollte es nicht noch einmal riskieren, mich rückwärts zu verkeilen, ohne sehen zu können, wo sich der rettende Ausstieg befand.

Nachdem ich meine Ventile freibekommen hatte, zog ich meine Beine und Arme an und versuchte, mich Zentimeter für Zentimeter in der Enge dieses kleinen Loches zu drehen. Als mein Plan fast geglückt war und ich nur noch wenige Zentimeter benötigte, um den Ausgang zu sehen, hing ich plötzlich wieder irgendwo fest! Ich lag in meinem engen Loch wie ein Embryo im Mutterleib, als zu allem Überfluß mein Reserveautomat an der 2. Stufe stark abblies. Es dauerte weitere lange Sekunden, bis ich das Problem gelöst hatte. Glücklicherweise hatte sich nur ein kleines Steinchen in der Luftdusche das Automaten verfangen, was zum Abblasen geführt hatte. Mittlerweile war durch meine Bewegungen jedoch so viel Sediment aufgewühlt worden, daß ich meine Finimeter nicht mehr ablesen konnte: Ich sah trotz meiner Lampe noch nicht einmal mehr meine Hand vor Augen. Im Gegenteil, das helle Licht blendete mich so sehr, daß ich mich entschloß, die Lampe auszuschalten, um mich irgendwie aus meiner Misere herauszutasten. So langsam aber sicher war es mit meiner Beherrschung vorbei. Ich spürte, wie nackte Angst in mir aufstieg! Mein Puls raste, mein Herz schien vor lauter Klopfen aus meiner Brust zu springen. Ich dachte nur: »Ich will hier raus, ich will überleben!«

Um meine Nerven zu beruhigen, mußte ich mich förmlich dazu zwingen, einigermaßen ruhig zu atmen und meine Situation zu überdenken. Ich kannte meinen verbleibenden Atemgasvorrat nicht, denn nach dem Abströmen des Automaten konnte ich das Finimeter nicht mehr ablesen; ich war immer noch irgendwo verkeilt und wußte nicht, wo der Ausgang war. Meine Situation war alles andere als rosig! Ich wußte zwar, daß ich mit etwa 150 bar in beiden 15-

Literflaschen in die Engstelle eingetaucht war, doch was war mir verblieben? Jeder Atemzug konnte mein letzter sein! Die Angst machte sich immer mehr in mir breit. Ich spürte, wie Kälte in mir hochkroch. Ich ahnte, daß eine Panik nicht mehr weit war, doch ich wußte auch, daß wenn ich meine Nerven und meine Angst nicht unter Kontrolle bekommen würde, die Angelegenheit für mich mit hoher Wahrscheinlichkeit tödlich enden würde. Ich schloß meine Augen, versuchte mich zu konzentrieren, meinen Puls zu beruhigen und klar zu denken. Einige Sekunden später begann ich dann, systematisch nach dem Ausstieg zu suchen. Es gelang mir tatsächlich, in kürzester Zeit den Weg ins Freie zu finden. Zwar befand ich mich jetzt noch immer im Inneren des Wracks, aber immerhin war ich nun in der großen Passage. Hier konnte mir nichts mehr passieren, denn obwohl die Sicht auch hier durch das von mir aufgewühlte Sediment sehr stark beeinträchtigt war, fand ich den Ausgang aus dem Wrack mit schlafwandlerischer Sicherheit. Als ich mich endlich im freien Wasser befand und wieder klar denken konnte, stellte ich fest, daß von meinem Tauchpartner weit und breit keine Spur war. Besorgt überdachte ich die Situation und kam zu dem Schluß, daß es nur zwei Möglichkeiten gab: Entweder befand er sich noch im Inneren des Wracks, oder er war am anderen Ende der Passage ins Freie getaucht, wo er sicherlich keine Probleme haben würde. Die weitaus größere Gefahr jedoch, so dachte ich, würde sich für meinen Tauchpartner im Wrackinneren ergeben, für den Fall, daß er sich noch dort befinden würde. Ohne lange zu überlegen, tauchte ich also wieder ins Wrack hinein und zog mich auf Fingerspitzen durch die breite Passage, da ich durch die Sedimentwolken, die sich in der Zwischenzeit sehr rasch ausgebreitet hatten, kaum noch etwas erkennen konnte. Als ich am hinteren Ende der Passage heraustauchte, fand ich meinen Tauchpartner, der, wohlbehalten und gut gelaunt, irgend ein kleines Wrackteil untersuchte. Er hatte sich offensichtlich trotz unserer klaren Absprache zu keiner Zeit Gedanken über mich gemacht, sondern mich im Gegenteil in dieser Gefahrensituation im Stich gelassen!

Als ich Stunden später gemütlich im Pub bei einem Glas Kilkenny saß und meine Wut über meinen Tauchpartner sowie der Ärger über meine Dummheit und meine Leichtsinnigkeit, zu glauben, sich auf diesen Taucher verlassen zu können, sich einigermaßen gelegt hatten, sprach ich meinen vermeintlichen »Tauchpartner« an und fragte ihn, wo er denn gewesen sei, als ich mich in tödlicher Gefahr befunden hatte. Er erklärte mir die Situation in wenigen Worten: Nachdem ich durch mein Graben im Schlamm sehr viel Sediment aufgewirbelt hatte und er in der Passage des Wracks kaum noch etwas sehen konnte, kroch in ihm die Angst hoch, obwohl er von seinem Standpunkt aus den Ausgang noch im Tageslicht erkennen hätte müssen. Da er der Meinung war, daß ein so erfahrener Wracktaucher wie ich sich schon zu helfen wisse, ging es ihm wohl in diesem Moment in erster Linie darum, sich selbst zu »retten«, obwohl er sich eigentlich überhaupt nicht in Gefahr befunden hatte!

Seit diesem Tag weiß ich, daß es tödlicher Leichtsinn sein kann, sich auf einen Tauchpartner in der Hoffnung zu verlassen, daß er in einer Gefahrensituation zu Hilfe kommen wird. Selbst wenn man nicht wie in der von mir erlebten Situation vom Partner im Stich gelassen wird, kann es dennoch passieren, daß der andere nicht da ist, weil er vielleicht selbst ein Problem zu lösen hat. Es mag zwar für manchen Leser unverständlich sein, aber ich fühle mich bei einem Solo-Tauchgang selbst auf Tiefen von über 100-Metern sicherer, als mit dem falschen Partner! Es gab in all den Jahren danach, in denen ich meine Extremtauchgänge überwiegend solo durchgeführt habe – da ich entweder keinen Partner hatte, der in der Lage gewesen wäre, solche Tauchgänge durchzuführen, oder aber mein Tauchpartner an einer anderen Stelle des Wracks mit einem Fund beschäftigt war – keine Situation, die ich nicht alleine bewältigen konnte. Dies lag in erster Linie nicht nur an meiner Erfahrung und meiner Routine, sondern in der Hauptsache daran, daß ich alleine auf mich gestellt, nur soviel riskiert habe, wie ich vor mir selbst verantworten konnte. Spätestens dann, wenn meine Nervosität oder das Risiko, weiter zu tauchen, meiner Meinung nach zu groß wurden und ich mich nicht mehr wohlfühlte, habe ich stets auf meinen Instinkt gehört und jedes weitere Vordringen in das Wrack oder in noch größere Tiefen konsequent abgebrochen. Unsere innere Stimme kann als Frühwarnsystem dienen und uns bereits lange vor Eintreten einer Gefahrensituation dafür sensibilisieren. Wichtig ist, daß man diese Stimme in sich wahrnimmt und auf sie hört!

Orientierungsverlust

Hat man in einem Wrack die Orientierung verloren, was einem gut ausgebildeten Taucher eigentlich nicht passieren sollte (wie im zuvor geschilderten Beispiel bestätigen jedoch auch hier Ausnahmen bekanntlich die Regel!), ist der erste Grundsatz wie immer: Ruhe bewahren, die Atmung normalisieren, die Situation analysieren und effektiv handeln. Grundsätzlich sollte niemals, auch nicht in ein noch so bekanntes Wrack, das man glaubt wie seine Westentasche zu kennen, ohne Sicherungsleine eingedrungen werden.

Wie schnell ein solcher Leichtsinn zu einer gefährlichen Streßsituation führen kann, habe ich vor einigen Jahren selbst erlebt, als ich alleine in das Innere des Wracks des ehemaligen Truppentransporters »*Lochgarry*« eintauchte, das ich schon unzählige Male betaucht hatte, weshalb ich auf das Spannen einer Sicherungsleine verzichtet hatte. Ich wußte zwar genau, daß sich durch mein Graben nach Fundstücken, die Sedimentwolken sehr rasch ausbreiten und sich die Sicht verschlechtern würde, doch aufgrund vorhergegangener Tauchgänge an dieser Stelle, wußte ich auch, daß ich nach dem Durchqueren dieser Sedimentwolken das Sonnenlicht an der Ausgangsstelle des Wracks erkennen und den Weg ins Freie finden würde. Was ich jedoch bei meinen

Abb. 8

Taucher am Wrack des englischen Truppentransporters *Lochgarry*, einem ehemaligen Passagierdampfer der MacBryne Reederei.

Überlegungen nicht bedacht hatte, waren die anderen Taucher, die zum gleichen Zeitpunkt das Wrack betauchten. Neugierig darauf, zu erkennen, wo ich im Inneren des Wrack arbeitete, leuchteten einige Taucher an der Einstiegsstelle ins Wrack hinein und wirbelten dabei ordentlich Schlamm auf. Hierdurch war mir die Sicht zu meiner Ausstiegstelle genommen und ohne Sicherungsleine irrte ich im Wrack umher, ohne den rettenden Ausstieg zu finden. Nachdem ich einige Minuten darauf gewartet hatte, daß sich die Sicht verbesserte und ich immer noch nichts erkennen konnte, entschied ich, mein Tauchgerät mit den Doppelflaschen abzulegen und an einem engen Loch der Bordwand aus dem Wrack zu tauchen, dort meine Atemgasflaschen wieder anzulegen und aufzutauchen. Während meiner Aufstiegszeit zur Wasseroberfläche hatte ich genügend Zeit, über meine Dummheit und meinen Leichtsinn nachzudenken und schwor mir, nie wieder auf eine Sicherungsleine zu verzichten! Nur durch das Spannen einer solchen Leine ist der Weg ins Freie grundsätzlich jederzeit nachvollziehbar, denn der Taucher muß nur seinem Seil folgen und findet so den Weg.

Es kann natürlich immer einmal passieren, daß ein solcher »Ariadnefaden« reißt und der Taucher nicht weiß, in welche Richtung er tauchen soll. In einem solchen Fall wird die mitgeführte Reserveseilrolle mit dem Seilanfang am Ort des Orientierungsverlustes an einem Wrackteil befestigt. Anschließend wird systematisch von dieser Stelle aus in Kreisen die Umgebung abgesucht, bis eine Stelle erreicht wird, die man wiedererkennt und von der aus der Weg ins Freie bekannt ist oder beispielsweise durch einfallendes Licht die Ausstiegsstelle gefunden wird. Wird in einer solchen Situation die Unterwasserlampe ausgeschaltet, kann in der nun herrschenden Dunkelheit oftmals ein schwacher Lichtschein erkannt werden, der zum Ausgang oder einem Loch führt, das groß genug ist, um sich in die Freiheit zu zwängen.

Falls die Orientierungslosigkeit aufgrund von aufgewirbeltem Sediment und der daraus resultierenden schlechten Sichtverhältnisse aufgetreten ist, sollte man versuchen, ein oder zwei Minuten bewegungslos zu verharren. Erfahrungsgemäß stehen die Chancen nicht schlecht, daß sich in dieser Zeit die Sedimentwolken etwas setzen und der Weg ins Freie wieder zu erkennen ist. Zugegeben: Wenige Minuten können in einem solchen Fall wie eine Ewigkeit erscheinen, doch man sollte nicht vergessen, daß man noch bis vor wenigen Sekunden genau zu wissen glaubte, wo sich der Ausgang aus dem Wrack befindet. Nur weil jetzt der Puls schneller schlägt und langsam die Angst im Nacken hochkriecht, darf dies kein Grund dafür sein, sich noch mehr zu verirren oder vollständig in Panik zu geraten. Mit einem kühlen Kopf und ausreichenden Luftreserven besteht immer eine sehr realistische Chance, den Ausgang aus einem Schiffsinneren zu finden, auch wenn dies einige Minuten dauern kann, in denen es gilt, seine Nervosität und Angst zu bewältigen.

Seilverwirrungen

Sicherlich können verworrene Sicherungsleinen ein Problem darstellen, doch sie sind keine Gefahr, wenn der Taucher mit dieser Situation richtig umzugehen weiß. Ist die Sicherungsleine an einem Teil des Wracks verfangen und verheddert oder spult sie sich nicht mehr ordnungsgemäß von der Seilspule ab, sollte man nicht gleich zu seinem Messer greifen, sondern behutsam ohne feste Zugkraft zunächst versuchen, das Seil zu entwirren. In vielen Fällen genügen leichte, überlegte Handbewegungen mit der Seilrolle oder einige wenige Veränderungen der Seillage, und die verworrene Leine ist wieder frei. Hektisches Zerren an der Leine macht die ganze Angelegenheit nur noch schlimmer und meist auch aussichtsloser. Jeder, der einmal versucht hat, auf die Schnelle einen Knoten seines Schnürsenkels zu lösen, weiß, was ich damit sagen will. Der Griff zum Messer oder der Schere, um das Seil zu kappen, stellt in jedem Fall die ultimative Gegenmaßnahme dar, da durch das Kappen der Schnur stets auch die Verbindung nach außerhalb des Wracks unterbrochen wird. Muß die Leine dennoch zertrennt werden oder ist es zu einem Riß der Leine gekommen, ist es ratsam, sich vorher das Seilende, welches ins Freie führt, genau zu merken, damit man in all der Aufregung nicht noch in die falsche Richtung schwimmt. Die von Höhlentauchern oft eingesetzten Richtungspfeile, die an der Sicherungsleine angebracht werden und den Weg ins Freie deutlich markieren, haben auch in einem Wrack ihre Berechtigung und sollten bei ausgedehnten Wrackpenetrationen vorsorglich zum Einsatz kommen. Ist die Leine aus irgendeinem Grund zertrennt worden, versteht es sich von selbst, daß man sie, bevor der Tauchgang fortgesetzt wird, mit einem festen Knoten erneut verbindet.

Luftverlust

Bekanntermaßen ist es Menschen unmöglich, längere Zeit ohne Luftversorgung überleben zu können. Zwar sind trainierte Apnoetaucher durchaus in der Lage, ihren Atemreiz minutenlang zu unterdrücken, doch erzielen sie solche Rekordzeiten von 5 oder gar 6 Minuten in einem Zustand der absoluten Entspannung. Bei manchen fragwürdigen Rekorden der Vergangenheit wurde sogar vor dem Luftanhalten minutenlang reiner Sauerstoff geatmet, um so den natürlichen Atemreiz zu unterdrücken. Ein solche Methode, mag zwar rein faktisch gesehen zu besseren Zeiten führen, doch ist es fraglich, ob sie sinnvoll sind. Ist das menschliche Gehirn für einen Zeitraum von 5 oder 6 Minuten ohne Sauerstoffversorgung, können ernsthafte Gehirnschäden auftreten.

In einer echten Streßsituation, sind solche Werte nicht durchführbar. Eingeschlossen in einem Wrack, bei beginnender Panik, halte ich einen Wert von maximal einer Minute für realistisch. Ein plötzlicher Luftverlust unter Wasser in einem Wrack, stellt eine beängstigende Situation dar. In den wenigsten Fällen ist eine Minute Luftanhalten ausreichend, um ein ernstes Problem zu lösen. Zum Glück ist unsere heutige Tauchtechnik auf einem hohen Sicherheits- und Qualitätsniveau, und somit sind Notsituationen bedingt durch plötzliches Abströmen unserers Luftvorrates infolge eines Materialdefektes äußerst selten. Eine sorgfältige Wartung und Pflege der Flaschenventile, Luftschläuche und Atemregler ist hierbei natürlich zwingend vorausgesetzt.

Ein wesentlich größeres Risiko als Materialdefekte sind die mechanischen Beanspruchungen und Einwirkungen, denen unsere Atemregler im Inneren eines Wracks ausgesetzt sind: Schlamm, Rostpartikel und sonstige Fremdkörper können sich leicht im Gehäuse der zweiten Stufe unserer Automaten festsetzen, was zum Blockieren der Dichtmembran und zu einem Abblasen führen kann. Diese Gefahr besteht natürlich besonders, wenn der Lungenautomat lose herumhängt. Durch scharfkantige Wrackteile können Luftschläuche und Automaten leicht beschädigt werden. Daher ist es wichtig, den Reserveautomaten so zu befestigen, daß er vor Beschädigung und Verschmutzung geschützt ist und dennoch in einer Notlage blitzschnell zur

Verfügung steht. Hoch- und Niederdruckschläuche sollten eng und stromlinienförmig am Körper beziehungsweise an der Ausrüstung befestigt werden. Zum einen verringert man so den Wasserwiderstand sowie die Gefahr mit einem solchen Schlauch irgendwo im Wrack hängen zu bleiben, andererseits werden die empfindlichen Schläuche vor scharfen Wrackteilen oder sonstigen Gefahrenquellen geschützt. Noch wirksamer ist es allerdings, wenn der Taucher alle diese Schläuche mit einem speziellen schnittfesten Kevlarschlauch ummantelt, den es in Fachgeschäften in verschiedenen Farben zu kaufen gibt. Mit diesem Schlauchschutz lassen sich die Hoch- und Niederdruckschläuche auch optisch hervorragend kennzeichnen, was gerade bei Tauchgängen mit unterschiedliche Atemgasen, sehr sinnvoll ist. Während des Tauchganges sollte von Zeit zu Zeit am Zweit- oder Reserveautomaten durch Drücken der Luftdusche die Funktionstüchtigkeit des Atemreglers überprüft werden. Auch eventuelle Verschmutzungen im Inneren der Ausatmen-Membran der zweiten Stufe, werden dadurch beseitigt.

Plötzlicher Luftverlust durch Abblasen eines Lungenautomaten kann mehrere Gründe haben: einen gerissenen Luftschlauch; Verschmutzung der zweiten Stufe; zu hoch eingestellte Atemleistung an der 2. Stufe des Automaten oder aber auch Vereisung aufgrund sehr niedriger Wassertemperaturen.

Falls ein Abblasen des Flascheninhaltes bei einem Monoflaschengerät mit einem Lungenautomaten eintritt, ist die Vorgehensweise die folgende: Zunächst wird bei angehaltenem Atem das Flaschenventil kurz geschlossen, um es gleich darauf, gerade soweit zu öffnen, daß eine ausreichende Luftversorgung gewährleistet ist. Wird das Ventil zu weit geöffnet, kann dies aufgrund des hohen Luftdurchflusses wieder zum Blockieren des Steuerkolbens der 1. Stufe und einem erneuten Abblasen führen. Darüber hinaus ist bei nur leicht geöffnetem Flaschenventil der Verlust des abströmenden Atemgases wesentlich geringer als bei voll geöffneter Ventilspindel. Mit nur leicht geöffnetem Flaschenventil sollte man in der Lage sein, selbst mit einem größeren Luftverlust den Ausgang des Wracks sowie die Wasseroberfläche zu erreichen. Eine abblasende Taucherflasche ist nur selten ein Grund zur Panik, denn selbst bei nur noch halb gefüllter Flasche dauert es Minuten, bis die Flasche völlig leergeströmt ist. Ein Weiteratmen ist selbst mit abblasendem Lungenautomaten in den meisten Fällen möglich. Auch wenn dies aufgrund des Blasenschwalls des abströmenden Flascheninhaltes ein sehr unangenehmes Gefühl ist, sollte man stets versuchen, ruhig weiterzuatmen, seine Finimeter zu kontrollieren und das Problem nicht noch weiter zu verschlimmern. Möglichst rasch und doch mit Ruhe und Übersicht schwimmt man nun zum Tauchpartner und taucht unter Wechselatmung zur Wasseroberfläche oder zum ersten Dekompressions-Stop.

Ist der Taucher »vorschriftsmäßig« für den Wracktauchgang mit einem Doppelflaschengerät mit getrennt absperrbaren Stufen ausgestattet, stellt ein abblasender Lungenautomat oder ein Flaschenventil überhaupt kein Problem mehr dar. In einem solchen Fall wird einfach das Ventil der betreffenden Flasche geschlossen und auf den Lungenautomaten der zweiten Flasche beziehungsweise das Reservesystem gewechselt. Der Tauchgang kann so problemlos zu Ende gebracht werden, ohne in eine Panik auslösende Streßsituation zu kommen.

Ausrüstungskriterien für Wracktauchgänge

Wahl der benötigten Ausrüstungsgegenstände

Von der richtigen Auswahl der voraussichtlich für einen Wracktauchgang benötigten Ausrüstung oder Werkzeuge hängt der Erfolg jedes Tauchgangs ganz entscheidend ab. Vor dem Zusammenstellen der benötigten Gerätschaften muß daher genau überlegt werden. Was ist das Ziel des Tauchgangs? Mit welchen Schwierigkeiten muß ich rechnen? Welche Werkzeuge sind für die Bergung eines bestimmten Gegenstandes von Nutzen? Welche Hindernisse muß ich überwinden?

Für jedes Wrack und für jede geplante Tauchaktion müssen neue Kriterien und Begleitumstände berücksichtigt werden. Die Antworten auf diese oder andere Fragen müssen vor dem Tauchgang gefunden werden. Sicherlich könnte eine für alle Wracktauchgänge verbindliche Checkliste erstellt werden, die dann lediglich vor jedem Tauchgang auf Vollständigkeit überprüft wird. Das funktioniert jedoch nur im Grundsatz und kann nur für die Basisausrüstung Gültigkeit besitzen, denn jedes Wrack ist aufgrund der unterschiedlichen Erhaltungszustände und Gegebenheiten gesondert zu betrachten.

Wenn man sich als Taucher den unterschiedlichen Arten von Schiffswracks widmet, wird man schnell feststellen, daß die tiefergelegenen Wracks meist wesentlich besser erhalten sind, als jene, die in unmittelbaren Nähe der Küste im Flachwasser liegen und dort der Gewalt der Elemente viel stärker ausgesetzt sind. Durch Seegang, Sturm und Strömungen sind diese flach gelegenen Wracks oft vollständig zerbrochen und über eine große Fläche des Meeresboden verstreut. Die Ausrüstung, die der Wracktaucher für seine Tauchgänge benötigt, ist daher abhängig von der Art und Lage des Wracks sowie vom Seegebiet. Taucht man an flachgelegenen Wracks, ist eine Mono-Preßluftflasche mit zwei getrennten Abgängen meist ausreichend. Will man tiefer gelegene Schiffe erreichen, sollte man aus Sicherheitsgründen jedoch lieber mit einem Doppelgerät tauchen oder aber zumindest zu seiner Mono-Flasche eine »Pony-Bottle« als alternative Luftversorgung mit sich führen. Verläßt man schließlich den für Sporttaucher empfohlenen Tiefenbereich von maximal 40 Meter und dringt in größere Tiefen vor, wird man schnell feststellen daß es unmöglich ist, die für einen solchen Tauchgang benötigten Gasmengen nur in einem Doppelflaschengerät mitzuführen. Aufgrund der für einen Tieftauchgang benötigten Gasgemische und der tiefenbedingten komplexen Dekompression muß der Taucher normalerweise ein Vielfaches an

Abb. 9

Für tiefe Wracktauchgänge mit Mischgas sind große Sicherheitsreserven zwingend erforderlich. Das Bild zeigt die von drei Tauchern für insgesamt drei Tauchgänge benötigte Gasmenge für die Erstbetauchung des englischen Passagierschiffes *Tuscania*, das in einer Tiefe von 118 Metern liegt.

Atemgasflaschen mit sich führen. Er benötigt daher im Regelfall ein Doppelflaschengerät, und zwei stage-tanks mit Dekompressionsgasen. Bei tiefen Mischgastauchgängen ist es daher keine Seltenheit, wenn der Taucher 5–6 Gasflaschen mit sich führt. Für einen im September 1996 durchgeführten Tauchgang zum Wrack des Passagierliners *Tuscania* in einer Tiefe von 118 Metern, benötigten wir insgesamt sechs Gasflaschen mit einem Gasmenge von insgesamt 26.000 Litern!

Will man ein Wrack im warmen und klaren Wasser des Indischen Ozeans betauchen, genügt unter Umständen eine Badehose. Liegt das Wrack allerdings in den kalten Gewässern des Nordatlantiks, wird man sich schnell nach einem warmen Trockenanzug umsehen. Die Wahl der benötigten Tauchausrüstung für das Wracktauchen ist natürlich zu einem großen Teil auch eine Frage der persönlichen Bedürfnisse und der individuellen Vorstellungen eines jeden Tauchers. Grundsätzlich besteht die Ausrüstung eines Wracktauchers aus der für das Tauchgebiet notwendigen isolierenden und wärmenden Schicht eines Tauchanzuges (der auch vor Verletzungen am Wrack schützt), der für die geplante Tauchtiefe benötigten Sicherheitsausrüstung (Dekompressionstabellen, Tauchcomputer, Reservelampen, Reservegas etc.) sowie der zusätzlich benötigten Spezialausrüstung, wie beispielsweise Deko-Bojen oder Seilrollen, die für die sichere Durchführung des Tauchganges unerläßlich sind.

Ein Taucher der beispielsweise einen Tauchgang in das Innere eines auf 40 Meter liegenden Wracks plant, um dort Fotos zu machen, wird eine ausreichende Luftmenge benötigen, die er in einem Doppelflaschengerät mit sich führt. Für das Eindringen in das Innere des Wracks, benötigt er eine Seilrolle, eine Haupt- sowie eine Reservelampe, Tauchermesser sowie die benötigte Erfahrung und die mentale Stärke, deren es bedarf, um in einem geschlossenen Wrack ohne direkte Aufstiegsmöglichkeiten zu tauchen. Natürlich benötigt er auch noch seine Kameraausrüstung. All diese Gegenstände muß der Taucher sicher und jederzeit griffbereit an seiner Ausrüstung befestigen. Kein Ausrüstungsteil sollte lose herumhängen. Luft- und Finimeterschläuche müssen körpernah anliegen, damit zum einen die Ausrüstung nicht beschädigt werden kann und zum anderen das Risiko, mit einem Ausrüstungsgegenstand im Wrack hängenzubleiben, verringert wird. Der Taucher muß jederzeit wissen, wo seine benötigte Ausrüstung zu finden ist, und er muß sicherstellen, daß er sie jederzeit schnell erreichen kann.

Eine mitgeführte Reservelampe ist nur dann von Nutzen, wenn sie beim Ausfall der Hauptlampe auch in absoluter Dunkelheit schnell einsatzbereit ist. Das Zusammenstellen einer individuellen Ausrüstung und deren Anordnung am Anzug oder am Tarierjacket ist eine Frage der Routine. Verbesserungen und Änderungen an der Ausrüstungskonfiguration werden selbst über Jahre hinweg nötig sein, da diese sich mit den gestellten Aufgaben und Vorhaben ändern werden. Hierbei kann ein weniger routinierter Taucher sehr viel von erfahrenen Mittauchern lernen. Man sollte daher stets ein offenes Auge für die Ausrüstung anderer Taucher haben. Wenn eine interessante, Ausrüstungsdetaillösung entdeckt wird, sollte man sich nicht scheuen nach Sinn und Zweck, der Funktionsweise oder der Befestigungsart eines Ausrüstungsgegenstandes zu fragen. Ich habe noch keinen »alten Hasen« erlebt, der nicht bereit war, seine Erfahrung und seinen Kenntnisstand an andere, weniger erfahrene Taucher, weiterzugeben.

Das Hauptkriterium bei der Auswahl der für einen bestimmten Tauchgang an einem Wrack benötigten Ausrüstung ist immer die Frage »Was will ich dort unten tun?«. Natürlich ist es unmöglich, detaillierte Planungen für ein Wrack zu machen, das man noch nie betaucht hat. Es ist aber dennoch möglich, die persönliche Ausrüstung für bestimmte, mit Sicherheit zu erwartende Situationen oder Tauchbedingungen vorzubereiten. Selbstverständlich können solche Überlegungen auch übertrieben werden, indem für alle Eventualitäten das passende Werkzeug oder Gerät mitgeführt wird und der Taucher herumschwimmt, als wäre er ein »Gemischtwarenhändler«. Jeder Wracktaucher sollte sich daher darauf beschränken, nur die Dinge mitzunehmen, die er später unter Wasser auch tatsächlich benötigen wird.

Redundanz aller lebenswichtigen Ausrüstungsgegenstände

»Doppelt hält besser!«, dieser Grundsatz hat vor allem bei Extremtauchgängen seine Berechtigung. Gerade während tiefer Tauchgänge – besonders aber beim Eindringen in ein Wrack – setzt sich der Taucher, neben dem ohnehin schon vorhandenen Risiko, sich unter Wasser in einem für uns »lebensfeindlichen« Element zu befinden, zusätzlichen Gefahren aus. Erkundungen des Wrackinneren bedeuten immer, daß der Weg nach oben, zur rettenden Wasseroberfläche, verwehrt ist, und daß dadurch der Taucher immer selbst in der Lage sein muß, jede noch so gefährliche Situation selbst meistern zu können. Wie schon erwähnt, sollte daher jeder Tauchgang als »Solo-Tauchgang« betrachtet werden. Wie ich in vorangegangenen Beispielen anhand meiner eigenen Erlebnisse meine, deutlich gemacht zu haben, kann es immer wieder vorkommen, daß der Tauchpartner nicht da ist, wenn es darum geht, eine brenzlige Situation zu meistern. Daher ist es unerläßlich, daß sich der Wracktaucher ebenfalls Gedanken darüber macht, welche persönlichen Hilfs- oder Rettungsmittel er mit sich führen muß, um, auf sich alleine gestellt, Probleme lösen zu können. Sich nur auf seinen Tauchpartner zu verlassen, ist töricht und verantwortungslos! Es ist die falsche Einstellung, tauchen zu gehen, mit der Hoffnung, daß schon nichts passieren wird.

Jeder Wracktaucher sollte bei der Zusammenstellung der benötigten Tauchausrüstung konsequent alle lebenswichtigen Ausrüstungsgegenstände mindestens doppelt, je nach Tauchgangstyp und Schwierigkeit unter Umständen sogar dreifach mit sich führen. Dies bedeutet beispielsweise bei der Atemgasversorgung, daß mit mindestens zwei unabhängig voneinander getrennten Atemsystemen getaucht werden muß. Zum Einsatz kommen daher entweder völlig getrennte Flaschensysteme, jeweils mit getrennter 1. und 2. Stufe und Finimetern, oder Flaschenbrücken, die in einem Notfall durch eine Absperrvorrichtung voneinander getrennt werden können. Beim plötzlichen Abströmen einer Flasche, weil beispielsweise ein Hochdruckschlauch geplatzt ist, darf niemals der gesamte Atemgasvorrat abströmen, sondern vielmehr muß durch Separieren der Atemgasflaschen immer die Hälfte des gesamten Gasvorrates atembar bleiben. Es sollte weiterhin stets nach der bereits erwähnten »Drittelregelung« (1/3 des gesamten Atemgasvorrates für den Abstieg und den Aufenthalt in der Tiefe, 1/3 für den Rückweg sowie für eventuell notwendige Dekompressions-Stops und 1/3 als Reserve für Notfälle) getaucht werden. Niemals darf ein Taucher in eine Situation kommen, in der er seine Tauchflaschen vollständig leergeatmet hat. Geschieht dies doch, so ist das in den meisten Fällen auf eigenen Leichtsinn, um nicht zu sagen Dummheit, zurückzuführen und nicht auf eine echte Notsituation. Bei konsequentem Atemgasmanagement nach der »Drittelregelung« sollten dem Taucher stets ausreichende Atemgasreserven zur Verfügung stehen.

Die Redundanz aller lebenswichtigen Ausrüstungsgegenstände hat nichts mit einer Materialschlacht zu tun. Vielmehr ist es die einzige Möglichkeit, bei Ausfall oder Verlust eines wichtigen Ausrüstungsteils überleben zu können, oder Risikositutionen zu vermeiden. Bei Tauchgängen, bei denen aufgrund der Seebedingungen, durch starke Strömung etc., ein Aufstieg zur Wasseroberfläche nicht am sicheren Abtauch- oder Ankerseil durchgeführt werden kann, und statt dessen ein »freier Aufstieg« (also freischwebend zur Oberfläche tauchend) angewandt werden muß, ist es offensichtlich, daß das Leben von der Oberflächenmarkierungsboje abhängt. Was würde wohl geschehen, wenn ich mich nach einem 100-Meter-Tauchgang und dreistündiger Dekompressionszeit nicht an diese Boje hängen kann, die mich nicht nur während der Dekompression auf der richtigen Tiefe hält, sondern gleichzeitig dem Begleitboot meine Position im Wasser signalisiert? Bei Tauchgängen im Nordkanal der Irischen See, mit zum Teil extremsten Strömungsgeschwindigkeiten von über sieben Knoten, würde ein Taucher dann vermutlich irgendwo im Atlantik in Richtung Amerika treiben, ohne daß das Begleitboot wüßte, wo er sich befände. Bei langer Dekompression und großer Meeresströmung treibt man erfahrungsgemäß schnell eine Strecke von sechs oder mehr Seemeilen von der ursprünglichen Tauchstelle ab. Nur wenn das Begleitboot die Position des Tauchers durch seine Oberflächen markierungsboje im Wasser verfolgen kann, ist es der Oberflächenmannschaft auch möglich, den Taucher wieder ins Boot aufzunehmen.

Was es nun bedeutet, seine Boje während des Tauchgangs zu verlieren, ohne in der Lage zu sein, eine Ersatzboje zur Wasseroberfläche zu schicken, kann sich jeder Leser selbst ausmalen.

Weitere lebenswichtige Ausrüstungsgegenstände, die bei tiefen Wracktauchgängen unbedingt redundant vorhanden sein müssen, sind Tiefenmesser und Dive-Timer (elektronische Tiefenmesser mit Tauchzeitrechnung). Herkömmliche Tauchcomputer aus dem Sporttauchbereich sind wegen ihrer begrenzten Einsatztiefe und ihrer Dekompressionsberechnung für Lufttauchgänge bei Mischgastauchgängen ungeeignet. Darüber hinaus liegt die maximale theoretische Einsatztiefe der meisten dieser Sporttauchcomputer bei lediglich maximal 99,9 Meter, was für tiefe Mischgastauchgänge nicht ausreichend ist. Zusätzlich sollte immer ein präzises Zeitinstrument mitgeführt werden, um beispielsweise Run-times, Bottom-times oder Dekompressionszeiten präzise messen zu können. Im Idealfall wird für diese Zeitmessung ein Tauchchronometer mit Stoppuhrfunktion eingesetzt, der als zusätzliches Reserveinstrument neben den Bottom-Timern zum Einsatz kommt. Als besonders geeignet für tiefe Wracktauchgänge, hat sich während meiner Tauch-

Abb. 10

Alle lebenswichtigen Ausrüstungsgegenstände, wie Dive-Timer und Dekompressionstabellen, müssen doppelt vorhanden sein.

Abb. 11

Präzise Zeitmeßinstrumente, wie dieser spezielle Tauchchronograph mit Stoppuhrfunktion, sind bei tiefen Extremtauchgängen lebenswichtige Ausrüstungsgegenstände.

expeditionen der Tauchchronograph 203 TiAr, der Frankfurter Spezialuhrenfirma SINN, erwiesen. Dieses ganggenaue Zeitinstrument verfügt nicht nur über eine sehr präzise Stoppuhrfunktion, denn ebenfalls sehr entscheidend ist die Tatsache, daß die Drücker der Stoppuhr verschraubt sind. Nach dem Start der Stoppuhr wird der Drücker wieder verschraubt und ist so gegen unbeabsichtigtes Drücken, und somit gegen ein Verfälschen der gestoppten Zeit, wirksam gesichert. Da diese Uhr aus massivem Reintitan gefertigt ist, ist sie auch extrem unempfindlich gegen mechanische Einwirkungen.

Seit Jahren trage ich bei allen tiefen Tauchgängen drei Zeitmeßinstrumente (Dive-Timer und Tauchchronograph), obwohl ich glücklicherweise noch nie mit einem Defekt konfrontiert wurde. Wie wichtig es dennoch ist, den Gedanken der Redundanz konsequent anzuwenden, zeigt jedoch folgendes Beispiel aus eigener Erfahrung: Im März 1997 verlor ich bei einem Solo-Tauchgang am Wrack des amerikanischen Tankers *Santa Maria* einen meiner beiden Dive-Timer. Offensichtlich hatte sich das Armband beim Abtauchen gelockert, denn ich bemerkte meinen Verlust zunächst nicht. Als ich jedoch in einer Tiefe von etwa 70 Metern das Wrack erreichte und meine Tauchzeit überprüfen wollte, war mein Timer verschwunden. Eine Suche auf dem Meeresgrund verlief ergebnislos. Zum Glück hatte ich aber ein Reserveinstrument am anderen Arm, mit dem ich meine Dekompression durchführen und meinen Tauchgang sicher beenden konnte. Wieder an Land, besorgte ich mir gleich Ersatz für den verlorenen Timer, denn Redundanz kann lebenswichtig sein.

Individuelle Abstimmung der Tauchausrüstung

Ist die persönliche Auswahl aller für das Wracktauchen benötigten Gerätschaften und Ausrüstungsgegenstände sowie weiterer sinnvoller Werkzeuge und Hilfsmittel abgeschlossen, muß sich jeder Taucher überlegen, wie er diese Gegenstände sinnvoll »zusammenschnürt«. Der Grundgedanke für das individuelle, maßgeschneiderte Ausrüstungspaket ist das Streben nach »Stromlinienförmigkeit« und »Beweglichkeit« bei möglichst effektiver und logischer Anordnung der Tauchausrüstung und Hilfswerkzeuge. Alle mitgeführten Gegenstände sollten möglichst so befestigt und verstaut werden, daß kein Teil lose herumhängt und dennoch alles jederzeit schnellst möglich griffbereit ist. Jeder Schlauch, ob Finimeter-, Lungenautomat- oder Anzuginflator, muß eng am Körper verlegt werden, um später beim Durchtauchen enger Wrackpassagen das Risiko eines Hängenbleibens zu minimieren. Falls einer dieser Hoch- oder Niederdruckschläuche sich als zu lang erweisen sollte, muß er gegen einen kürzeren ausgetauscht werden. Hoch- und Niederdruckschläuche in jeder erdenklichen Länge sowie auf Maß sind im Fachhandel erhältlich.

Für die individuelle Abstimmung der Ausrüstung sollte sich jeder Taucher in seiner tauchfreien Zeit möglichst viel Zeit nehmen. Nach jedem Tauchgang kann er unter Umständen noch das eine oder andere Detail verbessern oder die Anbringung und das Verstauen eines Ausrüstungsgegenstandes optimieren. Das Trimmen und »Feintuning« der persönlichen Ausrüstung ist eine nie endende Aufgabe. Es vergehen Jahre bis das Ausrüstungskonzept im Grundsatz steht, und selbst dann kann man von einem anderen Taucher unter Umständen eine noch bessere Detaillösung adaptieren oder selbst neue Ideen realisieren. Sinnvoll ist es, für jeden Ausrüstungegenstand einen fest zugewiesenen Platz am Körper oder am Tarierjacket zu bestimmen. Dieser Platz sollte, nachdem er sich in der Praxis als sinnvoll und effektiv erwiesen hat, nicht mehr verändert werden, denn nur so ist in einem Notfall sichergestellt, daß selbst in Streßsituationen oder beispielsweise bei absoluter Dunkelheit jedes Ausrüstungsteil ohne lange Suche gefunden wird.

Je weiter ein Taucher in die Materie des Wracktauchens eindringt und je tiefer ein zu erforschendes Schiff liegt, desto umfangreicher wird die benötigte Ausrüstung. Für jede nur denkbare Situation muß das geeignete Ausrüstungsteil vorhanden sein. Viele der lebenswichtigen Ausrüstungsgegenstände müssen, wie erwähnt, doppelt oder sogar dreifach mitgeführt werden. Dies gilt beispielsweise auch für Unterwasserlampen, denn bei einem Lampendefekt oder bei erschöpften Akkus führen nur Ersatzscheinwerfer aus der Dunkelheit eines Wracks heraus.

Der rasante Fortschritt in der Tauchtechnik und der Einsatz von Gasgemischen, wie beispielsweise Trimix oder Heliox, ermöglichen in der heutigen Zeit auch das Betauchen von Wracks in großen Tiefen und erhöhen somit die Chance, ein noch unberührtes Wrack zu erforschen. Gleichzeitig steigert jedoch ein Mischgastauchgang die Komplexität des Wracktauchens und die Anforderungen an den Taucher, denn er setzt dessen ungeteilte Aufmerksamkeit sowie die schlafwandlerische Beherrschung bestimmter Techniken und spezieller Gerätschaften voraus. Werden zum Tauchen andere Gasgemische als herkömmliche Preßluft verwendet, erschwert dies den Tauchgang, da mehr Ausrüstung mitgeführt werden muß. Damit steigen die Anforderungen an die körperliche Fitneß. Daher verwendet der überwiegende Teil der Wracktaucher auch heute normale Preßluft als Atemgas, denn sie ist einfach anzuwenden und kostengünstig herzustellen. Es bedarf keiner Erwähnung, daß sich ein verantwortungsbewußter Taucher stets der eigenen Leistungsgrenzen bewußt ist!

Abb. 12

Abtauchen zum Wrack des englischen Truppentransporters *Calgarian* auf eine Tiefe von 109 Metern.

Die Suche nach gesunkenen Schiffen

Es gibt noch unberührte Wracks!

Der Traum vom unberührten Wrack und die Vorstellung, der erste Mensch zu sein, der Jahrzehnte oder Jahrhunderte nach dem Untergang wieder einen Fuß auf die Planken des versunkenen Schiffes setzt und quasi alles in dem Zustand vorfindet, in dem es einst versank, erhöht sich mit jedem Meter, den ein Wracktaucher bereit ist tiefer zu tauchen. Wenn der Taucher über die nötige Erfahrung verfügt und die erwähnten Voraussetzungen erfüllt, stehen die Chancen, sich diesen Traum zu erfüllen, nicht schlecht. Die gespannte Ungewißheit, was in einem Wrack gefunden werden kann und welche Überraschungen der erste Tauchgang bringen wird, ist der Antrieb für viele Wrackjäger immer wieder aufs Neue unzählige Stunden mit Recherchen und der Suche nach neuen Schiffwracks zu verbringen.

In der Vergangenheit wurden einige zum Teil spektakuläre Wracks mit wertvollen Schiffsladungen von Tauchern lediglich durch systematische Auswertung von Seekarten gefunden. Schatzsucher und Wrackjäger nahmen sich ein neues, wenig betauchtes Seegebiet vor und überprüften diese Region Seemeile für Seemeile nach Anzeichen von Wracks. Immer wieder wird in den Medien von solchen »Zufallsfunden« berichtet, doch ganz so einfach ist es leider in den meisten Fällen nicht. Die in Seekarten verzeichneten Angaben über Wracks und anderen Schiffshindernisse sind oft sehr ungenau und bedürfen daher stets der genauen Überprüfung sowie der ständigen Aktualisierung. Das bloße Auswerten von Kartenmaterial ist daher bei Beginn der Wracksuche eher die Ausnahme. Wer erfolgreich nach versunkenen Schiffen suchen will, sollte wissen, wonach er eigentlich sucht. Daher ist es wichtig, konkrete Anhaltspunkte über das Vorhandensein eines Wracks in einem bestimmten Seegebiet zu sammeln. Mit der Zeit verdichten sich dann unter Umständen die Hinweise. Oftmals können auch Fischer wertvolle Informationen liefern, denn nicht selten befinden sich lohnende Fischgründe in unmittelbarer Nähe eines Wracks.
Die Arten der Wracksuche sind mindestens genauso vielfältig wie die unterschiedlichen Schiffstypen, die unsere Meere befahren. Erfolgreiche Suchexpeditionen haben aber meist eines gemeinsam: Sie beginnen mit einer umfangreichen und mühsamen Recherche. Die eigentliche Suche nach den Überresten eines gesunkenen Schiffes wird erst viel später, wenn ein bestimmtes Seegebiet als Untergangsstelle des Wracks annähernd eingegrenzt werden

konnte, durchgeführt. Mittels technischer Hilfsmittel, wie Side-Scan-Sonar oder Protonenmagnetometer, wird dann das in Frage kommende Gebiet systematisch abgesucht. Da diese Art der Unterwassersuche sehr aufwendig und kostspielig ist, sollte daher vor Beginn dieser Arbeit die Recherche über ein Wrack präzise und vollständig abgeschlossen sein.

Am Anfang steht die Recherche

Die Möglichkeit, aufgrund von Wrackrecherchen präzise, verwertbare und vor allem nachweislich richtige Informationen über ein gesunkenes Schiff zu erhalten, ist ein wichtiger Bestandteil der Wracksuche. Oftmals ist in überlieferten Geschichten ein gesunkenes Schiff unter einem bestimmten Namen bekannt, doch die eigentliche Geschichte des Untergangs wurde nie verfolgt. Gerade in den Wirren der beiden Weltkriege oder aber auch während der Seekriege früherer Epochen sind viele untergegangene Schiffe in Vergessenheit geraten und bis heute nie gefunden wurden. Die wichtigsten Ansatzpunkte für die Wracksuche sind der Schiffsname und das ungefähre Untergangsdatum. Konnten diese Daten bereits durch das Gespräch mit dem alten Seemann oder Fischer herausgefunden werden, bieten sich mehrere Möglichkeiten der weiteren Vorgehensweise: Handelt es sich um ein größeres Schiff mit einer vermuteten Tonnage von mehr als 500 Bruttoregistertonnen, ist es sinnvoll, die Suche mit einem Blick in das Lloyds Schiffsregister zu beginnen. In diesem »Standardwerk« für alle Wracktaucher, Schatzsucher und maritimen Historiker findet man eine sehr detaillierte Auflistung aller Schiffsuntergänge seit anno 1826.

Ist der gesuchte Schiffsname im Register gefunden, werden die bereits bis zu diesem Zeitpunkt gesammelten Informationen mit dem dortigen Eintrag verglichen. Stimmt die vermutete Schiffsgröße, der Schiffstyp und das Seegebiet mit dem Eintrag im Lloydsregister überein, ist man schon ein gutes Stück weiter, denn nun können die weiteren Eintragungen, die das Register enthält (z. B. Untergangsursache, Ladung etc.) meist bedenkenlos übernommen werden, denn alle dortigen Eintragungen sind überprüft und amtlich bestätigt.

Bei den meisten Registereinträgen sind folgende Daten gelistet: Schiffsname, Typ, Tonnage, Bauwerft, Datum des Stapellaufes, Maschinenleistung bei Dampf- oder Turbinenschiffen, Datum des Untergangs, Untergangsursache und Untergangsort; oftmals sogar mit den ungefähren Untergangskoordinaten. Weiterhin ist für jedes Schiff eine Kurzbeschreibung über Verwendung, Ausstattung, Bewaffnung (bei Kriegsschiffen) und eine Schilderung der Untergangsumstände aufgelistet. Bei kriegsbedingten Untergängen sind meist auch Hinweise, wie es zur Versenkung gekommen ist und vielfach auch die Namen der beteiligten Schiffe oder beispielsweise die Nummer eines für die Versenkung verantwortlichen U-Bootes aufgeführt.

Eine sehr ergiebige Informationsquelle ist auch die Wrackabteilung des Hydrographischen Institutes des britischen Verteidigungsministeriums in Somerset/England. Diese Abteilung verfügt über historische Stammdaten von über 80.000 Wracks im europäischen Seegebiet nach geographischer Ordnung. Weiterhin gibt es hier eine alphabetische Auflistung der gesunkenen Schiffe und der geographischen Position von ca. 28.000 Wracks. Alle Positionsangaben sind in geographischer Länge und Breite und in Grad, Minuten und Sekunden angegeben. Sie werden Intressenten auf Anfrage in Form eines Computerausdruckes zur Verfügung gestellt. Eine solche Anfrage ist sehr hilfreich, wenn nur der Name eines Schiffes, jedoch keine weiteren Informationen über Untergangsort, Zeit oder Position vorhanden sind. Falls ein Wrack nicht von offizieller Stelle identifizert worden ist, kann es aber vorkommen, daß die Wrackabteilung lediglich eine ungefähre Position und das Datum des Untergangs benennen kann. Wrackdaten sind ab dem Jahre 1913 gespeichert. Jede an die Wrackabteilung des Hydrographischen Institutes gerichtete Anfrage wird üblicherweise in folgender Form beantwortet:

1. Genaue geographische Position oder bekannte Untergangsstelle mit Längen- und Breitengraden,
2. Schiffsname,
3. Nationalität,
4. Schiffstyp,
5. Tonnage/Verdrängung,
6. Dimensionen (Länge, Breite, Tiefgang),
7. Untergangsdatum und -ursache,
8. Kurzbeschreibung der Schiffsladung,
9. Eigentümer des Schiffes zum Zeitpunkt des Untergangs,
10. Mindesttiefe über dem Wrack,
11. Allgemeine Tiefe des Meeresbodens am Wrack,
12. Lage des Wracks,
13. Vertikale und horizontale Peilung für die Vermessung,
14. Decca-Koordinaten oder Fixpunkte am oder über dem Wrack (falls bekannt),
15. Art der Bojenmarkierung des Wracks (falls vorhanden),
16. Seekartenreferenznummern (auf der das Wrack eingezeichnet ist) und
17. Vermessungsunterlagen.

Um eine Anfrage bezüglich eines Wracks an eine Behörde oder eine Dienststelle zu richten, besorgt man sich am besten zunächst eine Navigationskarte des betreffenden Seegebietes. Anschließend wird die Position des Wracks, über welches man Informationen erhalten möchte, in der

Abb. 13

WRECK NUMBER:- 012301693

LATITUDE:- 51 04 20.0 N LONGITUDE:- 001 29 27.0 E
QUALITY OF FIX:- EDM
HORIZONTAL DATUM:- OGB

NAME:- SABAC (PROBABLY)
NATIONALITY:- YUGOSLAV
TYPE:- SS
TONNAGE:- 2,811 G
DIMENSIONS:- LENGTH:- 342 FT. BEAM:- 46 FT. DRAUGHT:- 20 FT.
CARGO:- BAUXITE
DATE SUNK:- 07 01 1962

CHART SYMBOL:- SW 37.0 MTRS. SW 20 FTHMS. FT.
CHARTS(NAVIGATIONAL):- 323.1892.1610.2449.2451.1406
GEN. DEPTH:- 52 MTRS.
ORIENTATION:- 122/302
VERTICAL DATUM:- LAT

CIRCUMSTANCES OF LOSS:-
VESSEL, BUILT 1922, SANK FOLLOWING COLLISION WITH BRITISH MV 'DORINGTON CASTLE' IN DENSE
FOG. OWNED AT TIME OF LOSS BY YUGOSLAV GOVERNMENT (KVARNERSKA PLOVIDBA), VESSEL WAS
EN-ROUTE PLOCE TO ROTTERDAM. (DICTIONARY OF DISASTERS)

SURVEYING DETAILS:-
SANK 6M SE OF DOVER. (DICTIONARY OF DISASTERS)
H2088/71 15.1.71 UNKNOWN WK FOUND DURING SEARCH FOR WKS OF 'TEXACO CARRIBEAN'
& 'BRANDENBURG'. (MOD 131730Z JAN)
H2088/71 22.4.71 LARGE WK IN 510418N, 012922E. FIXED BY HSA & DECCA (ENG) RED E 6.28, GREEN
H 35.75 (U). CLEAR AT 75FT BY OROPESA. LEAST E/S DEPTH 131 IN GEN DEPTH 160FT.
(KEDLESTONE/BEAGLE, 19.1.71)
H4988/71 4.1.72 EXAM'D IN 510414N, 012916E (EUR). HF: PATT I (THORPENESS) 1312.13, PATT II
(S FORELAND) 2154.73. DECCA RED E 6.2. GREEN H 35.77. CLEAR AT 37. FOUL AT 37.2MTRS.
LEAST E/S DEPTH 37.5 IN 51MTRS (LAT). LIES 123/303DEG, APPARENTLY IN ONE PIECE. LENGTH
ABT 275FT. (FAWN. H525 NO.52/71) ALMOST CERTAINLY THE SABAC DESPITE REPORTED LENGTH.
H4199/78 14.8.78 EXAM'D 30.10.77 IN 510419N, 012928E USING 2 RANGE TRISPONDER. NG CO-ORDS
644535E. 136152N. DECCA (ENG) RED E 6.17. GREEN H 35.79. EXTREMELY 'HIGH' WK. CLOSE
SOUNDED. LEAST E/S DEPTH 38 IN GEN DEPTH 54MTRS. NO SCOUR. LARGE MAST SHOWN ON DCS3
TRACE - OVERALL HT 29.3MTRS. LENGTH 120MTRS. LIES 120/300DEG. (BULLDOG, HI 35/77)
H2330/84 4.3.86 EXAM'D ON 9.12.86 IN 510420N, 012927E. NG 644507E, 136181N USING TRISPONDER
RANGES. DECCA (ENG) RED E 6.19. GREEN H 35.80. LEAST E/S DEPTH 36.9 IN GEN DEPTH 51.5
MTRS. NO SCOUR. HYDROSEARCH SHADOW HT 10.2MTRS ON HIGH POINT A THIRD WAY FROM W END.
LYING 122/302DEG WITH BOW W. 110MTRS LONG. BEAM 16MTRS. NO SIGN OF 29.3MTR HIGH POINT
REPORTED IN 1977 & WHICH IS CONSIDERED DISPROVED. RECOMMEND CHART AS SW 33.3MTRS.
(BULLDOG, HI 2408) MCA - DESPITE THIS REPORT - AWAIT WIRE-SWEEP.
H3947/88 25.5.89 EXAM'D 13.4.89 IN 510419N, 012928E USING TRISPONDER (U) & MAIN CHAIN DECCA
RED E 6.14. GREEN H 35.80. DRIFT SWEPT CLEAR AT 37.3. FOUL AT 38.9MTRS. LEAST E/S DEPTH
38.4 IN GEN DEPTH 52MTRS. NO SCOUR. HYDROSEARCH HT 13MTRS, LENGTH 102MTRS.
APPARENTLY UPRIGHT WITH SUPER STRUCTURE & FUNNEL AMIDSHIPS. WITH MAST FORE & AFT.
(ROEBUCK, HI 449)

Beispiel eines Computerausdrucks des britischen Hydrographischen Institutes, Somerset/England.

Karte nach Längen- und Breitengraden bestimmt. Ist die genaue Untergangsstelle des in Frage kommenden Wracks nicht bekannt, genügt auch der Schiffsname und die ungefähre Position. Es kann aber auch bei einer Anfrage lediglich ein bestimmtes Seegebiet benannt werden, um sich alle in diesem Gebiet bekannten Wracks ausdrucken zu lassen. Hier einige Beispiele für Anfragen:

a.) Unbekanntes, 15 Meter langes Wrack in Position »51°03'33« N / 01°16'43« E«, auf Seekarte Nummer »1892«.

b.) *S.S. Galicia*, gesunken in Lyme Bay, Südküste Englands.

c.) Alle Wracks innerhalb des Seegebietes von Position »52°00'00«N–53°32'30N bis 07°56'00«W–08°43'34«W«.

d.) Alle Wracks innerhalb 20 Meter Wassertiefe zwischen Stolpemünde und Rostock.

e.) Alle Wracks innerhalb des Seegebietes von 15 Seemeilen zwischen Dorset und Weymouth.

Die Adressen, an die man seine Anfragen richten kann, sind im Anhang dieses Buches verzeichnet.

Archivarbeit

Die so in Erfahrung gebrachten Informationen sind wertvolle Eckdaten für den nächsten Schritt bei der Wracksuche, die Archivarbeit. Haben wir beispielsweise festgestellt, daß das gesuchte Wrack ein Passagierschiff ist, das im Ersten Weltkrieg durch das deutsche U-Boot »XY« versenkt wurde, können weitere Informationen gesammelten werden, indem wir mit den Militärarchiven Verbindung aufnehmen. Mit etwas Glück sind in den dortigen Archiven die U-Bootkriegstagebücher noch aufbewahrt. Diese Kriegstagebücher, vielfach auch kurz »KTB« genannt (und sonstige für ein bestimmtes U-Boot geführten Aufzeichnungen wie Schriftverkehr, Pressemitteilungen etc.) sind in den meisten Fällen für jedermann zugänglich und können auf Antrag eingesehen werden. Allerdings muß aufgrund der Vielzahl der Anfragen, die an diese Behörde gerichten werden, mit Wartezeiten von bis zu drei Monaten gerechnet werden, bis ein Arbeitsplatz im Leseraum des Archivs zur Verfügung gestellt werden kann. Um diese Wartezeit zu umgehen, kann jedoch beim Bundesarchiv auch ein Antrag auf Erstellung und Zusendung von Kopien der Kriegstagebücher gestellt werden. Hierfür ist es jedoch unbedingt erforderlich, daß beispielsweise für ein bestimmtes U-Boot ein ganz konkreter Zeitraum genannt werden kann. Beispiel: Kopien des KTB's von *U 19*, Kaiserliche Marine, für den Zeitraum vom 01. November bis 31. November 1917.

Ist beim Bundesarchiv der Antrag auf Einsicht in die Kriegstagebücher genehmigt worden, wird für den Antragsteller an einem vom Archiv bestimmten Tag ein Platz im Leseraum reserviert. Nun hat der Antragsteller die Möglichkeit, sich jene Akten und KTB's für diesen Termin bereitstellen zu lassen, die er durcharbeiten möchte. Auch hierbei muß der Antragsteller, wie bereits erwähnt, konkrete Vorstellungen davon haben, welche Akten für ihn reserviert werden sollen. Vor dem Besuch des Archivs sollte daher die Recherche bereits so weit durchgeführt worden sein, daß dem Archivar die genaue Bezeichnung eines U-Bootes oder Schiffes und der konkrete Zeitraum genannt werden kann. Verfügt der Antragsteller nicht über diese Informationen, hat er aber dennoch die Möglichkeit, für einen bestimmten Zeitraum das Kriegstagebuch der Seekriegsleitung einzusehen, in dem alle Versenkungsergebnisse der deutschen Kriegsflotte aufgeführt sind. Wird in diesen Aufzeichnungen beispielsweise der Hinweis gefunden, daß am 07. September 1917 durch *U 48* unter dem Kommando von Kapitänleutnant Edeling der englische Passagierdampfer *Minnehaha* versenkt worden ist, kann nun für weitere, detaillierte Informationen zu diesem Angriff das betreffende KTB von *U 48* für diesen Tag zu Rate gezogen werden.

Beim Durchblättern dieser verstaubten Orginalakten wird man schnell feststellen, daß alle Aufzeichnungen sehr sorgfältig geführt wurden und meist vollständig vorhanden sind. Dies gilt natürlich nur für jene Feindfahrten, von denen die U-Boote zurückgekehrt sind und für die Kriegstagebücher, die nicht verlorengegangen sind. In vielen Fällen können in den Akten sogar genaue Untergangsinformationen und Koordinaten der Versenkungsstelle gefunden werden, die nun mit den ungefähren Koordinaten aus dem Lloyds-Schiffsregister vergleichen werden können. Dennoch ist es keineswegs so, daß mit diesen Angaben über Versenkungskoordinaten gleich ein Wrack gefunden werden kann. Gerade die Positionsbestimmungen, die während eines Seegefechtes aufgezeichnet wurden, sind mit Vorsicht zu genießen: Ohne moderne Navigationsmittel, in der Hektik eines Kampfes, wurden solche Positionsbestimmungen oft ungenau aufgezeichnet. Hinzu kommt, daß vor allen Dingen die Standortbestimmungen der U-Boote vielfach verschlüsselt angegeben sind, und daß den Code nur die damaligen U-Bootkommandanten kannten. Lediglich die Positionsangaben der Versenkungslisten, die ebenfalls in den U-Boot-Kriegstagebüchern zu finden sind, bieten genauere Angaben, die sich für eine Überprüfung und den Datenabgleich mit der Seekarte lohnen. Dennoch darf man nicht vergessen, daß es sich bei diesen »Untergangskoordinaten« aus den KTB's meist nicht um die tatsächliche Untergangstelle eines Schiffes, sondern lediglich um die Angriffsposition handelt.

Abb. 14

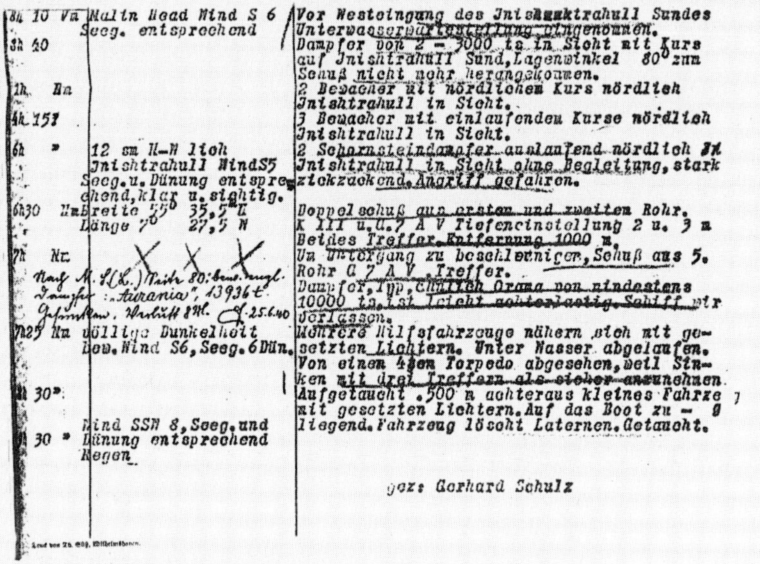

8h 10 Vm	Malin Head Wind S 6 Seeg. entsprechend	Vor Westeingang des Inishtrahull Sundes Unterwasserwartestellung eingenommen.
3h 40		Dampfer von 2 – 3000 ts in Sicht mit Kurs auf Inishtrahull Sund, Lagenwinkel 80° zum Schuß nicht mehr herangekommen.
1h Nm		2 Bewacher mit nördlichem Kurs nördlich Inishtrahull in Sicht.
4h 15		3 Bewacher mit einlaufendem Kurse nördlich Inishtrahull in Sicht.
6h "	12 sm N-W lich Inishtrahull Wind S5 Seeg. u. Dünung entsprechend, klar u. sichtig.	2 Schornsteindampfer auslaufend nördlich Inishtrahull in Sicht ohne Begleitung, stark zickzackend. Angriff gefahren.
6h30 Nm	Breite 55° 35,5' N Länge 7° 27,5 W	Doppelschuß aus ersten und zweiten Rohr. K III u. G 7 A V Tiefeneinstellung 2 u. 3 m Beides Treffer. Entfernung 1000 m.
7h Nm	X X X Nach M. S(L.) Teile 80: bew. engl. Dampfer „Aurania", 13936 t Geschützt. Verlust 8 M. [illegible] 25.6.40	Um Untergang zu beschleunigen, Schuß aus 5. Rohr G 7 A V. Treffer. Dampfer, Typ, ähnlich Orama von mindestens 10000 ts. Ist leicht achterlastig. Schiff wir verlassen.
7h25 Nm	völlige Dunkelheit bew. Wind S6, Seeg. 6 Dün.	Mehrere Hilfsfahrzeuge nähern sich mit gesetzten Lichtern. Unter Wasser abgelaufen. Von einem 4ten Torpedo abgesehen, weil Sinken mit drei Treffern als sicher anzunehmen.
30":		Aufgetaucht. 500 m achteraus kleines Fahrzeug mit gesetzten Lichtern. Auf das Boot zu liegend. Fahrzeug löscht Laternen. Getaucht.
30 "	Wind SSW 8, Seeg. und Dünung entsprechend Regen	

gez: Gerhard Schulz

Druck von Th. Gög, Wilhelmshaven.

Positionsangabe über den Versenkungsort eines Schiffes, aus einem originalen U-Boot-Kriegstagebuch.

Trotzdem besteht die Möglichkeit anhand der gefundenen Koordinaten ein bestimmtes Seegebiet einzugrenzen. In diesem Stadium hilft das genaue Studium der Eintragungen im Kriegstagebuch. Hinweise, wie beispielsweise daß ein Wrack zunächst noch mit Schlagseite trieb und erst nach erneutem Angriff, eine Stunde nach dem ersten Angriff, tatsächlich versenkt wurde, geben hier wichtige Anhaltspunkte für die weitere Recherche. In einem solchen Fall kann das gesuchte Wrack natürlich nicht am Ort des ersten Angriffs, sondern an der Position an dem sich das Schiff eine Stunde später befand, gesunken sein. Aus diesem Grund muß man die Seebedingungen wie Gezeitenstand, Strömungsgeschwindigkeit und -richtung, Wetterbedingungen etc. für den Tag der Versenkung mit berücksichtigen. Anhand des Gezeitenkalenders für den Untergangstag kann nun errechnet werden, wohin das Wrack innerhalb der Stunde vor der tatsächlichen Versenkung abgetrieben sein muß. Ein Blick auf die Seekarte des entsprechenden Gebietes verschafft dann meist schnell Klarheit. Auf allen Seekarten sind generell seetechnisch vermessene Schiffwracks als Seehindernisse eingezeichnet. Man unterscheidet hier zwischen genau vermessenen Positionen, die mit den Buchstaben

»Wk« international gültig als Wrack gekennzeichnet sind, und den sogenannten »position approximate«, also den ungefähren Positionsangaben, die nicht genau vermessen wurden. Selbst »genau« vermessene Wracks können aber erfahrungsgemäß in Wirklichkeit Hunderte von Metern von der angegebenen Position zu finden sein. Auch gilt: Positionsangaben müssen grundsätzlich vor Ort überprüft werden, um sich Gewißheit zu verschaffen.

Doch zurück zu unserer Wrackrecherche. Nachdem wir nun sowohl ihm Lloyds-Register als auch aus dem Kriegstagebuch des U-Bootes »XY« die ungefähren Positionsangaben erhalten haben, werden beide Werte »gemittelt« und auf die Seekarte übertragen. Die so bestimmte Position ist nun der Mittelpunkt, von dem aus kreisförmig das umliegende Seegebiet nach Untiefen oder Wracksymbolen abgesucht wird. Das Seegebiet, in dem wir das gesuchte Wrack vermuten, ist jetzt unter Umständen bereits auf mehrere Seemeilen eingegrenzt. Selbst dann, wenn auf der Seekarte innerhalb des abgesteckten Suchgebietes kein Hinweis auf ein Wrack zu finden ist, bedeutet dies nicht unbedingt, daß das gesuchte Wrack nicht dennoch dort zu finden ist. Es gibt auch heute noch genügend Wracks, die noch nicht in den Seekarten katalogisiert sind. In den meisten Fällen ist jedoch erfahrungsgemäß innerhalb des in Frage kommenden Seegebietes zumindest eine »position approximate« zu finden, die es wert ist, näher überprüft zu werden.

Parallel zu der Anfrage bei den Militärarchiven oder der persönlichen Auswertung des betreffenden Kriegstagebuches jenes Schiffes oder U-Bootes, das für die Versenkung des gesuchten Wracks verantwortlich war, sollten natürlich auch alle anderen Informationsquellen, wie beispielsweise Museen, Landesarchive, Zeitungsverlage oder Landesbibliotheken genutzt werden, um möglichst alle für einen Schiffuntergang vorhandenen Informationen sammeln zu können. Gerade in Landes- oder Universitätsbibliotheken können eine Vielzahl von bedeutsamen Hinweisen gefunden werden. Zum Beispiel konnte ich in der Universitätsbücherei Frankfurt am Main, die kompletten offiziellen Aufzeichnungen über Versenkungsergebnisse der Kaiserlichen U-Bootflotte ausfindig machen. Anhand des Schiffindexes, in dem alle versenkten Schiffe alphabetisch geordnet sind, konnte ich nun leicht feststellen, welches Schiff durch welches U-Boot versenkt worden ist. Mit diesen Angaben war es mir möglich, in den Militärarchiven gezielt die Kriegstagebücher der betreffenden U-Boote auszuwerten. Wichtig bei der Archivarbeit ist jedoch stets, beide Seiten – also sowohl die des versenkten Schiffes als auch jene des für die Versenkung verantwortlichen U-Bootes oder Schiffes – auszuwerten. Nur so gelingt es bei der Recherche, eine umfassende und genaue Informationsgrundlage zu schaffen.

Die Vorgehensweise bei der Suche nach Schiffwracks, die nicht durch Kriegseinwirkung verlorengegangen sind, unterscheidet sich lediglich in dem Punkt, daß keine Kriegstagebücher zur Klärung des Sachverhaltes zu Rate gezogen werden können. Die wichtigsten Informationsquellen in einem solchen Fall sind zunächst wieder die Aufzeichnungen im Lloyds-Schiffahrtsregister. Bei Untergängen aus der zivilen Schiffahrt können oftmals auch in den Archiven von Lokalzeitungen oder Heimatmuseen wichtige Hinweise gefunden werden. Die Arten der Informationsbeschaffung sind zu vielfältig, um sie alle in diesem Buch nennen zu können. Grundsätzlich kommt man jedoch durch logische Überlegungen und Schlußfolgerungen darüber, wo eine bestimmte Information gefunden werden kann, meist auch zu einem Ergebnis. So können beispielsweise in den Archiven von Leuchtturmwärtern oftmals wertvolle Erkenntnisse gesammelt werden, was einleuchtend ist, da die Leuchturmwärter der damaligen Zeit ebenfalls ein Diensttagebuch führten, in dem sie alle wichtigen Vorkommnisse niederschrieben. Oftmals war es ihnen sogar möglich, einen Angriff auf ein Kriegsschiff oder den Untergang eines Segelschiffes im Sturm von ihrer Aussichtsplattform »hautnah« mitzuerleben und detailliert im Tagebuch zu dokumentieren.

Eine weitere Fundquelle für wrackspezifische Informationen sind die Zeitungsverlage der Region, in der man ein gesunkenes Schiff vermutet. Auch diese verfügen meist über ein gutsortiertes Archiv, in dem selbst die ältesten Ausgaben aufbewahrt werden. Die Auswertung dieser alten Zeitungsartikel, die während der Zeit des Untergangs eines gesuchten Schiffwracks erschienen sind, wird mit großer Sicherheit weitere Details für die Recherche bringen.

Über Artikel in speziellen Zeitschriften für Fischerei oder Tauchsport können ebenfalls Informationen über Wracks gefunden werden. Diese Quellen sind jedoch bei weitem nicht so ergiebig und daher auch weniger erfolgversprechend, da die dort erschienenen Publikationen oft schlecht recherchiert sind und oft nur Verwirrung stiften. Ich selbst habe diese Informationsquellen nie in Anspruch genommen, da ich stets mit den vorher beschriebenen Methoden ans Ziel gekommen bin. Daher würde ich nur dann auf solche Informationen zurückgreifen, wenn alle anderen Quellen zu keinem weiteren Erfolg führen. Sind die offiziellen Archive durchforstet worden, wird man jedoch kaum in Fachmagazinen auf Informationen stoßen, die nicht schon längst bekannt sind. Schließlich wird ein guter Redakteur eben auf genau jene offiziellen Informationsquellen zurückgreifen, um seinen Artikel möglichst genau zu recherchieren.

Die Archivarbeit ist die Basis jeder guten und genauen Wrackrecherche. Es kann allerdings in manchen Fällen Jahre dauern, bis alle benötigten oder vorhandenen Informationen über einen Schiffsuntergang zusammengetragen worden sind. Während meiner langjährigen Wrackrecherche habe ich jedoch auch festgestellt, daß viele Anfragen aber auch telefonisch oder per Fax zu erledigen sind. In den unzähligen Fällen konnte mir am Telefon bereits mitgeteilt werden, ob die von mir benötigten Detailinformationen oder ein gewünschte Schiffsbild im Archiv einer Dienststelle oder eines Museums zu finden ist oder nicht. War dies nicht der Fall, wurde mir zumindest immer die eine oder andere zusätzliche Informationsquelle genannt, von der ich noch nichts gewußt hatte und die ich daher bei meiner Anfrage nicht berücksichtigen konnte. Personen die in Archiven arbeiten, haben oft langjährige Erfahrungen auf dem Gebiet der Archivarbeit gemacht und können nicht selten wertvolle Tips und Anregungen geben, wie man zum gewünschten Erfolg kommt. Ein nettes Gespräch am Telefon hat mir schon manche Tür geöffnet und mir Material zugänglich gemacht, von dem ich nie geglaubt hätte, daß ich es je bekommen würde.

Bildmaterial von Schiffswracks

Nach dem Abschluß der Archivarbeit interessiert uns natürlich, wie das gesuchte Schiffswrack einmal ausgesehen hat. Also versuchen wir eine Fotografie oder ein Gemälde des betreffenden Schiffes ausfindig zu machen. Sinnvollerweise beginnt die Suche nach einem Schiffsbild bei den Bildstellen des jeweiligen Herstellungslandes des gesuchten Schiffes, bzw. des Landes, unter dessen Flagge das Schiff einst fuhr. Ist in diesen Bildarchiven das gewünschte Bildmaterial nicht vorhanden, besteht die Möglichkeit, sich mit der Schiffswerft in Verbindung zu setzen, die das Schiff gebaut hat. Auch in großen Werften, wie beispielsweise Harland & Wolff, Belfast, bei der Schiffe wie die berühmte *Titanic* aber auch weniger bekannte Passagierliner, wie die im Jahre 1917 gesunkene *Minnehaha*, gebaut wurden, verfügen über umfassende Bildarchive und sind in der Regel gerne bereit, entsprechendes Bildmaterial oder Baupläne gegen Unkostenerstattung zur Verfügung zu stellen. Eine andere Möglichkeit, ein gewünschtes Schiffsbild zu erhalten, ist eine Anfrage bei der Reederei, unter deren Flagge das gesuchte Schiff fuhr, da auch die meisten Reedereien über historisches Bildmaterial verfügen. Eine entsprechende Anfrage bei den genannten Bezugsquellen wird am besten in schriftlicher Form gestellt. Wenn bei der Anfrage ein bestimmtes Schiff beispielsweise durch die Werftnummer einwandfrei bestimmt werden kann, genügt jedoch auch oftmals ein Telefonanruf, um das gewünschte Bildmaterial anzufordern. Die bekannten Eckdaten des gesuchten Schiffes wie Name, Tonnage, Datum des Stapellaufs oder der Indienststellung etc. sollten auf jeden Fall sowohl bei telefonischer als auch bei schriftlicher Anfrage genannt werden, denn dies erleichtert die Suche der Archivare ungemein und verhindert Verwechslungen mit baugleichen oder namensgleichen Schiffen.

In Wilhelmshaven gibt es einen speziellen Bilddienst (Adresse siehe Anhang), der sich auf maritime historische Bilder, beginnend von der Kaiserzeit bis heute spezialisiert hat. Eine sehr gute Quelle ist in diesem Zusammenhang der Schiffahrtsverlag Fuchs in Hamburg. Peter Fuchs, der Inhaber dieses Verlages, besitzt nicht nur eine hervorragend sortierte und umfassende Sammlung an nationalen und internationalen Schiffsbildern, er ist auch stets gerne bereit, den einen oder anderen Rat zu geben, um an ein gesuchtes Bild zu kommen, das nicht in seiner Sammlung zu finden ist. Hat man bei den erwähnten Bildstellen kein Glück, versucht man es bei den regionalen und internationalen Schiffahrtsmuseen, die fast alle über Bildarchive verfügen, oder aber auch via Internet, denn dort sind ebenfalls Bezugsquellen oder »links« Hinweise zu möglichen Bildanbietern zu finden. Eine sehr interessante Informationsquelle im Internet ist beispielsweise das »Cunard-Archiv«, das bei der Universität von Liverpool gepflegt wird. In dieser Datenbank sind viele Schiffe mit technischen Daten, Kurzbeschreibung sowie Biographie aufgeführt. Weiterhin findet man hier auch Hinweise auf andere Informationsquellen betreffend eines bestimmten Schiffes. PC-Nutzer mit Internetzugang können sich bei der University of Liverpool, unter der Internetadresse »http://www.liv.ac.uk./~archives/cunard/ships« Zugang zu dieser umfassenden Datenbank verschaffen.

Wird eine Anfrage nach Bildmaterial an Museen, Bildstellen oder Archive gerichtet, ist es sinnvoll gleichzeitig nachfragen, ob für das betreffende Schiff noch Konstruktionspläne existieren. In vielen Fällen sind die Konstruktionszeichnungen ebenfalls archiviert. Gegen Erstattung der Kopierkosten sind bei vielen Schifffahrtsmuseen solche Pläne für das gesuchte Schiff zu erwerben. Ist das Wrack erst einmal gefunden, kann anhand dieser Baupläne der Tauchgang genauestens geplant werden. Fundträchtige Bereiche im Inneren des Schiffes, in denen bestimmte wertvolle Funde, wie beispielsweise Porzellanladungen, zu

Abb. 15

Der Zerstörer *Markgraf*, der im Ersten Weltkrieg von der eigenen Besatzung in der Bucht von Scapa Flow versenkt wurde, damit das Schiff nicht in feindliche Hände gerät. Heute ist dieses Wrack ein beliebtes Ziel für Wracktaucher aus aller Welt.

Abb. 16

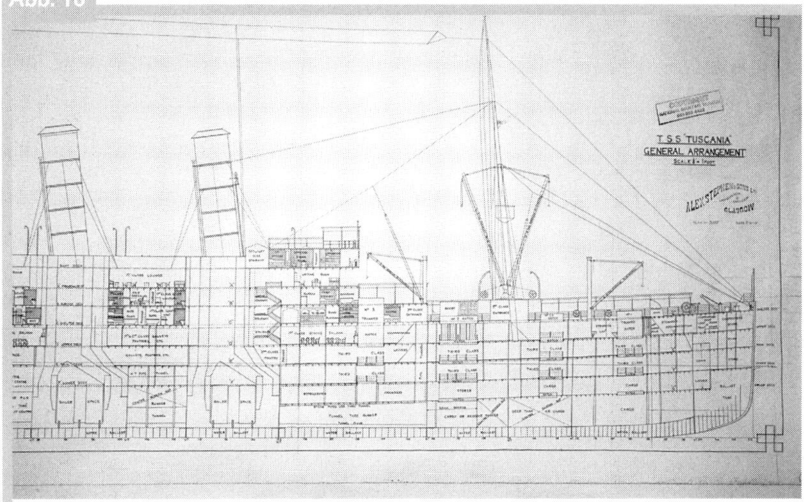

Konstruktionszeichnungen der Wracks, die betaucht werden sollen, erleichtern später unter Wasser die Orientierung und ermöglichen eine zielgerichtete Suche nach versunkenen Schätzen.

machen sind, können so bereits im Vorfeld bestimmt werden. Schon an Land kann sich der Taucher anhand dieser Schiffspläne Gedanken darüber machen, wie er später zu diesen Stellen gelangt.

Die Auswertung der gesammelten Informationen

Ist die Wrackrecherche erfolgreich zum Abschluß gebracht worden und ist man an einem Punkt angelangt, an dem offensichtlich das gesamte verfügbare Material über ein Schiff und dessen Untergang zusammengetragen wurde, wird der Wracksucher unter Umständen feststellen, daß die Flut von Informationen schnell den einen oder anderen Aktenordner voller Dokumentkopien, Bildern und Notizen füllen kann. Dies ist dann der Zeitpunkt, wo es gilt, »die Spreu vom Weizen zu trennen«, oder anders ausgedrückt, alle bis zu diesem Zeitpunkt gesammelten Informationen auszuwerten und offensichtlich unlogische oder falsche Hinweise erneut zu überprüfen oder in den Papierkorb zu werfen. Ohne Zweifel wird man beim genauen Studium der gesammelten Unterlagen auf widersprüchliche Aussagen stoßen, die voneinander abweichende Angaben über Ort, Zeit und Geschehen des Schiffsunterganges beinhalten können. In den meisten Fällen entstehen diese Widersprüche durch Schreib- oder Übersetzungsfehler früherer Bericht-

erstatter und Autoren. Hat sich bereits in den Tagen nach dem Untergangsgeschehen ein Fehler in einen Bericht eingeschlichen, wird auch der nächste Autor, der sich mit dem Thema befaßt, diesen Fehler übernehmen, so daß sich zum Schluß unter Umständen eine ganz Reihe von Fehlinformationen und Falschaussagen eingeschlichen hat, die zu Widersprüchen führen.
Bei jeder Wrackrecherche sollte es daher vom ersten Tag an, das Bestreben sein, die Nachforschungen so gewissenhaft und präzise wie nur irgend möglich durchzuführen. Falschinformationen, die sich schon bei der Wrackrecherche einschleichen, werden sich spätestens bei Beginn der eigentlichen Wracksuche dadurch rächen, daß man sich in einem völlig falschen Suchgebiet befindet und wertvolle Zeit und viel Geld verschwendet. Sind Widersprüche aufgetreten, müssen die betreffenden Dokumente nochmals soweit zurückverfolgt werden, bis die bestimmte Information zum ersten Mal auftaucht bzw. erwähnt wird. Durch Prüfung der ersten Quelle ist sichergestellt, daß Kerninformationen in ihrer ursprünglichen Version wiedergegeben worden und diese Erkenntnisse als Fakten anzusehen sind.

Wracksuche ohne konkrete Anhaltspunkte

Bestehen keinerlei konkrete Hinweise auf ein bestimmtes Wrack, von dem man weiß, daß es in einem bestimmten Seegebiet gesunken sein muß, gibt es bei der Suche nach neuen Wracks natürlich auch die Möglickeit, eine Suche aufs Geratewohl zu Hause am Schreibtisch durchzuführen. Diese Methode verwende ich vor allem in den kalten Wintermonaten, wenn wegen Winterstürmen und Schlechtwetterperioden eine Suche auf dem offenen Meer nicht möglich ist, oder dann, wenn ich zusätzliche Erkenntnisse in Form von neuem Archivmaterial oder sonstigen Aufzeichnungen gewinnen konnte.

Auch hier gibt es wieder verschiedene Vorgehensweisen. Eine davon ist, die Auswertung von See- oder Fischereikarten. Wie bereits angesprochen, finden sich beim genauen Studium der Seekarten eines bestimmten Seegebietes, in dem man tauchen möchte, eine Vielzahl von Informationen. Die Tatsache, daß in der Karte Wracks genau vermessen sind, bedeutet noch lange nicht, daß diese Wracks auch schon betaucht worden sind. Je weiter ein Wrack von der Küste entfernt liegt und je länger der Anfahrtsweg mit dem Boot zur Untergangsstelle ist, desto größer ist die Wahrscheinlichkeit, ein noch unbetauchtes Wrack zu lokalisieren, das bei einem der nächsten Ausflüge näher erforscht werden kann. Umgekehrt schwinden die Chancen auf ein unberührtes Wrack drastisch, je näher die Positionsangabe an der Küste liegt und dadurch in den Bereich von tauchenden Tagesausflüglern kommt. Wenn jedoch eine mehrstündige Bootsfahrt notwendig ist, um an die Untergangsstelle zu gelangen, und wenn dann das Wrack auch noch in einer Meerestiefe liegt, die von

»normalen« Sporttauchern nicht bewältigt werden kann, stehen die Chancen, der erste Taucher am Wrack zu sein, recht gut.

Als äußerst hilfreich bei der Wracksuche nach Seekarten haben sich die in der Anschaffung zwar teueren, doch weit aus genaueren Fischereifangzonen-Seekarten, sogenannte »Kingfischer-Charts«, erwiesen. Diese für die Fischerei-Hochseefangflotten bestimmten Spezialkarten haben einen wesentlich kleineren Maßstab und weisen präzise auf jede auch noch so geringe Untiefe hin. Schiffswracks sind in diesen Spezialkarten vor allen Dingen als Hindernisse für die Grundnetzfischer eingezeichnet, allerdings sind hier die Positionsangaben wesentlich präziser. Ein weiterer Vorteil dieser Karten liegt darin, daß alle Tiefenangaben sehr genau ausgelotet, während bei herkömmlichen Seekarten meist lediglich ungefähre Angaben verzeichnet sind. Ist bei der Auswertung dieser Seekarten erst einmal eine interessante Position entdeckt worden, wo die Wahrscheinlichkeit, ein Wrack zu finden, gegeben ist, kann diese Stelle bei bei der nächsten Gelegenheit mit dem Boot abgefahren werden, um Sonarmessungen durchzuführen oder einen Überprüfungstauchgang zu unternehmen, der Gewißheit bringt.

Eine andere sehr erfolgversprechende Methode, Hinweise auf neue Wracks zu finden, ist das genaue Studium aller erdenklichen schriftlichen Unterlagen, Bücher oder Publikationen, die möglicherweise Anhaltspunkte zu Untergängen von Schiffen enthalten können. Immer dann, wenn es meine Zeit erlaubt und ich mich nicht gerade mit der Recherche für ein bestimmtes Wrack beschäftige, suche ich in den Verlustlisten von Lloyds nach neuen Wrackpositionen, die für eine Überprüfung in Frage kommen. Diese Listen sind gefüllt mit Wrackpositionen, doch es bedarf einer Menge Zeit, sich durch den Berg an Informationen durchzuarbeiten. Allein die Verlustmeldungen von Lloyds sowie die statistische Auswertung aller Versenkungsursachen für die Zeit der beiden Weltkriege, umfassen mehr als 3000 Seiten! Dennoch stoße ich immer wieder auf Schiffe und deren Untergangspositionen, von denen ich vorher noch nichts wußte.

Eine ebenfalls sehr empfehlenswerte Lektüre sind die ebenfalls mehrere tausend Seiten umfassenden Aufzeichnungen der Tätigkeit der deutschen U-Bootflottillen in den Jahren 1914–1918, die beim Bundesarchiv/Militärarchiv in Freiburg im Breisgau eingesehen werden können. In diesen Dokumenten sind die Gesamttätigkeit aller deutschen U-Boote, ihre Versenkungsergebnisse und Verluste sowie die Namen aller gesunkenen Schiffe und U-Boote aufgeführt. Immer wieder wird man beim Lesen der Aufzeichnungen auf neue Wracks und manchmal sogar auf Untergangskoordinaten stoßen, die später einer näheren Untersuchung und Recherche unterzogen werden können.

Auch durchforschte ich in der Vergangenheit häufig die Militär- oder Landesarchive oder verbrachte Stunden in Bibliotheken mit dem Durchforsten von Karteikarten, immer auf der Suche nach alten Aufzeichnungen, die mir neue Hinweise auf Wracks geben konnten, die ich noch nicht kannte. So fand ich beispielsweise in der Stuttgarter Landesbibliothek ein im Jahre 1920 erschienenes Buch des Kommandanten von *U 19*, Kapitänleutnant Johannes Spieß, mit dem Titel »Sechs Jahre U-Bootkrieg«. Aufgrund meiner früheren Recherchearbeit, die zum Auffinden des in einem nachfolgenden Kapitel erwähnten Passagierdampfers *Calgarian* und des amerikanischen Tankers *Santa Maria* führten, hatte ich schon von Kptl. Spieß gehört und wußte, daß er bei seinen früheren Feindfahrten in den Gewässern der Irischen See operierte. Interessehalber lieh ich mir das Buch von der Bibliothek aus und stieß tatsächlich beim Lesen auf den Hinweis, daß beim gleichen Angriff, bei dem die *Santa Maria* versenkt worden, auch das englische Versorgungsschiff *Appalachee* in unmittelbarer Nähe von Rathlin Island torpediert war. Zwar fand ich später im Kriegstagebuch von *U 19* die Eintragung, daß dieses Schiff nicht gesunken ist, sondern in einen Hafen eingeschleppt werden konnte, doch zeigt dieses Beispiel deutlich, daß man beim Lesen einschlägiger Literatur immer wieder auf Hinweise zu versunkenen Schiffen stoßen kann.

See- und Navigationskarten

Navigations- oder Seekarten führen alle bekannten und vermessenen Schiffswracks in einem bestimmten Seegebiet auf, die für die Schiffahrt eine Gefahr oder ein Hindernis darstellen können. Seekarten sind ein wichtiges Instrument, um die Position eines Wracks zu bestimmen. Viele dieser versunkenen Schiffe sind erwiesenermaßen ein ernstes Navigationsrisiko und daher mit unterschiedlichsten Symbolen in der Navigationskarte verzeichnet. Auf das Wrack des in der Hafeneinfahrt von Rathlin Island gesunkenen Panzerkreuzers *HMS Drake* lief beispielsweise trotz einschlägiger Vermessung in der Seekarte im Jahre 1968 der Fischtrawler *Ella Hewlett* und sank. Noch heute liegt das Wrack des Trawlers unmittelbar neben den Überresten der *Drake* und so ist es möglich, während eines Tauchgangs gleichzeitig zwei Wracks zu betauchen.

Grundsätzlich unterscheidet man in Navigationskarten zwischen drei Arten von Wracks: die ganz oder teilweise sichtbaren Wracks, jene Wracks also, die aufgrund geringer Wassertiefe eine Gefahr für die Schiffahrt darstellen, und die versunkenen Wracks in großen Wassertiefen, die meist nur vage vermessen wurden, da sie keine Gefahr für die Schiffahrt darstellen. Die Wracks in großen Tiefen sind aber beispielsweise wiederum auf den bereits erwähnten Kingfisher-Charts aufgeführt, da sie ihrerseits eine Gefahr für Fischereifahrzeuge darstellen, die mit Grundnetzen schleppen. Sichtbare Wracks oder jene, die sich in geringer Wassertiefe befinden, sind in den Karten wie auf der umseitigen Abbildung verzeichnet:

Abb. 17

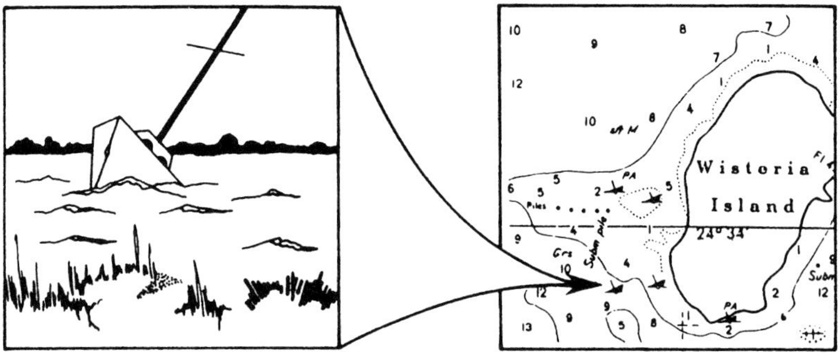

Sichtbares, gestrandetes Wrack, wie es auf einer Seekarte eingezeichnet ist.

Für versunkene Wracks gibt es eine Reihe unterschiedlicher Symbole. Wracks, die sich in einer Tiefe von 20 Metern oder weniger befinden, sind als potentiell gefährlich für die Seefahrt eingestuft.

Als optisches Unterscheidungsmerkmal zu den als ungefährlich eingestuften Wracks, werden die gefährlichen in blauer Farbe mit einem gepunkteten Kreis gekennzeichnet. Als zusätzliche Information wird neben dem blauen Symbol oftmals die Mindesttiefe oder die gemessene sichere Überfahrttiefe vermerkt. Die gemessene und auf der Navigationskarte eingezeichnete sichere Überfahrttiefe läßt jedoch noch keinerlei konkrete Rückschlüsse darüber zu, ob in dieser Tiefe tatsächlich ein Wrack liegt. Wie der Name »sichere Überfahrttiefe« schon sagt, bedeutet diese Angabe lediglich, daß Schiffe mit einem geringeren Tiefgang als dem neben dem Wracksymbol angebenen Zahlenwert, diese Stelle, oder besser gesagt Untiefe gefahrlos passieren können. Es ist durchaus denkbar, daß das eigentliche Schiffshindernis in Wirklichkeit tiefer liegt, die Messung jedoch nur bis zu der in der Karte als sichere Überfahrtiefe eingetragenen Tiefe vorgenommen worden ist.

Ob ein Wrack mit einem entsprechenden Symbol gekennzeichnet ist, hängt auch vom Maßstab der Navigationskarte ab. Um die genauesten Informationen über ein Wrack zu erhalten, ist es wichtig, den größtmöglichen Kartenmaßstab zu wählen. Auf jeder Seekarte ist der entsprechende Maßstab als Zahlenwert in Klammern vermerkt. Während auf Seekarten mit einem relativ geringen Maßstab, z. B. 1:200.000, ein größeres Seegebiet abgedeckt ist, enthalten Seekarten mit größeren Maßstäben (etwa 1:40.000) wesentlich mehr Detailinformation über ein Gebiet. Navigations- oder Seekarten sind in allen örtlichen Schiffsbedarfsläden sowie in Seehäfen erhältlich. Es besteht aber auch die Möglichkeit, sie von speziellen Landkartenanbietern zu beziehen.

Abb. 18

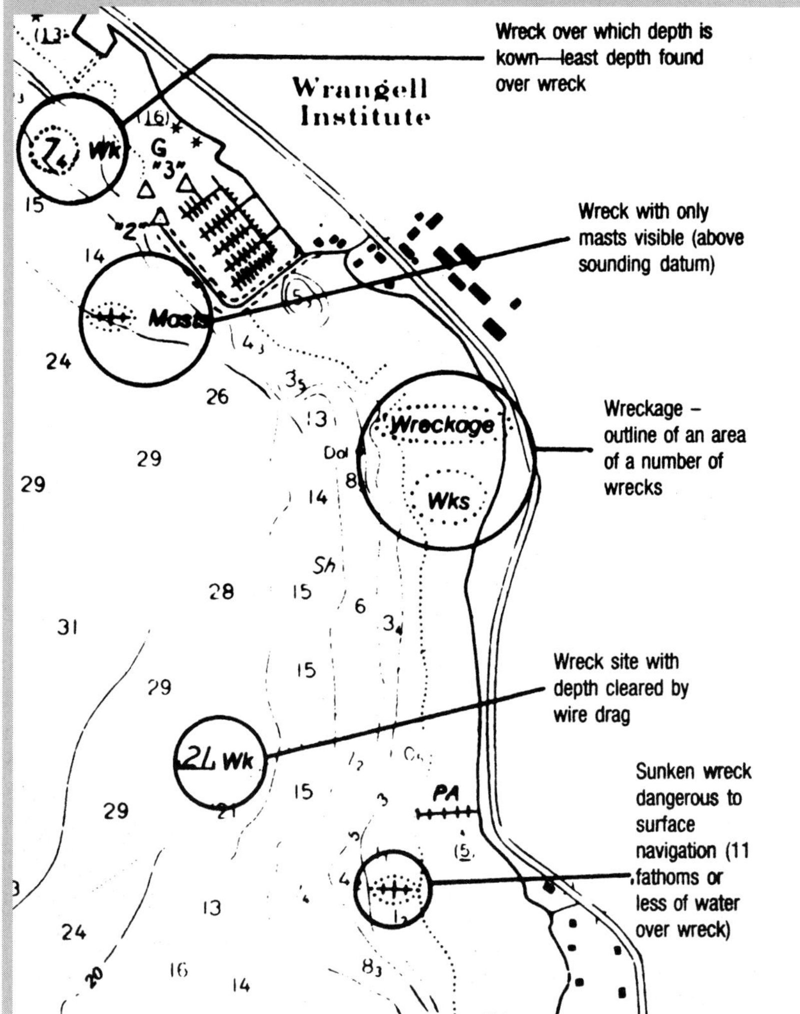

Verschiedene Symbole für versunkene Schiffe in Seekarten.

Abb. 19

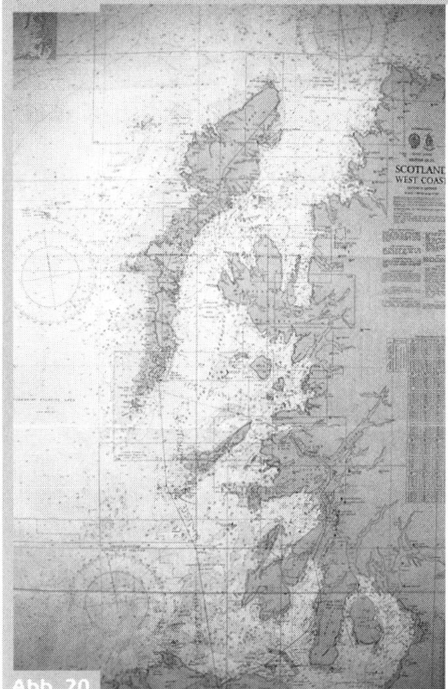

**Der Vergleich der beiden Seekarten zeigt deutlich, um wieviel genauer und übersichtlicher eine Karte mit kleinem Maßstab ist. Links eine Übersichtskarte vom Seegebiet »Schottland West« im Maßstab 1:500.000.
Darunter eine Karte im Maßstab von 1: 75.000, nur für das Seegebiet um Rathlin Island.**

Abb. 20

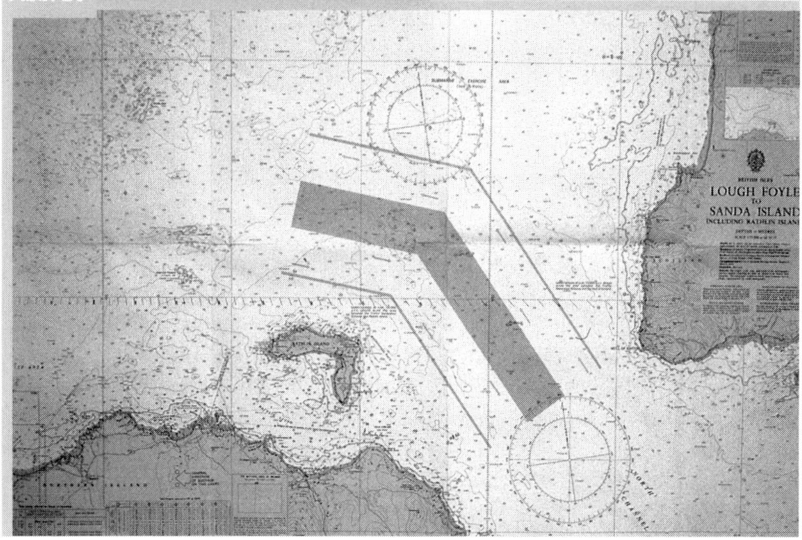

Grundlagen der Navigation

Zur genauen Bestimmung von Wrackpositionen bedarf es nicht zuletzt grundlegender Navigationskenntnisse sowie eines entsprechenden Verständnisses, wie eine solche Standortbestimmung vorgenommen wird. Grundsätzlich unterscheidet man bei der Navigation zwischen landgestützter Messung (also unter Zurhilfenahme optisch sichtbarer Landmarken bzw. markanter Punkte, wie Häuserecken, Felsformationen etc.), den elektronischen Landsystemen wie das »Decca-System« (bei dem über Peilsender, die in regelmäßigen Abständen entlang der Küste stationiert sind, eine Position bestimmt werden kann), dem Navigieren nach Himmelsgestirnen und der modernen Satellitennavigation.

Standortbestimmung nach geographischer Länge und Breite

Ganz egal, an welchem Punkt der Erde man sich befindet, ob an Land oder auf See, unsere genaue geographische Position (Standort) läßt sich stets mit zwei Zahlengruppen festlegen: der geographischen Länge und der geographischen Breite. Sowohl die Länge als auch die Breite werden in Graden angegeben. Der Mittelpunkt der Erde, der Äquator, entspricht bekanntlich dem Breitengrad Null. Alle weiteren Breitengrade werden in waagerechten Ringen vom Äquator aus Richtung Nordpol sowie entgegengesetzt Richtung Südpol gezogen. Die geographische Einteilung der Erde, das sogenannte Gradnetz, ist so um den Globus gespannt, daß alle Breiten vom Äquator ausgehend nach Norden in 90 Grad und vom Äquator ausgehend nach Süden ebenfalls in 90 Grad eingeteilt sind. Um Verwechslungen der Himmelsrichtungen zu vermeiden, werden alle Breitengrade die in nördlicher Richtung verlaufen, in Grad Nord, beziehungsweise in südlicher Richtung in Grad Süd ausgedrückt. Daraus ergibt sich, daß der Nordpol mit dem 90. Breitengrad Nord und der Südpol mit dem 90. Grad Süd zusammenfällt.

Aus Gründen der Überschaubarkeit der Darstellung dieser Breitengrade auf einer Karte in großem Maßstab oder auf dem Globus wird üblicherweise nicht jeder Breitengrad eingezeichnet, denn hierdurch würde das Gradnetz zu eng und unübersichtlich. In den meisten Fällen genügt es vollkommen, wenn jeder 10. oder 15. Breitengrad eingezeichnet ist. Die Darstellungsweise ist natürlich abhängig vom Maßstab einer Seekarte, so ist es bei detailgenauen Karten durchaus üblich, jeden einzelnen Breitengrad aufzuzeichnen. Jeder Breitengrad ist in Breitenminuten unterteilt, wobei ein Grad aus 60 Minuten besteht. Damit ergibt sich eine erheblich genauere Einteilung. Ein Standort auf der Erde kann nun beispielsweise in »55 Grad 17 Minuten Nord« angegeben werden. Eine solche Standortangabe wird in der Navigation mit genau festgelegten Abkürzungen ausgedrückt, die sich jeder Neuling auf diesem Gebiet gleich zu Beginn aneignen sollte. »55 Grad 17 Minuten Nord« werden daher richtigerweise wie folgt geschrieben: »55° 17' N«. Auch einstellige Minutenangaben wie beispielsweise »55 Grad 8 Minuten« sollten stets zweistellig geschrieben werden, um Verwechslungen zu vermeiden. Die richtige Schreibweise ist somit »55° 08' N«.

Im Bereich der Navigation bringt jedoch eine Standortbestimmung nach Breitengraden und Breitenminuten längst noch keinen exakten Standort. Ein modernes Navigationsgerät wie das GPS könnte bei einer Beschränkung auf Grad und Minuten nicht die Genauigkeit erbringen, die für eine gezielte Wracksuche oder Standortbestimmung notwendig ist. Die zu erzielende Genauigkeit eines GPS-Gerätes wird durch Grad und Minutenbestimmungen bei weitem nicht ausgeschöpft. Um eine genauere Ortsbestimmung durchführen zu können, müssen wir zunächst weitere grundsätzliche Fakten der Navigation besprechen: Ähnlich wie bei der Unterteilung von Wegstrecken auf unseren Straßen in Kilometer, Meter, Zentimeter, die uns ein genaues Vermessen von Standorten und Wegstrecken ermöglichen, gilt bei der Navigation, daß ein Breitengrad oder eine Minute einer bestimmten Wegstrecke entspricht. Wie bereits besprochen, besteht ein Breitengrad aus 60 Breitenminuten. Jede Breitenminute entspricht einer Länge von einer Seemeile. Aus diesem Grund wird überall auf der Welt nur in Seemeilen – und beispielsweise nicht in Kilometern – navigiert. Es ist in diesem Zusammenhang wichtig, daß man den Unterschied zwischen Seemeilen, auch nautische Meilen genannt, und den im Straßenverkehr weit auf der Welt verbreiteten Landmeilen kennt. Eine See- oder nautische Meile entspricht einer Länge von 1850 Metern, während eine Landmeile einer kürzeren Strecke von genau 1609 Metern entspricht. Die Verwendung der Längeneinheit Seemeile bei der Navigation ist auch der unmittelbare Grund dafür, daß sowohl in der See- als auch in der Flugnavigation die Geschwindigkeit nicht in Kilometer pro Stunde, sondern in Knoten gemessen wird. Eine Geschwindigkeit von 6 Knoten entspricht genau einer Geschwindigkeit von 6 Seemeilen pro Stunde. Die Begriffe Seemeilen und Knoten sowie deren entsprechende Wegstrecken sind wichtige Basiskenntnisse für jeden, der sich mit dem Gebiet der Navigation beschäftigen möchte.

Doch zurück zu unserer genauen geographischen Standortbestimmung. Die von uns bis zu diesem Zeitpunkt erarbeitete »Standortbestimmmung« in Breitengraden und Breitenminuten ist natürlich völlig unzureichend, denn mit diesem Wert kann man nichts weiter anfangen. Eine Angabe der Breite in »55° 12' N« kann sich überall auf der Welt befinden. Genaugenommen handelt sich bei diesem Wert lediglich um einen Ring, der sich um die Erdkugel herum, parallel und oberhalb des Äquators zieht. Natürlich wissen wir auch, daß uns zu einer genaueren Standortbestimmung eine zweite Koordinate, nämlich die Längenkoordinate fehlt. Anders als bei der Einteilung der Erde in 90 Breitengraden wurde bei der Unterteilung des Globus in Längengraden insgesamt 360 Längengrade gewählt. Diese Längengrade, auch Meridiane genannt, verlaufen vertikal von Pol zu Pol, wobei sie die Breitengrade im rechten Winkel schneiden. Aufgrund der Tatsache, daß die Erde einer Kugel gleicht, ist es einleuchtend, daß der Abstand der Längengrade zueinander immer kleiner wird, je weiter sie sich einem Pol nähern. Die Meridiane treffen schließlich zu einem Punkt zusammen und bilden diesen Pol.

Aus dieser Tatsache ergibt sich auch, daß die Breitengrade nicht immer gleich lang sind. Ihre Länge verkürzt sich, je näher sie am Pol verlaufen. Hierauf beruht ein weiterer wichtiger nautischer Grundsatz: Während eine Breitenminute überall auf der Welt genau der Länge einer Seemeile entspricht, sind die Längenminuten, außer wir befinden uns genau am Äquator, niemals eine Seemeile lang, sondern kürzer. Bereits vor Hunderten von Jahren haben Wissenschafter die Übereinkunft getroffen, die Längengrade nicht von 0 bis 360 durchzuzählen. Stattdessen einigte man sich darauf, die Meridiane von einem Anfangsmeridian aus nach beiden Seiten, also nach Osten und Westen zu zählen. Dieser Anfangsmeridian (0) verläuft exakt durch einen kleinen Vorort von London namens Greenwich, nach dem die sogennante »Greenwich-Time«, also die Ortszeit am Längengrad Null, benannt worden ist. Es handelt sich hierbei um eine rein willkürliche Einteilung, die vor langer Zeit von allen Seefahrernationen zur Vereinfachung der Navigation getroffen und bis heute beibehalten wurde.

Somit werden alle Längengrade unserer Erdkugel von Greenwich aus nach Osten oder nach Westen gezählt. Hieraus ergeben sich insgesamt 360 Längengrade, 180 nach Osten und 180 Grad nach Westen. Man spricht in diesem Zusammenhang auch von östlicher oder westlicher Breite. Wie bei den Breitengraden besteht auch bei den Längengraden eine Einteilung nach 60 Längenminuten. Die Schreibweise der Längenkoordinate ist identisch mit der für Breitengrade, jedoch erkennt man den Unterschied von Längen- und Breitengraden an der Angabe der Himmelsrichtung, also entweder Ost oder West. Eine Längenkoordinate wird beispielsweise wie folgt ausgedrückt: »06° 12' W«. Zur besseren Unterscheidung zwischen der Zahl »0« und dem Buchstaben »O«, sollte man sich gleich die internationale Schreibweise angewöhnen und östliche Längenangaben nicht mit dem Buchstaben »O« für Ost, sondern mit der englischen Schreibweise »E« für East versehen. Durch diese Schreibweise wird verhindert, daß der Buchstabe »O« einmal mit der Ziffer

»O« verwechselt wird. Die richtige Schreibweise für eine östliche Längenkoordinate ist somit beispielsweise »33° 55' E«.

Durch die Bestimmung einer geographischen Breitenkoordinate und einer geographischen Längenkoordinate können wir jeden Ort auf dieser Erde eindeutig definieren. Hierbei ist jedoch darauf zu achten, daß der Breitengrad immer der erstgenannte Wert ist, dem der Längengrad folgt. Man sollte sich auch angewöhnen, die Breiten- und Längenkoordinaten mit einem deutlichen Querstrich zu trennen, um zu erkennen, wo welcher Wert endet. Die richtige Schreibweise der Position der Insel Rathlin Island in Nordirland ist somit: »55°17'N / 06°12'W«. Eine andere Möglichkeit ist, die Breitenangabe über die der Längenangabe zu schreiben, womit ebenfalls eine klare Trennung der Zahlengruppen erzielt wird.

Zur exakten Bestimmung einer (Wrack-) Position sind diese Angaben jedoch immer noch zu ungenau, denn mit einer solchen Positionsangabe erhalten wir lediglich eine Genauigkeit von 1 Seemeile. Wir bereits besprochen, entspricht eine Breitenminute genau der Strecke von einer Seemeile. Die Positionsangabe »55°17' N« und »55°18'N« liegt somit genau 1,85 Kilometer auseinander. Zwar war eine Standortbestimmung von +/- 1 Seemeile zu Zeiten der astronomischen Navigation ein hervorragender Wert, doch für unsere Suche nach Schiffswracks ist eine solche »Genauigkeit« völlig unzureichend. Wer einmal auf dem offenen Meer innerhalb eines Seegebietes von einer Quadratseemeile ein gesunkenes U-Boot von einer Länge von 70 Metern gesucht hat, weiß genau, was ich meine.

Die Leistungsfähigkeit der modernen Statelliten im GPS-System bietet eine Genauigkeit in einer Größenordnung von einigen hunderstel Seemeilen, was eine fast metergenaue Standortbestimmung zuläßt. Im Bereich der Navigation beschränken wir uns daher nicht auf Breiten- und Längenminuten, sondern geben auch die Zehntel- und Hundertstel-Meilen an. Nur so haben wir die Möglichkeit, gezielt eine bestimmte Wrackposition anzufahren oder unseren Standort auf dem Meer exakt zu bestimmen. Die exakte GPS-Position eines Wracks im Roten Meer, wie beispielsweise des englischen Dampfers *Thistlegorm* in der Straße von Suez, lautet somit: »27°48,52«N / 33°55,68«E«.

Bei der Betrachtung dieser Koordinate wundert sich der eine oder andere Leser über den Zahlenwert »68« bei der östlichen Längenkoordniate. Dieser Wert ergibt sich aus der Anwendung des Dezimalsystems, bei dem nicht wie bei den Minuten bis 60, sondern bis 100 gezählt wird. Bei der Betrachtung einer Positionsbestimmung durch ein GPS-Gerät werden wir allerdings feststellen, daß die meisten Geräte in ihrer Standardkonfiguration eine Position wie folgt anzeigen: »33°55'24«E«. Diese Schreibweise ist ebenso richtig und ergibt sich aus der konsequenten Einteilung der Minuten und der Grade in 60 Sekunden. 30 Sekunden einer Koordinate entsprechen somit exakt dem Dezimalanteil »50«. Für welche Schreibweise man sich entscheidet, ist letztendlich eine Frage des persönlichen Geschmacks. Fast alle GPS-Geräte lassen sich über Menüfunktionen vom Dezimal- auf den Sekundenmodus umstellen. Viele Mitmenschen neigen jedoch dazu, sich schlicht und ergreifend nach der Anzeige des GPS-Empfängers zu richten, der in der Standardeinstellung eine Sekundenunterteilung vornimmt. Die meisten internationalen Seekarten verfügen allerdings links und rechts am Kartenrand, also dort, wo eine Distanz in Seemeilen abgelesen werden kann, eine Dezimaleinteilung. Diese Einteilung ergibt sich dadurch, daß Seemeilen immer in Zehntel-Seemeilen (dies entspricht einer Kabellänge) und in Hundertstel-Seemeilen untergliedert sind. Nur Seekarten in entsprechend großen Maßstäben weisen eine Einteilung in Breiten- und Längensekunden auf. Im Bereich der Navigation wird daher seit Jahrzehnten weltweit mit Dezimalminuten gearbeitet. Der Hobbywracksucher kann sich jedoch durchaus darauf beschränken, seine Wracks mit der Sekundenunterteilung seines GPS-Empfängers zu suchen.

Standortbestimmung mit GPS

Im Bereich der modernen Seefahrt ist die Bestimmung von Positionen nach dem »Global Positioning System« (GPS) nicht mehr wegzudenken, da mit Hilfe dieser Technik sehr genaue Positionsbestimmungen durchführbar sind. Aufgrund der hohen Genauigkeit der Messungen ist das GPS-System daher auch bei der Suche und dem Wiederauffinden von Wrackpositionen unverzichtbar.

Das GPS ist ein rein militärisches System, das von den USA für die zivile Nutzung freigegeben wurde. Hieraus ergeben sich zwar für den zivilen Anwender große Vorteile, da er nun mittels Kreuzpeilung mehrerer Militärsatelliten seinen Standpunkt exakt bestimmen kann, andererseits befinden sich die zivilen Nutzer auch in einem gewissen Abhängigkeitsverhältnis. Da bis zum heutigen Tag noch kein ziviles GPS-System zur Verfügung steht, ist es nicht nur im Belieben der amerikanischen Militärs dieses an- und abzuschalten, sondern auch die dem zivilen Benutzer zur Verfügung gestellte Genauigkeit zu manipulieren.

Ein erster Schritt zur Unabhängigkeit vom amerikanischen Militär ist die für die Jahrtausendwende geplante Schaffung eines zivilen Satellitensystems. Auch gibt es mittlerweile neben dem amerikanischen GPS-System ein weiteres, wenn auch ebenfalls militärisches System, das russische »GLONASS« (Global Navigation Satellite System), womit den Amerikanern die Monopolstellung in diesem Bereich genommen wurde. Zur Zeit befinden sich 24 Satelliten auf der Erdumlaufbahn. Es handelt sich hierbei um 21 Haupt- und 3 Reservesatelliten, die die Erde in einer Höhe von 20 Kilometern und in sechs verschiedenen Umlaufbahnen umkreisen. Die vollständige Erdumrundung eines Satellliten benötigt zwölf Stunden. Durch die Verteilung der Satelliten in unterschiedlichen Umlaufbahnen ist eine weltweite Abdeckung mit GPS rund um die Uhr gewährleistet, so daß fortlaufend und ständig dreidimensionale Standorte erhalten werden können. Somit sind also für jeden Ort auf der Erde stets mindestens vier Satelliten nutzbar.

Vorbei sind im heutigen Zeitalter der Satellitennavigation die komplexe, schwierige und oftmals ungenaue Standortbestimmung mittels Gestirnsmessungen unter Zuhilfenahme eines Sextanten. Um heute die genaue Position eines Schiffes auf der Wasseroberfläche oder eines Wracks auf dem Meeresgrund zu bestimmen, bedarf es nur noch eines Blickes auf das Display eines GPS-Gerätes und schon ist es möglich, den Schiffsort nach geographischer Länge und Breite abzulesen. Was nützt es aber, wenn der Anwender mit den Zahlen des Displays, die die Position beschreiben, nichts anzufangen weiß, und daher mehr oder weniger nach dem Zufallsverfahren mit seinem Boot nach gesunkenen Schiffen sucht, statt gezielt einen vorher bestimmten Standort anzufahren? Bevor man sich auf die Suche nach versunkenen Schiffen begibt, kann ich nur jedem empfehlen, sich die notwendigen Navigationskenntnisse anzueignen, da sonst eine Wracksuche schnell zur Zeit- und Geldverschwendung wird.

Kartenarbeit

Nach Beendigung der vollständigen Wrackrecherche könnte man nun annehmen, daß der Zeitpunkt gekommen ist, an dem die Tauchausrüstung gepackt, das Boot beladen und endlich zum langersehnten Wrack gefahren wird, um es in Augenschein zu nehmen und zu erforschen. Leider ist die Wracksuche doch nicht ganz so einfach, denn jetzt erst beginnt die eigentliche Arbeit. Das Meer ist groß, und auf der Wasseroberfläche gibt es keine Hinweisschilder, die uns den Weg zum Wrack weisen. Es ist also im Vorfeld noch eine Menge Arbeit nötig, bevor die ersten Fundstücke geborgen und die Medien über das Auffinden und die Entdeckung eines neuen Wracks informiert werden können.

Falls es das Ziel unserer Bemühungen war, ein neues noch unberührtes Wrack zu finden, hatten die Stunden, Monate oder vielleicht sogar Jahre, die wir mit unserer Recherche verbrachten, nur einen einzigen Grund: Eine Stelle

Abb. 21

Bei der Suche nach *U 482* vor der Küste Schottlands, im Sommer 1995. Durch Überprüfung der geplotteten Positionendaten wurde vor Ort das Wrack lokalisiert.

im Meer zu finden, von der wir glauben, dort ein Wrack zu entdecken. Darüber hinaus haben wir eine Menge Begleitinformationen über das gesuchte Schiff und die Untergangsumstände zusammengetragen, die wir aber erst dann verwerten können, wenn das Wrack gefunden ist. Also heißt unser nächstes Ziel, den Weg dorthin zu finden. Wir stützen uns dafür auf alle gesammelten Informationen und betrachten die Seekarte des entsprechenden Suchgebietes. Als nächstes markieren wir auf der Karte die Stelle, an der wir das gesuchte Wrack vermuten. Spätestens zu diesem Zeitpunkt sollten der Umgang mit den nautischen Karten sowie das Auswerten und Lesen der Seekarten beherrscht werden und umfassende Kenntnisse des in Frage kommenden Seegebiets vorhanden sein. Die Bedeutung aller in dem Suchgebiet vorhandenen relevanten Symbole und Beschreibungen (Legenden) muß richtig verstanden werden. Außerdem ist es notwendig, eine exakte Positionsbestimmung durchführen zu können, ohne die die Sucharbeit und das spätere Auffinden eines Wracks bereits von Anfang an zum Scheitern verurteilt wären.

Es gibt auf dem Markt einige brauchbare Bücher, die Navigationstechniken behandeln und die richtige Vorgehensweise erläutern. Der Kauf entsprechender Bücher kann eine lohnende Investition sein, denn diese vermitteln nicht nur die Grundlagen moderner Navigationstechniken, sondern geben auch eine Vorstellung darüber, wie Seeleute in früheren Zeiten ohne moderne Hilfsmittel navigiert haben. Bei der späteren Wracksuche ist es außerordentlich wichtig, den Navigationsstandard der damaligen Zeit zu berücksichtigen, denn nur, wenn die Navigationstechniken sowie die Gedankengänge früherer Seeleute, die zu einer bestimmten Entscheidung führten, verstanden werden, ist es auch möglich, diese später bei der Suche nach dem Wrack nachzuvollziehen.

Beim Übertrag der vermuteten Untergangsposition auf die Seekarte, muß darauf geachtet werden, sich so genau wie nur irgendwie möglich an die recherchierten Daten zu halten. Auch ist es in diesem Zusammenhang von Bedeutung zu wissen, wie eine eventuell bei der Recherche entdeckte Positionsangabe erstellt wurde. Das genaue Nachvollziehen einer solchen Angabe ist aber nur dann möglich, wenn mit den gleichen Geräten und Hilfsmitteln gearbeitet wird wie am Tag des Untergangs. Hat uns ein Fischer die Untergangsstelle eines Wracks genannt, die er am Tag des Untergangs lediglich aufgrund von Landpeilungen bestimmt hat, können wir auch nur mit diesen Peilungen arbeiten. Ein Beispiel aus eigener Erfahrung macht diesen Punkt vielleicht etwas deutlicher: Bei der Suche nach einem Passagierliner, der im Jahre 1916 vor der Küste Nordirlands versenkt worden war, fand ich eines Tages im Kriegstagebuch des U-Bootes, welches den Dampfer versenkt hatte, folgende Positionsangabe: »(...) befinden uns etwa eine halbe Seemeile südlich von roter Signalboje vor Belfast. (...) Dampfer läuft Kurs S.34°O, Entfernung 300 Meter (...).« Natürlich war die erwähnte Signalboje auf den heutigen Seekarten längst verschwunden. Anhand einer Karte der damaligen Zeit war es jedoch möglich, die Position der erwähnten Boje zu ermitteln. Von dieser Boje befand sich das U-Boot laut der Eintragung im Kriegstagebuch etwa eine halbe Seemeile – also etwa 900 Meter – entfernt, als der Torpedo abgefeuert wurde. Der Dampfer fuhr gemäß der weiteren Schilderung einen Kurs von S.34°O und sank laut Eintrag im U-Bootkriegstagebuch bereits nach fünf Minuten. Es war klar, daß die Buchstaben »S« und »O« für die Richtungsangabe »Süd« und »Ost« stehen würden, auch wenn nach heutigem, internationalen Standard die Richtungsangabe »Ost« mit dem Buchstaben »E« für das englische Wort »east« bezeichnet wird, um Verwechslungen mit der Ziffer Null zu vermeiden. Woher aber sollte ein U-Bootkapitän des Ersten Weltkriegs zum Zeitpunkt seiner damaligen Tagebuchaufzeichnungen wissen, daß es einmal eine internationale Regelung geben würde? Andererseits müssen solche Details bei der Recherche und der späteren Wracksuche berücksichtigt werden, denn ansonsten schleichen sich schnell gravierende Fehler ein.

Die Bestimmung der Position, der im U-Boot-Kriegstagebuch erwähnten Wrackboje, war für mich von größter Bedeutung, denn der schnelle Untergang des Dampfers ließ den Schluß zu, daß die Untergangsstelle nicht weit von der früheren Boje entfernt sein mußte. Um die Kursangaben des U-Bootkommandanten jedoch tatsächlich nachvollziehen zu können, müssen auch solche Angaben richtig interpretiert werden: Kurspeilungen in Grad (°) wurden früher anders berechnet, als es heute üblich ist. Die Angabe »S.34°O« bedeutet in Wirklichkeit eine Kurspeilung von 146 Grad (34° östlich von Süden). Nachdem ich die so berechnete Peilung auf die Seekarte übertragen und ebenfalls die damalige Meeresströmung für den Untergangstag miteinkalkuliert hatte, erhielt ich auf der Seekarte ein Suchgebiet in Form eines Dreiecks, in dem der Dampfer schließlich auch einige Wochen später von uns gefunden wurde.

Stützen wir uns nun auf die vorausgegangene Recherche, müssen wir unzählige Faktoren berücksichtigen, um zu der vermuteten Untergangsstelle des gesuchten Wracks zu gelangen. Selbst kleine, scheinbar unwichtige Details dürfen wir nicht übersehen. Die genaue Beachtung und Anwendung der früheren Navigationsmethoden ist sehr wichtig für die weitere Vorgehensweise. Wir müssen in Betracht ziehen, daß markante Punkte, die damals als Peilmarkierungen verwendet wurden, heute unter Umständen nicht mehr existieren – wie beispielsweise die erwähnte Markierungsboje vor Belfast. Wenn also in früheren Jahren ein Leuchturm als Referenzpunkt für die Peilung eines Schiffsuntergangs verwendet wurde, müssen wir sicherstellen, daß dieser Leuchturm heute noch genau an derselben Stelle steht. Möglicherweise ist der Leuchtturm von damals längst abgerissen und gegen ein modernes Leuchtfeuer ersetzt worden, das heute vielleicht einige Meter von der ursprünglichen Stelle entfernt steht. Wird dieser Landpunkt nun heute zum Zwecke einer Landpeilung angepeilt, kann dies zu einem völlig anderen Ergebnis führen. Das

gleiche gilt für Wasserstände und Meeresströmungen, die sich über die Jahre aufgrund diverser Einwirkungen verändern können.
Nachdem die vermutete Untergangsstelle des gesuchten Wracks auf die Seekarte übertragen ist, beginnt die eigentliche Kartenarbeit. Als nächster wichtiger Schritt muß sichergestellt werden, daß wir in der Lage sind, diese Position auch später auf dem Meer zu erreichen, ohne ziel- und planlos herumzukreuzen. Daher sollten wir uns Gedanken darüber machen, welche Methoden uns zur Verfügung stehen, diese Stelle später aufzufinden. Jeder Wracksucher muß deshalb die Anwendung einiger einfacher Hilfsmethoden beherrschen, und in der Lage sein, mit den nachstehend beschriebenen Methoden zur Untergangsstelle zu gelangen. Neben der bequemsten und genauesten Methode, der GPS-Navigation, gibt es zwei weitere Methoden auf See zu navigieren: Land- und Kompaßpeilungen. Alle Kursberechnungen sollten selbstverständlich vor dem In-See-stechen erstellt und geübt werden, denn ansonsten wird später so manche Stunde an der falschen Stelle das Wrack gesucht. Dem wracksuchenden »Neuling« rate ich daher, seine ersten Wracks in der Nähe der Küste, mit Sichtkontakt zum Land zu suchen. Küstennah gesunkene Wracks lassen sich aufgrund von Landpeilungen wesentlich einfacher finden bzw. wieder auffinden, als jene Schiffe, die auf dem offenen Meer untergegangen sind. Für die Ortung solcher Wracks sind teure und technisch komplizierte Navigationsgeräte notwendig, mit denen der Anfänger sicherlich zu Beginn überfordert ist.

Landpeilungen

Küstennahe Positionen, an denen ein Wrack vermutet wird, lassen sich am besten dadurch auffinden, daß direkte, sichtbare Landpeilungen gesucht werden. Diese Landpeilungen werden durch genaues Studium der Seekarten bestimmt. Man benötigt hierzu zwei Fixpunkte – beispielsweise ein Haus oder eine markante Felsenklippe – die anhand der Seekarte abgegriffen und bestimmt werden können. Befindet sich der Wracksucher später mit seinem Boot im Suchgebiet, muß er diese Fixpunkte vom Wasser mit Blickrichtung zum Festland anpeilen. Sind die Landpeilungen zu den Hilfspunkten (Hauskante/Klippe etc.) genau in Deckung, befindet er sich an der richtigen Stelle. Je größer der Abstand zwischen den beiden gewählten Hilfspunkten ist, desto genauer läßt sich die eigene Position bestimmen. Aufgrund der großen Entfernung werden sich diese Punkte schnell »bewegen«, falls das Boot von der richtigen Stelle abtreibt und eine deckungsgleiche Peilung nicht mehr vorliegt. Als Hilfspunkte eignen sich alle markanten Punkte, die vom Meer aus an Land sichtbar sind. Es ist jedoch stets darauf zu achten, keine beweglichen Hilfspunkte (z. B. Bojen) auszuwählen, denn durch die Bewegung des Objcktes würden große Ungenauigkeiten entstehen.

Abb. 22

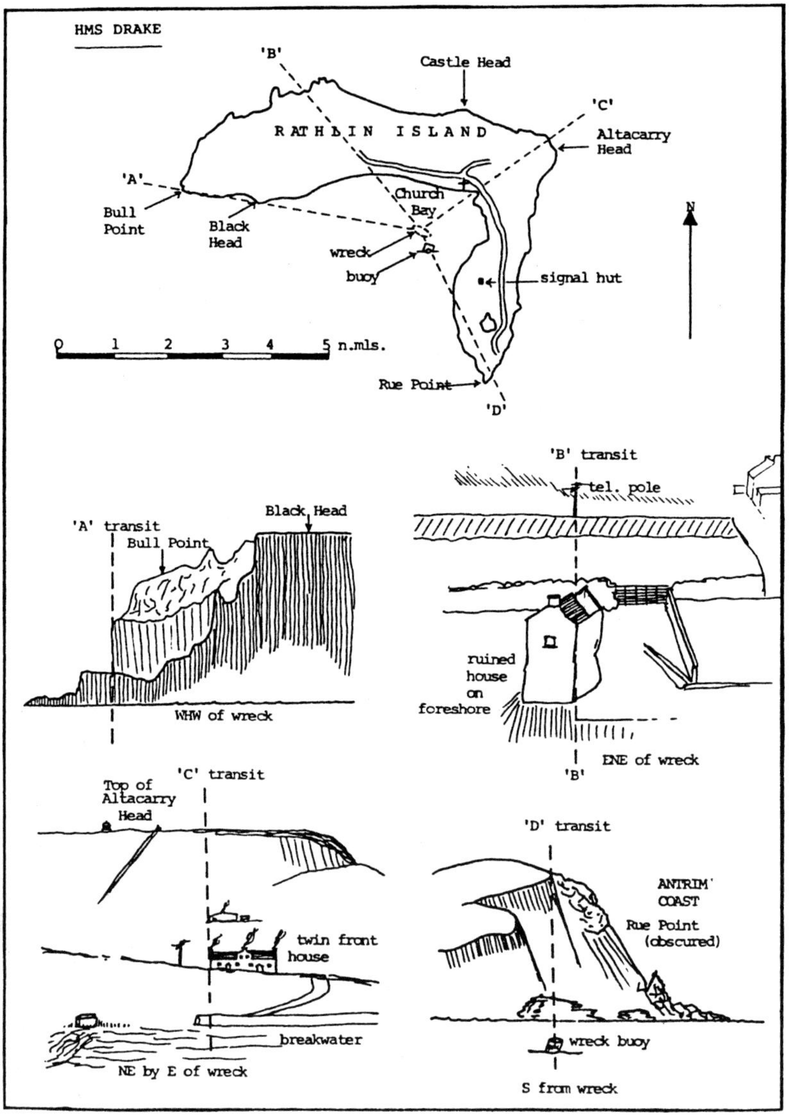

Wracksuche mittels Landpeilungen am Beispiel des gesunkenen Kreuzers *H. M. S. Drake* in der Hafenbucht der Insel Rathlin Island.

Abb. 23

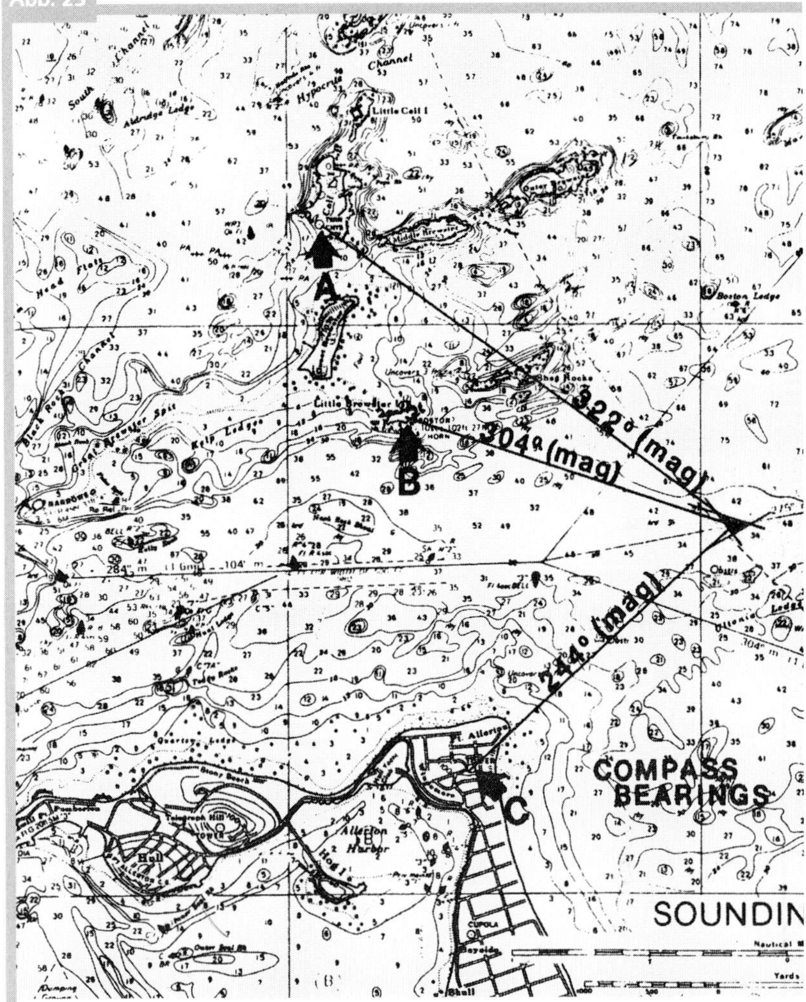

Beispiel einer Kompaßpeilung. Auch hier wird am besten ein zweiter Hilfspunkt an Land bestimmt, um eine zweite Peilung zu erhalten. Folgt der Skipper nun mit dem Boot dem Kurs der ersten Peilung mit dem Bootskompaß, kann eine zweite Person mit einem kleinen Handkompaß die zweite Kurspeilung vornehmen. Stimmt diese zweite Peilung mit der zuvor bestimmten Peilung überein, kann eine Markierungsboje über Bord geworfen werden, um die vermutete Untergangsstelle des Wracks zu kennzeichnen.

Möglicherweise läßt sich von der vermuteten Wrackposition eine direkte, gerade Linie zu einer markanten Felsklippe zeichnen, oder in weiterer Entfernung befindet sich ein Leuchtturm, dessen Antenne sich als Hilfspunkt eignet. Werden Hilfspunkte (auch »Transits« genannt), ausgewählt, ist es wichtig, zwei weitere Hilfspunkte zu besitzen, um die erste Peilung überprüfen zu können. Werden mehrere Transits, die sich nur dann in Deckung miteinander befinden, wenn man genau über der Wrackstelle schwimmt, ausgewählt, wird diese Position auf dem Meer auch mit großer Sicherheit wieder aufgefunden.

Kompaßpeilungen

Die zweite Möglichkeit, die Untergangsstelle eines Wracks anhand von Peilungen zu finden, ist der Einsatz eines Kompasses. Ist die vermutete Untergangsstelle des gesunkenen Schiffes in der Seekarte vermerkt, wird bei dieser Methode zunächst ebenfalls eine markante Stelle an Land ausgewählt. Anschließend wird mit einem Kartenplotter oder einem Lineal, eine direkte Linie von der Untergangsposition zu dem ausgewählten Landpunkt gezeichnet. Wird nun der Kompaß an die vermutete Untergangsstelle angelegt, ist auf der Kompaßskala (auch »Rose« genannt) die genaue Gradpeilung zum Hilfspunkt an Land abzulesen.

Die Suche vor Ort

Nach Beendigung der Recherchen und der Kartenarbeit ist es endlich soweit: Das Abenteuer Wracksuche kann beginnen. Das eigentliche Auffinden des Wracks kann sich jedoch schwieriger gestalten, als man glaubt. Nach all der Zeit und der umfangreichen Recherchearbeit, die bis zu diesem Stadium bereits in die Suche investiert wurden, ist es unerläßlich einige erfolgversprechende Suchmethoden zu studieren, um die Wracksuche erfolgreich abschließen zu können.

Bevor eine Suchmannschaft mit dem Boot den Hafen verläßt, sollte eine genaue Suchstrategie erarbeitet worden sein. Die Suchmethoden richten sich letztendlich danach, was wir zu finden erhoffen. Wird beispielsweise nach einem Frachter mit einem Stahlrumpf gesucht, der in einer Tiefe von 50 Metern vermutet wird, kann davon ausgegangen werden, daß das Wrack noch relativ unversehrt zu finden ist. Gehen wir davon aus, daß dieses Wrack noch intakt, nicht zerbrochen und noch nicht von einem Bergeunternehmen aufgesucht worden ist, bleiben uns mehrere Suchmethoden, die nachstehend näher beschrieben werden. Handelt es sich aber bei dem gesuchten Wrack um einen Holzsegler, der im späten 18. Jahrhundert gesunken ist und sich in einer Tiefe von nur 15 Metern befindet, können wir fast sicher sein, daß von dem Schiff nicht mehr allzu viel zu sehen ist, da es vermutlich durch Seegang, Strömungen und Gezeiten stark zerbrochen und vielleicht sogar völlig versandet ist. Solche Gegebenheiten reduzieren die Suchmethoden auf einige wenige. Neben den Spekulationen, in welchem Erhaltungszustand sich das gesuchte Wrack befindet, wird die Suchmethode von der Beschaffenheit des Meeresbodens beeinflußt. Einige Bodenbeschaffenheiten eignen sich für bestimmte Suchmethoden nicht. Im folgenden Abschnitt möchte ich näher auf verschiedene Suchmethoden eingehen, die sich bei meiner Wracksuche als erfolgreich erwiesen haben. Ich möchte jedoch ausdrücklich betonen, daß es sich bei den beschriebenen Techniken um die Wracksuche des »kleinen Mann« handelt und die Methoden nichts mit den kostenintensiven Techniken professioneller Wracksucher zu tun haben. Alle durch unser Team gefundenen Wracks wurden ausschließlich mit diesen »einfachen« Suchverfahren geortet, was auch ein Beweis dafür ist, daß die Wracksuche nicht immer ein millionenschweres Budget erfordert.

Suchmethoden

Die Suche durch Taucher

Die wohl einfachste Methode, nach einem Wrack zu suchen, ist wohl jene, im Suchgebiet, in dem das Wrack vermutet vermutet wird, zu ankern und tauchen zu gehen. Hierbei wird meist am Ankerseil abgetaucht, an dem eine Seilrolle

Abb. 24

Taucher werden zur Wracksuche dann eingesetzt, wenn von diesem kaum mehr etwas übrig oder es stark zerbrochen ist.

angebracht wird. Der Anker dient als Mittelpunkt eines Suchradius von dem aus der Meeresboden systematisch in immer größeren Kreisen abgesucht wird.

Auch wenn diese Methode im Vergleich zur Verwendung moderner elektronischer Suchgeräte sehr einfach und veraltet erscheint, ist es dennoch möglich, mit diesem Verfahren Erfolg zu haben. Ist das gesuchte Wrack ein altes hölzernes Segelschiff, das vermutlich stark zerbrochen und eingesandet ist, gibt es oft keinerlei Schiffsaufbauten oder sonstige Erhebungen, die mittels elektronischem Gerät (z. B. einem Sonargerät) sichtbar zu machen sind. In diesem Fall ist die direkte Suche unter Wasser möglicherweise die einzige erfolgversprechende Methode. Kleine Bruchstücke oder Gegenstände, die auf das Vorhandensein des Wracks hindeuten, sind so wesentlich leichter zu erkennen.

»Ankerziehen«

Diese fast schon klassische Suchtechnik war in den frühen Jahren des Wracktauchens, als es noch keine elektronischen Hilfsmittel gab, sehr populär. In der heutigen Zeit findet jedoch die Technik des Ankerziehens kaum noch Verwendung. Wer allerdings mit einem nur sehr geringen Budget Schiffe suchen will und sein Geld bereits für andere Gerätschaften verplant hat, kann mit dieser Technik immer noch zum Ziel kommen. Nach dem Motto »die einfachsten Methoden sind oft die besten« wird bei diesem Verfahren am Heck des Bootes eine Suchleine ausgelegt, an der ein Anker oder sonstiger stabiler Haken befestigt wird. Gute Dienste erweisen hier gebogene Stahlstäbe, die zu einem ankerförmigen Gebilde, »grapple« (engl. Wort für Enterhaken) genannt, zusammengeschweißt werden. Hat der Anker oder der Haken am Seilende den Meeresgrund erreicht, wird er mit dem Boot hinter diesem hergezogen, bis er sich im Wrack eingehakt hat. Als Verbindung zwischen dem Anker und dem Ankerseil sollte eine längere schwere Stahlkette gewählt werden, um einerseits durch das Gewicht der Kette den Anker dicht am Meeresgrund zu halten und andererseits das Seil vor Zugbeschädigungen zu schützen. Die Gesamtlänge des Suchseils sollte ungefähr vier Mal so lang sein wie die Meerestiefe, auf der gesucht wird. Natürlich ist es wichtig, daß das Ankerziehen durch eine eingespielte und erfahrene Bootsmannschaft durchgeführt wird. Erkennt die Wache am Heck des Bootes, daß sich der Suchhaken unter Wasser an einem Objekt verhakt hat, muß der Bootsführer auf Zuruf sofort die Motoren des Bootes drosseln, sonst könnte es geschehen, daß der Suchhaken wieder aus dem Wrack herausgerissen, das Seil reißen, oder das Boot beschädigt wird.

Die Methode des Ankerziehens wird am besten dann angewendet, wenn der Meeresgrund flachsandig und frei von größeren Felsbrocken ist, da der Anker sich sonst stets verhaken würde. Wichtig bei dieser Suchmethode ist es aber auf jeden Fall, das Boot langsam zu steuern, um den Suchanker nicht durch hohe Fahrgeschwindigkeit vom Meeresgrund in die Höhe zu ziehen. Außerdem kann

Abb. 25

Ein aus gebogenen Stahlstäben zusammengeschweißter, selbstgefertigter Suchanker, auch »grapple« (Enterhaken) genannt, mit dem das »Ankerziehen« praktiziert wird.

beim plötzlichen Verhaken des Ankers in einem Hindernis bei zu hoher Geschwindigkeit, wie erwähnt, das Seil reißen oder das Boot beschädigt werden. Ist der Anker erst einmal in einem Hindernis (oder dem Wrack) verhakt, muß natürlich auch getaucht werden, um sich Klarheit darüber zu verschaffen, worin man sich denn nun wirklich verhakt hat. Aufgeregt wird in die Tiefe getaucht, mit den wildesten Gedanken und Hoffnungen, das langersehnte Wrack endlich gefunden zu haben. Leider stellt sich aber oftmals heraus, daß sich der Suchanker lediglich an einem Felsen verhakt hat und von dem ersehnten Wrack weit und breit keine Spur ist. Doch: Alle Suche ist schwer und der gerade beginnende Wracksucher wird so manchen Felsen betauchen müssen, bevor er das »unberührte Wrack« dann endlich gefunden hat.

Technische Hilfsmittel bei der Wracksuche

S.o.n.a.r. (Sound, navigation and ranging) -Systeme

Das Funktionsprinzip eines Sonartiefenmessers ist bei allen Typen, ob »Fish-Finder«, »Fathometer« etc. gleich. Lediglich die Art der Informationsaufbereitung auf dem Bildschirm variiert von Hersteller zu Hersteller. Bei allen diesen Systemen strahlt ein unter dem Boot montierter Sender Schallwellen aus, die das Wasser durchdringen, bis sie auf einen festen

Abb. 26

Ohne technische Hilfsmittel geht es nicht. Links: Satellitennavigationsgerät; rechts: Sonatiefenmesser an Bord von Tommy's 9-Meter-Festrumpfschlauchboot, das bei unserer Wracksuche überwiegend eingesetzt wurde.

Gegenstand treffen. Dieses Signal wird dann an einen Empfänger zurückgeschickt. Die Zeitspanne, die das Signal vom Aussenden bis zur Rückkehr zum Empfänger benötigt, wird elektronisch in Wegstrecke (= Tiefe) umgerechnet. Die Besatzung eines Bootes, das mit eingeschaltetem Sonartiefenmesser über das Meer fährt, erhält ein genaues Tiefenprofil des Meeresgrundes. Über einen angeschlossenen Farbmonitor wird die Bodenbeschaffenheit des Meeres in Bilder umgewandelt. Gleichzeitig läuft über einen Datendrucker eine lückenlose Protokollaufzeichnung mit. Wird das Boot über einen relativ gleichmäßigen flachen Meeresgrund gesteuert, erhält man beispielsweise eine konstante Tiefenreflektion, bis die Sonarwellen sich an einem aufragenden Gegenstand (beispielsweise einer Felsformation oder einem Wrack) brechen und diese Messung als Grafikausschlag sichtbar wird.

Die Bilder des Meeresgrundes, die über Monitor oder Datenausdruck sichtbar gemacht worden sind, eignen sich somit bestens für die Wracksuche. Sonartiefenmesser sind darüber hinaus recht einfach und leicht verständlich in ihrer Handhabung, jedoch bedarf es einer gewissen Routine, um die projizierten Bilder richtig deuten und Felsformationen von Wracks unterscheiden zu können.

Abb. 27

Typische Datenaufzeichnung eines Sonartiefenmessers. Die hohen Ausschläge, auch »peaks« oder »spikes« genannt, können ein Hinweis auf ein vorhandenes Wrack sein.

Je größer die Wassertiefe in dem abgesuchten Seegebiet ist, desto weiter ist auch der Suchbereich der Sonarwellen, da diese sich kegelförmig nach unten ausdehnen und mit zunehmender Wassertiefe einen größeren Durchmesser erzeugen. Daher ist der Genauigkeitsgrad der Messung in der Mitte des Sonarkegels am größten, während die Meß-Genauigkeit im Randbereich des Meßkegels nachläßt. Es ist also ratsam, nicht gleich bei dem ersten Ausschlag des Datenausdrucks seinen Anker zu werfen. Möglicherweise ist nur ein kleiner Teil eines Wracks gemessen worden, oder bei den Datenaufzeichnungen auf dem Monitor handelt es sich tatsächlich nur um eine Felsformation auf dem Meeresgrund. Zur Sicherheit sollten daher mehrere Messungen durchgeführt werden, indem das Boot die betreffende Stelle noch einige weitere Male überfährt, um so ein genaues Bild des Meeresgrund zu erhalten.

Zur Durchführung genauer Messungen muß das Boot in langsamer Fahrt (etwa Schrittgeschwindigkeit) gesteuert werden. Bei intakten, aufrecht stehenden Wracks, läßt sich diese Technik natürlich erfolgreicher anwenden als bei einem zerbrochenen Holzschiff. Der Schlüssel zum Erfolg ist langjährige Erfahrung allein, denn nur sie ermöglicht es, einen Fischschwarm von einem Felsen und einen Felsen von einem Wrack zu unterscheiden. Selbst die besten und erfahrensten Wracksucher haben sich schon von den Aufzeichnungen ihres Tiefenmessers täuschen lassen und wurden zum »Felsentaucher«. Daher sollte

Abb. 28

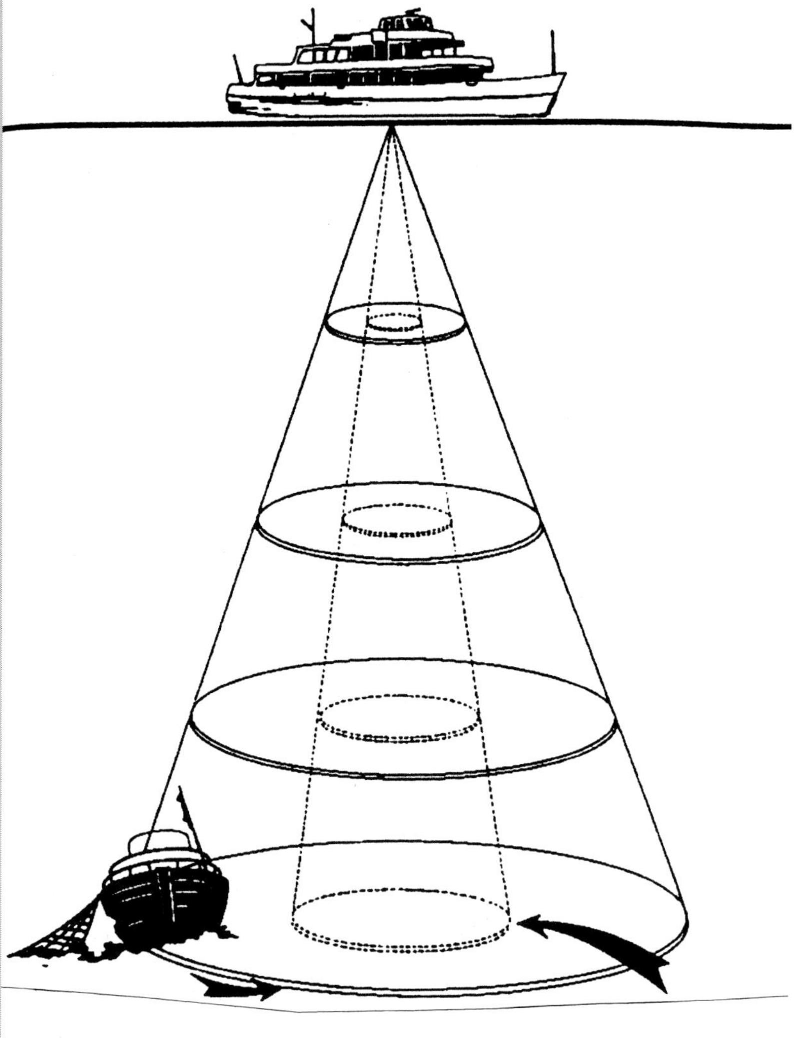

Der Kegel des abgestrahlten Signals. Anhand dieser Illustration wird deutlich, wie der Suchbereich eines 8°-Sonarsenders durch Verwendung eines 20°-Senders mehr als verdoppelt wird.

man sich niemals von gelegenlichen Datenfehlinterpretationen und erfolglosen Tauchgängen beeinflußen lassen. Ein Sonartiefenmesser vergrößert auf jeden Fall die Chance, ein Wrack zu finden, auf ein Vielfaches.

Side-Scan-Sonar

Eine technisch weitaus aufwendigere Suchmethode als der Sonartiefenmesser ist die Wracksuche mittels »Side-Scan-Sonar«. Das eigentliche Sonar wird hier in Verbindung mit einer Unterwasserboje eingesetzt, die wie ein Fisch (daher auch der Name »towfish«) an einer langen Leine in einer vorher festgelegten Tiefe hinter dem Boot hergezogen wird. Die Schleppboje sendet akustische Signale zu beiden Seiten des Bootes aus, die sich auf dem Meeresboden brechen und so ein präzises Bild des Meeresbodens wiedergeben. Die Informationen über die Beschaffenheit des Meeresgrundes werden durch Sensoren in der Boje gemessen und drahtlos an einen Empfänger auf dem Schiff gefunkt. Hier werden die Signale in Bilder umgesetzt, die mittels Farbmonitor sichtbar gemacht werden. Jedes größere, nicht im Sediment des Meeresbodens versunkene Objekt, wie z. B. ein Wrack oder eine Felsformation werden somit

Abb. 29

Ein Schleppmagnetometer (auch »towfish« genannt) wird für das Absuchen des Meeresgrundes von Bord des Suchschiffes gehievt und dann hinter dem Schiff hergezogen.

sichtbar. Die Weiterverarbeitung dieser Daten erlaubt dann sofort mit einem Computer ein detailliertes Bild des Wracks oder der Beschaffenheit des Meeresbodens zu erstellen.

Es gibt eine Vielzahl unterschiedlicher Sonarsysteme für fast jeden Einsatzbereich und jede Wassertiefe. Beim Kauf eines solchen Gerätes ist das wichtigste Kriterium die Frequenzstärke des Sonars. Man unterscheidet zwei grobe Einsatzbereiche: Entweder wird eine Frequenz gewählt, die einen großen Bereich des Meeresgrundes abdeckt, aber in ihrer Genauigkeit nicht ganz so präzise arbeitet, oder ich wähle eine genau und präzise arbeitende Frequenz, die jedoch nur einen kleineren Meeresbereich abdecken wird. Niedrige Frequenzen erlauben eine wesentlich größere Flächendeckung, haben jedoch den Nachteil, daß Bodendetails nicht immer genau zu erkennen sind. Hochfrequenzgeräte erreichen zwar keine allzu große Flächendeckung, sind jedoch wesentlich detailgenauer. Ein Gerät mit einer Arbeitsfrequenz von 100 kHz deckt einen Suchbereich von etwa 600 Metern ab. Ein Sonargerät mit einer Arbeitsfrequenz von 500 kHz wird zwar lediglich eine Distanz von 150 Metern abdecken, aber durch eine hervorragende Detailauflösung bestechen. Für welchen Frequenzbereich man sich letztendlich endscheidet, ist abhängig von der Größe des Suchgebietes. Ein wesentlicher Vorteil des Side-Scan-Sonars im Vergleich zum Sonartiefenmesser ist jedoch, daß das Side-Scan tragbar ist und somit leicht von einem Boot zum anderen mitgenommen werden kann, während das Tiefensonar fest im Boot eingebaut ist.

Abb. 30

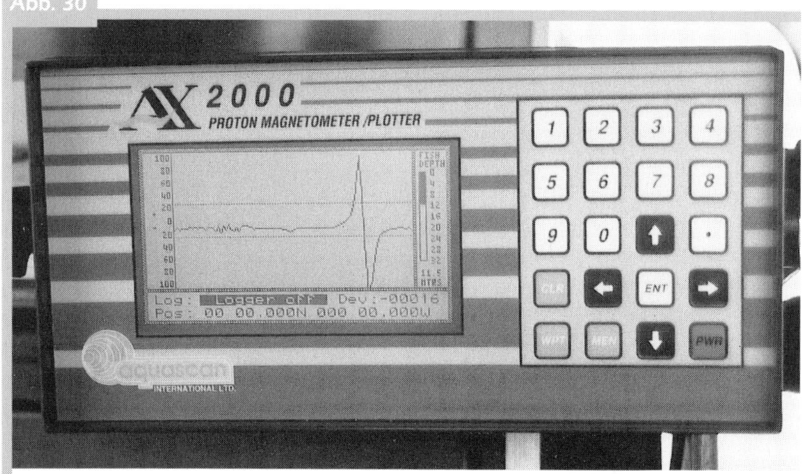

Computergrafik eines mit einem Protonenmagnetometer georteten Wracks.

Protonenmagnetometer
Im Vergleich zu den Kosten eines Side-Scan-Sonars sind Protonenmagnetometer relativ günstig. Sie messen die Stärke des magnetischen Feldes eines Gebietes unter Wasser. Das Magnetfeld der Erde wird durch das leitende Metall eines Wracks stark verändert. Die Stärke der Veränderung des Magnetfeldes gibt Aufschluß über die Größe eines leitenden Objektes und erlaubt somit Rückschlüsse auf dessen Größe. Magnetometer, die ihre Informationen von einer durch das Boot gezogenen Unterwasserboje erhalten, können leitenden Metalle wie z. B. Anker, Kanonenkugeln etc. erfassen, selbst wenn sie im Meeressediment versunken sind. Ihre Einsatztiefe beträgt bis zu 350 Meter.

Wracksuche nach Planquadraten und Kreisen

Ein grundsätzliches Element bei der Festlegung einer Suchstrategie ist nicht nur die Frage, welche Art von Suche man durchführen will (z. B. mit Tiefensonar, Tauchereinsatz etc.), sondern auch die Überlegung, wie die eigentliche Suche durchgeführt werden soll. Ist das errechnete Suchgebiet erst einmal erreicht, sollte die durch die Recherchearbeit bestimmte Untergangsposition eines Schiffes mit einer Boje markiert werden. Die einfachste und verbreiteste Markierungsweise ist ein großer Plastikkanister. Dieser wird mit einem entsprechend der Meerestiefe gewählten langen Seil und einem schweren Grundgewicht versehen über Bord geworfen. Die so gesetzte Bojenmarkierung erlaubt es, alle Landpeilungen oder Kursberechnungen außer Acht zu lassen und sich voll und ganz auf die eigentliche Wracksuche zu konzentrieren, da der Mittelpunkt des Suchgebietes mit der Boje markiert wurde.

Die beiden gängigsten Suchmethoden für das systematische Absuchen des Meeres sind die kreisförmige Suche und die Suche nach Planquadraten. Bei der kreisförmigen Suche steuert das Suchboot einfach in immer größeren Suchkreisen um die vorher gesetzte Markierungsboje, die in diesem Fall das Zentrum des Kreises bildet. Diese Methode setzt jedoch den Einsatz eines Sonartiefenmessers voraus, da alle anderen Methoden, bei denen in Fahrtrichtung geschleppt wird (Sonarbojen oder Ankerziehen), hier nicht funktionieren würden.

Eine wesentlich effektivere und genauere Methode, ein Wrack zu orten, ist die Suchtechnik nach Planquadraten. Hierbei wird das Suchgebiet in mehrere Sektoren eingeteilt. Dies geschieht dadurch, daß die erste gesetzte Markierungsboje als Mittelpunkt gewählt und an den gedachten Endpunkten des Suchquadrates an jeder Ecke eine weitere Markierungsboje gesetzt wird, die sozusagen als Wendeboje fungiert.

Verfügt das Suchboot über ein GPS (Global-Positioning-System) kann auf die zusätzlichen Bojen getrost verzichtet werden, da sich die Wendepunkte des

Abb. 31

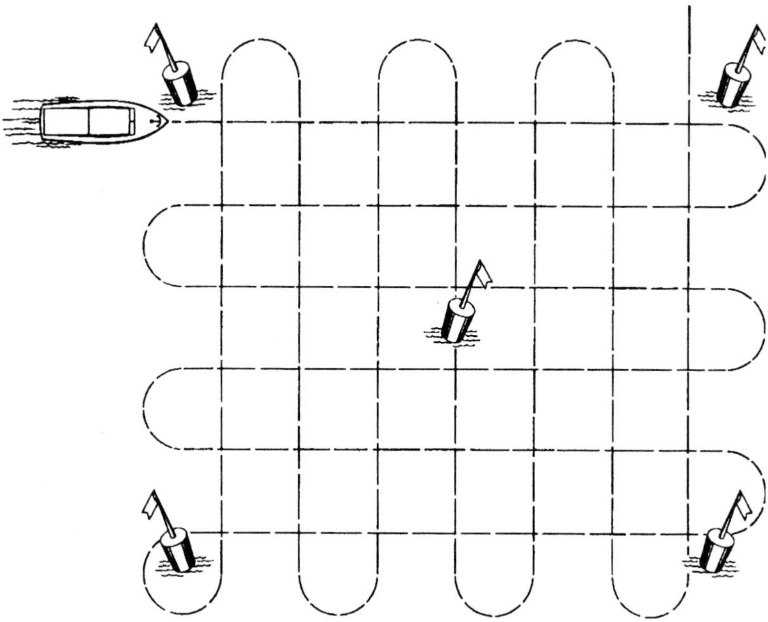

Beispiel für die Wracksuche nach Planquadraten: Die mittlere Boje markiert den Mittelpunkt des Suchgebietes. Zwei weitere Bojen fungieren als Eckbegrenzer.

Suchquadrates aufgrund der Längen- und Breitengrade des GPS bestimmen lassen. Ist das Suchquadrat abgesteckt, muß noch die Richtung der Meeresströmung berücksichtigt werden. Falls die Strömung beispielsweise von Norden nach Süden verläuft, ist es natürlich wesentlich einfacher die Suchbahnen, die mit dem Boot abgefahren werden sollen, ebenfalls von Norden nach Süden auszurichten. Das Boot ist so wesentlich leichter auf Kurs zu halten, als wenn versucht wird, gegen eine mitunter starke Strömung anzukämpfen.

Ist nun das Planquadrat abgesteckt und die Strömung miteingerechnet worden, kann die eigentliche Sucharbeit beginnen. Dabei ist es sinnvoll, mit dem sogenannten »Rasenmäherprinzip« zu arbeiten und die Ränder der Suchbahnen etwas zu überlappen. Durch diese Methode wird sichergestellt, daß das Gebiet vollständig abgedeckt wird. Erstaunlicherweise habe ich bei meinen früheren

Suchaktionen feststellen müssen, daß selbst große Wracks nicht geortet werden können, wenn nicht jeder Quadratmeter des Suchgebietes abgedeckt wurde. Weitere Markierungsbojen mit einem Senkgewicht, das das schnelle Absinken zum Wrack und dadurch die Genauigkeit der Wurfposition sicherstellt, sollten auf jeden Fall vorbereitet sein, um ein möglicherweise aufgefundenes Wrack schnell markieren zu können.

Waren Recherche, Kartenarbeit, die Positionsbestimmung genau und die Sucharbeit präzise, wird auch der Erfolg nicht ausbleiben. Der Lohn wird möglicherweise der Fund eines bisher unentdeckten Wracks sein, das es zu erforschen gilt. Bevor wir jedoch im »Eifer des Gefechtes« unüberlegt ins Wasser springen, um unseren Fund näher zu untersuchen, müssen einige wichtige Vorkehrungen getroffen, ohne die ein späterer Tauchgang am Wrack nicht durchführbar ist.

Abb. 32

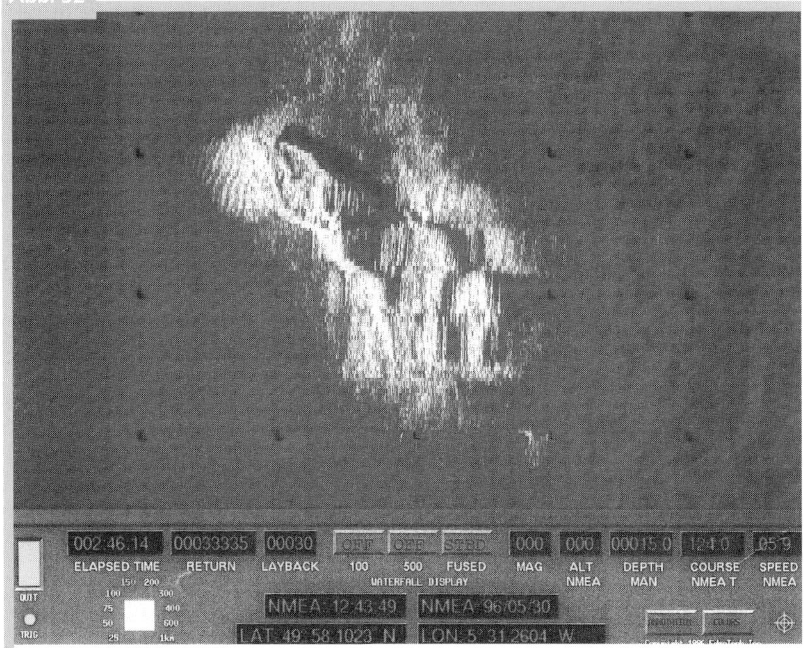

Deutlich sind auf diesem Ausdruck einer Sonaraufzeichnung die Umrisse eines Wracks erkennbar.

Ankermanöver
Nach dem Auffinden eines Wracks, muß das Suchboot zunächst sicher verankert werden, um den ersten Tauchgang ohne den Verlust unseres Bootes durchführen zu können. Wurde das gesunkene Schiff durch die Methode »Suche durch Taucher« gefunden, sollte die Person, die den Tauchgang durchgeführt hat, bereits unmittelbar nach dem Auffinden des Wracks eine Markierungsboje am Wrack befestigt haben, die zur Wasseroberfläche geschickt wird, um die Position zu markieren. An dieser Boje kann sich das Suchboot orientieren, um genau an der richtigen Stelle ankern zu können. Ist das Wrack durch die Methode des »Ankerziehens« gefunden worden, bedarf es keiner weiteren Vorkehrungen, da das Suchboot bereits mit dem Suchhaken am Wrack eigehängt ist und nun lediglich der Bootsanker gesetzt werden muß.

Hat uns allerdings eine der beschriebenen elektronischen Methoden zum Ziel geführt, muß das Suchboot zunächst sicher über dem Wrack verankert werden, bevor der Erkundungstauchgang beginnen kann. Nur eine Grundleine, die vom Tauchboot genau in das Wrack hineinführt, gewährleistet dem Taucher später einen sicheren, problemlosen Abstieg zum Wrack. Taucher sollten, wenn es Strömung sowie Wetterbedingungen zulassen, grundsätzlich versuchen am Ankerseil ab- und aufzutauchen. Dann befinden sie sich nach ihrer Rückkehr zur Wasseroberfläche stets in unmittelbarer Nähe zum Tauchboot, und können bei Gefahr durch die Begleitmannschaft im Suchboot schnell wieder an Bord genommen werden. In unmittelbarer Nähe des Wracks zu ankern ist nicht sicher genug, selbst wenn wir davon ausgehen, daß der Taucher später bei seinem Abstieg das Wrack findet. Am Ende des Tauchgangs wird er wieder nach dem abseits des Wracks gelegenen Bootsanker suchen müssen und dies ist gerade bei Dekompressionstauchgängen ein vermeidbares Risiko.

Aus diesem Grund ist es unter Wracktauchern eine gängige Prozedur, im Wrack zu ankern. Um dies sicher durchführen zu können, benötigen wir zunächst einen geeigneten Ankertyp. Am besten eignet sich hierfür der sogenannte »Hakentyp«, der, aus mehreren gebogenen massiven Stahlstäben gefertigt ist. Der Anker muß groß genug sein, um das Tauchbot auch noch bei schwerer See sicher am Wrack in Position halten zu können. Weiterhin sollte, wie im Kapitel »Ankerziehen« beschrieben, zwischen dem Anker und dem Ankerseil eine stabile Metallkette als Verbindungsglied eingesetzt werden, damit das Ankerseil nicht an einer scharfen Kante des Wracks beschädigt werden kann. Das zusätzliche Gewicht der Metallkette am Anker dient gleichzeitig dazu, bei unserem Ankermanöver den Anker möglichst schnell zum Meeresgrund zu schicken, um die Position des Wracks genau zu treffen.

Wenn wir jetzt versuchen, den Anker direkt im Wrack zu positionieren, kommt wieder der Faktor Meeresströmung ins Spiel. Die Richtung der Meeresströmung können wir ganz einfach durch Beobachtung der gesetzten Markierungsboje feststellen. Die Beachtung der Strömung ist von enormer

Wichtigkeit beim Ankern des Bootes im Wrack, da die Stömungsgeschwindigkeit Einfluß auf unser Ankerseil nehmen und es unter Umständen vom Wrack abtreiben wird. Das Tauchboot wird für das Ankermanöver in Strömungsrichtung einige Meter vor dem Wrack positioniert, um dann den Anker über Bord zu lassen. Nachdem dieser den Meeresgrund erreicht hat, werden die Motoren in die Position »Leerlauf« gestellt. Durch die Meeresströmung wird das Boot nun in Richtung des Wracks getrieben, wobei auch der Anker über den Meeresgrund gezogen wird, bis er sich am Wrack verhakt. Das Tauchboot befindet sich dann in einer günstigen Tauchposition, genau über dem Wrack. Falls das Ankermanöver in strömungsfreiem Wasser durchgeführt wird, genügt es, mit dem Boot die Wrackposition zu »überlaufen« und dann mit der Motorkraft etwas rückwärts zu laufen, bis der Anker am Wrack einhakt.

Eine Alternativmöglichkeit, um direkt am Wrack abtauchen zu können, bietet die Verwendung eines Grundgewichts, auch »shot-line« genannt. Dabei wird nicht direkt am Wrack geankert, sondern es wird statt dessen eine Abtauchleine verwendet, die mit einem schweren Grundgewicht in die Tiefe an das Wrack gelassen wird. An anderen Ende des Grundgewichtes wird eine Boje befestigt, die an der Wasseroberfläche schwimmt. Wenn sich das Tauchboot genau über dem Wrack befindet, wird die »shot-line« mit dem Grundgewicht und der Boje über Bord geworfen. Das Gewicht sinkt schnell zum Wrack hinunter, und man erhält somit eine sichere Bojenmarkierung. Später kann der Taucher problemlos an dieser Markierungsleine zum Wrack tauchen, während das Tauchboot in unmittelbarer Nähe wartet.

Planung und Durchführung eines Wracktauchgangs

Die Abtauchphase

Es ist immer wieder ein unbeschreibliches Gefühl, langsam in die dunkle Tiefe zu schweben und dabei zu spüren, wie durch die freudige Anspannung, vielleicht einen sensationellen Fund machen zu können, das Adrenalin ins Blut schießt. Manchmal kommt einem ein langer Abstieg zum Wrack wie eine Unendlichkeit vor. Die Nervosität steigt. Was wird mich erwarten? Werde ich die mir gestellte Aufgabe erfüllen können? Ungeduld und steigende Erwartungshaltung sollten den Taucher dennoch nicht davon abhalten, während der Abtauchphase noch einmal den geplanten Tauchgang zu überdenken.

Die ersten Minuten des Abstiegs zum Wrack entscheiden maßgeblich über das Gelingen einer Operation. Eine gewisse Nervosität ist normal und überkommt selbst einen erfahrenen Wracktaucher. Wichtig ist nur, diese Nervosität in den Griff zu bekommen, denn gelingt dies nicht, kommt gerade bei tiefen Tauchgängen schnell Panik auf. Konzentriert sich der Taucher allerdings auf die wesentlichen lebenswichtigen Faktoren, wie die Kontrolle des Luftvorrates, den Verbleib des Tauchpartners, den einwandfreien Zustand seiner mitgeführten Unterwasserlampen etc., wird er sich meist schnell wieder beruhigen. Gelingt dies aber nicht und hat er Zweifel oder sogar Angst, sollte er den Tauchgang unbedingt abbrechen. Der Schritt zu einer Panikreaktion ist dann nicht mehr weit und das kann bekanntlich fatale Folgen haben. Es ist unwahrscheinlich wichtig, auf seine innere Stimme zu hören und ein ausgeprägtes Gefühl für die eigene mentale und körperliche Verfassung zu entwickeln, denn nur so bleibt man stets Herr der Lage und hat Körper und Geist unter Kontrolle. Mein langjähriger Tauchpartner Norman hat bei tiefen Tauchgängen die Angewohnheit, unter Wasser ein Lied zu summen, denn dies, so sagt er, würde ihn ablenken und beruhigen. Mich hat es auf jeden Fall immer beruhigt, wenn ich die gesummten irischen Volksweisen vernommen habe, während um uns herum nur undurchdringliche Dunkelheit herrschte.

Tiefe Wracktauchgänge sind eine große Herausforderung an unsere Leistungsfähigkeit, unsere mentale wie auch körperliche Verfassung. Aus diesem Grund sollte man sich nur langsam und mit Überlegung an solche Projekte herantasten. Ein Taucher muß sich zunächst in einer bestimmten Tiefe vollständig wohl fühlen, bevor er in kleinen Schritten tiefer tauchen kann. Je tiefer man taucht, desto schwerwiegender werden Fehler. Jeder Wracktaucher sollte sich dessen bewußt sein. Mit zunehmender Tiefe wird bei Tauchgängen mit Preßluft und sogar bei Mischgastauchgängen früher oder später eine gewisse Narkosewirkung eintreten. Es ist daher wichtig, zu lernen, mit diesen Symptomen umzugehen. Es ist keine Schande, einen Tauchgang bei Auftreten von Tiefenrauschsymptomen, Angstgefühlen oder Unwohlsein abzubrechen. Selbst »alte Hasen« auf dem Gebiet des Tieftauchens sprechen in diesem Zusammenhang von »ihrer Tagesform«, und in der Tat kann man an manchen Tagen tiefer tauchen als an anderen.

Wie bereits beschrieben, ist das Tieftauchen mit Preßluft immer mit erheblichen Risiken verbunden. Wird daher ein Wracktauchgang in Tiefen von über 60 Metern geplant, sollte dieser auf jeden Fall unter Verwendung von Atemgasgemischen durchgeführt werden. Alle diese grundsätzlichen Erwägungen sollte der Taucher in seiner Tauchgangplanung mit einbezogen haben, wenn er irgendwann langsam dem Wrack entgegentaucht.

Die ersten Sekunden am Wrack

Sobald der erste Taucher das Wrack erreicht hat, muß die Anker- oder Abtauchleine festgemacht bzw. gesichert werden. Dies bedeutet nichts anderes, als daß die Leine so verlegt wird, daß sie am Ende des Tauchganges mit Sicherheit noch an der gleichen Stelle vorgefunden wird, wie beim Abtauchen. Wenn zum Abtauchen das Ankerseil benutzt werden soll, muß der Anker so am Wrack positioniert werden, daß er später, ohne sich am Wrack zu verhaken, wieder geborgen werden kann. Das Seil des Ankers wird an einer stabilen Stelle des Wracks verknotet, damit es sich nicht durch Schiffsbewegungen lösen kann. Der letzte Taucher, der das Wrack verläßt, ist für das Lösen des Ankerseils verantwortlich.

Ist der Taucher an der Abtauchleine in die Tiefe gesunken, wird am Wrack das schwere Grundgewicht von der Leine gehakt und diese am Wrack verknotet. Ist an einer gesetzten Markierungsboje abgetaucht worden, muß diese an einer günstigen Stelle des Wracks verknotet werden. Markierungsbojen werden normalerweise nicht geborgen, sondern verbleiben am Wrack, damit bei späteren Tauchgängen erneut an ihnen abgetaucht werden kann. Besteht jedoch die Gefahr, daß fremde Taucher diese Bojen benutzen könnten, um an unserem neu entdeckten Wrack zu tauchen und somit die Früchte unserer langwierigen Arbeit zu ernten, werden die Markierungsbojen selbstverständlich entfernt. Durch genaueste Positionsbestimmungen ist es später auch ohne Bojen kein Problem, das Wrack wieder aufzufinden.

Vorkehrungen für den Rückweg

Um später, am Ende des Tauchganges, das Auftauchseil oder die Markierungsboje, an der aufgetaucht werden soll, wiederzufinden, ist es sinnvoll, am Ende des Auftauchseils ein Blinklicht zu befestigen, um sicher zurückzufinden. Bei sehr schlechten Sichtverhältnissen sowie bei Wracks, die noch nicht bekannt sind, ist es ratsam, am Auftauchseil eine dünne Hilfsleine zu legen, die von einer mitgeführten Seilrolle abspult wird. Auf diese Weise gesichert, kann nun die Entdeckungsreise beginnen. Beim Wegtauchen vom Auftauchseil sollte jedoch in jedem Fall ein Auge auf markante Stellen am Wrack geworfen werden. Auffällige Stellen muß man sich einprägen, um später den Rückweg leichter wiederzufinden.
Beginnen wir nun das Wrack zu erforschen, ist es sinnvoll, sich an der Außenform des Schiffes zu orientieren. Wird beispielsweise an einem alten Holzsegler getaucht, kann es zum Zwecke der Orientierung von großem Nutzen sein, die Spanten zu zählen, die überschwommen werden. Auf dem Rückweg werden dann lediglich die gezählten Spanten in umgekehrter Reihenfolge zurückverfolgt, bis das Auftauchseil erreicht ist. Bei einem moderneren, weitgehend intakten Metallschiff, erfolgt die Orientierung am Wrack am besten dadurch, daß an der Reling oder an den Aufbauten des Schiffes entlanggetaucht wird. Schnell kann es sonst passieren, daß sich ein Taucher durch hektisches Hin- und Herschwimmen oder durch häufige Richtungswechsel, hoffnungslos vertaucht. Es ist ebenfalls sinnvoll, die Zeitspanne zu messen, in der man sich in eine bestimmte Richtung von der Auftauchleine entfernt. Hierdurch besteht bei einem gleichmäßigen Flossenschlag ein recht gutes Zeitmaß, für die bis zur Rückkkehr zum Ankerseil zurückzulegende Wegstrecke.

Die Auftauchphase

Am Ende des Tauchgangs, wenn sich der Taucher auf den Rückweg zur Wasseroberfläche begibt, wird es für ihn ein beruhigendes Gefühl sein, die Ankerleine dort am Wrack wieder vorzufinden, wo er sie beim Abtauchen verlassen hat. Die sichtbare Verbindung nach oben, zur Welt in die wir gehören, ist ein wunderbares, sicheres Gefühl. Gerade der noch unerfahrene Wracktaucher sollte es sich zum Grundsatz machen, stets an dem Seil aufzutauchen, an dem er abgetaucht ist. Besteht das Risiko, den Weg dorthin nicht mehr zurückverfolgen zu können, sollte er sich nur soweit vom Ankerseil entfernen, daß er jederzeit den Weg zurückfinden kann. Notfalls muß der Taucher, wie beschrieben, eine Sicherungsleine vom Ankerseil hinter sich herziehen, die ihm den Rückweg weist. Doch erfahrungsgemäß kann es jedem Taucher passieren, daß er den Rückweg nicht mehr findet. Selbst bei einem

detailliert geplanten Tauchgang, bei dem ein Auftauchen am Ankerseil vorgesehen ist, gibt es unbekannte Faktoren, wie Strömung, schlechte Sicht etc. So manche Tauchgangsplanung wurde schon durch vorher nicht kalkulierbare Begleitumstände zunichte gemacht.
Leicht verliert ein Taucher an einem unbekannten Wrack die Orientierung. Schlechte Sichtverhältnisse und absolute Dunkelheit bei tiefgelegenen Wracks, starke Strömung oder ein losgerissener Anker sind nur einige Möglichkeiten, die dazu führen können. Obwohl jeder Versuch unternommen werden sollte, das Ankerseil wieder aufzufinden, gibt es Situationen, in denen dies nicht gelingen wird. Gerade bei tiefen Tauchgängen stehen einem Taucher meist nicht genügend Gasreserven zur Verfügung, um die ursprüngliche Grundzeit auf der Suche nach dem Anker auszudehnen. Ein ernsthafter Wracktaucher muß sich mit dieser Problematik befassen und auf eine solche Situation vorbereitet sein. Aus diesem Grund führen viele erfahrene Wracktaucher eine unabhängige Auftauchleine mit. Dieses stabile Seil wird meist an einer Seilrolle zwischen dem Tauchflaschenpaket mitgeführt und mit elastischen Gummibändern an den Flaschen befestigt. Die erforderliche Seilmenge ergibt sich logischerweise aus der Tauchtiefe, aus der aufgetaucht werden soll.

Kann der Taucher den Rückweg zum Ankerseil nicht mehr finden oder erfordert eine Notsituation den sofortigen Aufstieg, wird die Seilrolle von den Tauchflaschen gelöst. Eine entsprechende Seillänge wird abgespult und mit einer kleinen Oberflächenmarkierungsboje oder einem Hebesack an die Wasseroberfläche geschickt. Anschließend wird das nach oben führende Seil von der Seilrolle abgeschnitten und fest an einem Wrackteil verknotet. Nun ist es möglich, bequem an diesem Seil aufzutauchen, während immer noch eine feste Verbindung mit dem Wrack besteht. Selbst starke Strömung kann den Taucher jetzt nicht mehr von der Tauchstelle abtreiben lassen. Man hat sozusagen seine persönliche Anker- bzw. Auftauchleine, während die Besatzung im Tauchboot anhand des nach oben gesandten Hebesackes oder der Boje genau weiß, wo man sich befindet.

Eine Alternative zum den bereits beschriebenen Möglichkeiten des Auftauchens am Anker- oder Bojenseil und der selbst gelegten Auftauchleine, bei denen man stets mit dem Wrack verbunden bleibt, ist der sogenannte »freie« Aufstieg. Diese Methode ist vor allen Dingen in den strömungsreichen Gewässern um Nordirland weit verbreitet, da hier aufgrund extrem starker Gezeitenströme von durchschnittlich 6–8 Knoten, ein Festhalten an einem Auftauchseil nicht mehr möglich ist. Bei dieser Methode füllt man am Ende des Tauchganges an einer beliebigen Stelle des Wracks sein Tarierjacket mit Luft und läßt sich freischwebend zur Wasseroberfläche gleiten. In einer Tiefe von ca. 50–20 Metern (abhängig von der Tauchtiefe, aus der aufgetaucht wird, und den eventuell erforderlichen ersten Deko-Stoptiefe) wird der Auftrieb

Abb. 33

Nach einem tiefen Wracktauchgang dekomprimieren diese Taucher an einer am Boot befestigten Sicherungsleine, einem sogenannten »deco-rigg«.

gestoppt, und der Taucher tariert sich im freien Wasser aus. Anschließend wird eine mitgeführte Oberflächenmarkierungsboje, eine sogenannte »SMB« (surface-marker-buoy) mit Luft gefüllt und mittels einer Seilrolle zur Wasseroberfläche geschickt. An dieser Boje hängend, setzt der Taucher seinen weiteren Aufstieg fort, führt seine Dekompressionsstops durch und läßt sich dabei von der Strömung treiben. Das an der Wasseroberfläche wartende Tauchboot begleitet während dieser Zeit den an der Boje treibenden Taucher und steht für Notfälle in unmittelbarer Nähe.

Da der freie Aufstieg für ungeübte Taucher das hohe Risiko birgt, unkontrolliert zur Wasseroberfläche »durchzuschießen«, ohne die entsprechenden benötigten Dekompressions-Stops durchzuführen, ist die Gefahr eines Tauchunfalls bei der Methode des freien Aufstiegs nicht unerheblich. Es versteht sich daher von selbst, daß ein solcher Aufstieg nur von sehr erfahrenen Tauchern anzuwenden ist, die sich jederzeit sicher tarieren können und ein Gefühl dafür besitzen, ohne Orientierungspunkte (Referenzen) wie beispielsweise ein Ankerseil etc. und nur durch Hilfe der Instrumente (Tiefenmesser,

Computer mit optischer oder akustischer Darstellung der Aufstiegsgeschwindigkeit) aufzutauchen können. Ein freier Aufstieg und der sichere, routinierte Umgang mit einer Dekompressionsboje müssen daher auf jeden Fall gründlich geübt werden. Der unerfahrene Wracktaucher sollte den Aufstieg immer am Anker- oder Bojenseil durchführen, da diese Vorgehensweise das geringste Risiko birgt und der Taucher jederzeit sicher Halt am Seil finden kann. Verfügt der Taucher dann einmal über eine entsprechende taucherische Routine, kann er beginnen, den freien Aufstieg zu üben. Er sollte sich jedoch darüber im klaren sein, daß ein solcher Aufstieg unter Umständen mit hohem mentalem Streß verbunden ist. Das »blinde« Beherrschen der Tauchausrüstung ist zwingende Voraussetzung für diese Aufstiegsmethode.

Die Kontrolle der Aufstiegsgeschwindigkeit, der Tarierung, das Überwachen der Instrumente, das Fertigmachen der Aufstiegsboje sowie der benötigten Seilrolle sind nur einige Fertigkeiten, die bei einem solchen Aufstieg gleichzeitig durchzuführen sind. Letztendlich wurde diese Methode von erfahrenen Wracktauchern entwickelt, um sich nicht bei ihrem langen Aufstieg aus großen Tiefen zusätzlich noch aufzusättigen, weil sie sich langsam gegen die Strömung am Ankerseil emporziehen müssen, oder später während ihrer Dekompressionsphase wie eine »Fahne im Wind« am Seil in der Strömung hängen zu müssen. Allen Kritikern dieser Methode sei an dieser Stelle gesagt, daß unser Tauchteam solche freien Aufstiege regelmäßig aus Tiefen von weit über 130 Metern und mit Dekompressionszeiten von bis zu drei Stunden durchführt und es dabei noch nie zu einem ernsthaften Zwischenfall gekommen ist. Doch nochmals: Anfängern ist von dieser Methode dringend abzuraten!

Eindringen in ein Schiffswrack

Obwohl bereits das »bloße« Betauchen und Überschwimmen eines Wracks eine aufregende Sache ist und es hierbei durchaus schon vieles zu entdecken gibt und die Chance besteht, mit etwas Glück schöne Funde machen zu können, wird sich der enthusiastische Wracktaucher eines Tages daran machen wollen, auch das Schiffsinnere zu erkunden, in das er sich vorher vielleicht noch nicht gewagt hat. Sei es, weil er auf der Suche nach dem Schiffstelegrafen ist, der normalerweise nur im Maschinenraum zu finden ist, oder weil man im Schiffsinneren »Schätze« oder Souvenire vermutet.

Es ist natürlich nicht von der Hand zu weisen, daß das Eindringen in ein Wrack und das Betauchen des Schiffsinneren mit zusätzlichen Gefahren und Risiken verbunden ist. Befindet sich ein Taucher erst einmal tief im Inneren eines Wracks, ist ihm normalerweise der direkte Weg zur Wasseroberfläche versperrt, falls ein Problem auftauchen sollte. Bedenkt man außerdem, daß im Inneren des Wracks, bedingt durch den Untergang des Schiffes, oftmals ein heilloses Durcheinander herrscht und dadurch die Orientierung sehr stark erschwert wird, versteht man leichter, was es bedeutet, in ein Wrack einzutauchen.

Aber es sind noch weitere Gefahren und Risiken einzukalkulieren. Zunächst einmal ist der Taucher mit teilweise extrem schlechten Sichtverhältnissen konfrontiert. Sogar in relativ klarem Wasser werden im Inneren eines Wracks durch den Wasserdruck der Flossen schnell Sedimentschichten aufgewühlt. Die Sicht verringert sich unversehens gegen Null. Selbst wenn extrem vorsichtig in ein Wrack eingetaucht wird und alle Schwimmbewegungen mit größter Vorsicht durchgeführt werden, kann es passieren, daß sich durch Luftblasen der Ausatemluft Rostpartikel von der Schiffsdecke lösen, die einem Taucher die Sicht nehmen können. Weiterhin kann es schneller zu mentalem Steß kommen, wenn man in ein tiefgelegenes Wrack eindringt. Die Tatsache, in 70 Meter Wassertiefe oder tiefer zu tauchen, ist bereits Streßfaktor genug. Die mentale Belastung, infolge der schlechten Sicht oder dem Wissen, sich in einem Wrack zu befinden, wo der direkte Weg nach oben versperrt ist kann bei ungeübten, mental schwachen Tauchern schnell zu Panikreaktionen führen. Geistige Stärke ist auch hier gefragt, denn viele der unberührten und intakten Wracks liegen nun einmal in großen Tauchtiefen. An eine solche Aufgabe muß sich ein noch relativ unerfahrener Wracktaucher langsam herantasten. Nicht nur das Wrack selbst birgt hierbei die Gefahr einer Panikreaktion, sondern bereits die

Abb. 34

Der Bugfrachtladeraum des Dampfers *Lochgarry*. Die nachträglich in den Laderaum eingefügten schweren Ketten sollen Taucher daran hindern, die noch vorhandene Waffenladung zu bergen.

Tatsache, daß sich der Taucher womöglich jenseits einer Wassertiefe der empfohlenen Tiefenbegrenzung von 40 Metern befindet, kann körperlichen und mentalen Streß verursachen. Die Vorstellung, sich im Inneren eines Wracks in einer Tiefe von 100 Metern zu befinden und genau zu wissen, daß ein panikartiger Aufstieg den Tod bedeuten würde, löst sicherlich bei jedem Taucher Unbehagen oder gar Angst aus. Entscheidend ist jedoch, wie der Taucher mit dieser Angst umzugehen weiß. Ein Taucher muß sich zunächst in einer bestimmten Tiefe wohl und sicher fühlen, bevor er in das Innere eines Schiffswrack eindringen kann.

Es kann daher nicht oft genug gesagt werden: Ein Tauchgang mit Erkundung des Innenbereiches eines Schiffwracks ist absolut nichts für einen Taucher, der seine ersten Erfahrungen im Bereich des Wracktauchens sammeln will. Erst wenn er sich absolut sicher ist, alle Eventualitäten beherrschen zu können, sollte der Taucher den Entschluß fassen, weitere, tiefere Erkundungen des Schiffes vorzunehmen. Nahezu alle bereits beschriebenen Notfallsituationen, die außerhalb des Wracks auftreten können, sind um so mehr auch im Inneren des Wracks denkbar. Oftmals stellen selbst kleinere Schwierigkeiten den Taucher im Schiffsinneren vor ein ernsthaftes Problem, das es nüchtern zu analysieren und kompetent zu lösen gilt. Beispielsweise kann ein Taucher in einem Wrack an einer von der Schiffsdecke herunterhängenden Stromleitung hängenbleiben, was normalerweise am Außenbereich des Schiffes kein großes Problem darstellen wird. Versucht er sich aber im Wrack von der Stromleitung zu befreien, wird er schnell bei seinen Anstrengungen eine Menge Sediment aufwirbeln, das ihm die Sicht und womöglich den Weg ins Freie nimmt. Er verliert die Orientierung. Die Suche nach dem Ausgang aus dem Wrack wird unter Umständen länger als seine ursprünglich geplante Grundzeit dauern. Selbst wenn er den Weg ins Freie findet, wird er aufgrund der längeren Grundzeit eine wesentlich längere, unfreiwillige Dekompression durchführen müssen. Dies kann schnell den ursprünglich geplanten Atemgasvorrat an die Reserven führen oder ihn gar gänzlich erschöpfen.

Allerdings kann man sich auch für das Eindringen in ein Wrack absichern. Dafür müssen allerdings einige grundlegende Richtlinien und Tauchtechniken befolgt werden: Wird der Entschluß gefaßt, das Innere eines Wracks zu erkunden, denken viele Taucher automatisch an den Einsatz von Sicherungsleinen, mit denen in das Wrack eingetaucht wird und die dem Taucher auf dem Rückweg den richtigen Weg ins Freie weisen. Diese Sicherungsleinen sind ein nützliches Hilfsmittel, doch sollten sie nicht überbewertet werden. Schnell können diese Leinen zu einer potentiellen Gefahrenquelle werden. Werden diese nicht mit äußerster Vorsicht und Umsicht eingesetzt, können sie sich leicht am Taucher verwickeln und zur tödlichen Gefahr werden. Falsche Leinenführung kann dazu führen, daß die Sicherungsleine in Bereiche des Wracks verrutscht, durch die der Taucher überhaupt nicht getaucht ist. Dies kann den Rückweg aus dem Wrack bei schlechten Sichtverhältnissen ebenfalls zu einem bösen »Abenteuer« werden lassen. Sicherungsleinen können darüber hinaus reißen oder von scharfen Metallkanten des Wracks zerschnitten werden. Daher sollte man sich auf gar keinen Fall blind auf diese Hilfsmittel vertrauen und sich statt dessen seinen im Wrack zurückgelegten Weg genauestens einprägen.

Wenn eine Sicherungsleine im Wrack eingesetzt wird, sollte eine Rolle gewählt werden, die mit einer nichtschwimmfähigen stabilen Schnur bestückt ist. Das Seilende wird beim Eindringen in das Wrack an einem gut erreichbaren Punkt am Eingang beziehungsweise dem späteren Ausgang befestigt, sicherheitshalber an zwei unabhängigen Befestigungspunkten, für den Fall, daß einer der Haltepunkte sich löst. Bei der Auswahl eines geigneten Wrackteils, an dem die Sicherungsleine befestigt werden soll, ist selbstverständlich darauf zu achten, daß das Wrackteil frei von irgendwelchen scharfen Kanten ist, um die Leine nicht zu beschädigen.

Abb. 35

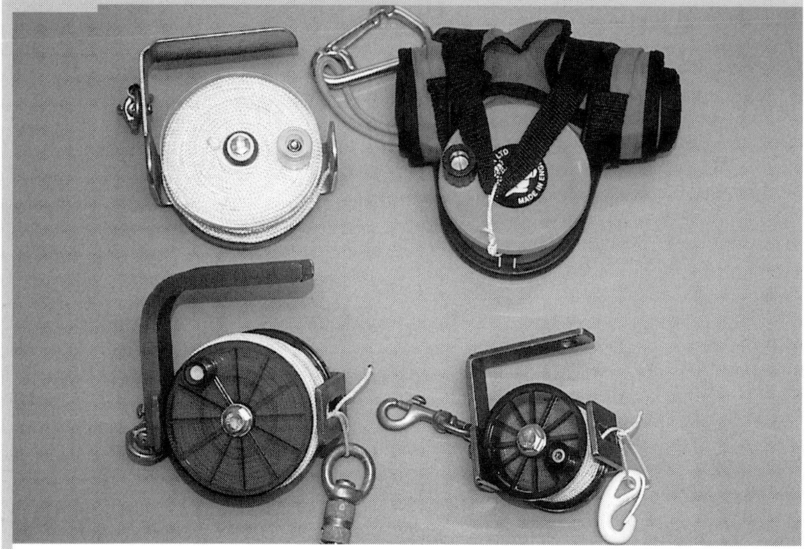

Verschiedene Seilrollen, wie sie für das Verlegen einer Sicherungsleine zum Einsatz kommen. Eine der Seilrollen ist mit einer eingerollten Oberflächenmarkierungsboje versehen, die bei einem »freien Aufstieg« zum Einsatz kommt.

Schwimmt der Taucher in das Innere des Wracks, sollte er in regelmäßigen Abständen die gespannte Sicherungsleine vor Verrutschen sichern, indem er sie beispielsweise um einen geeigneten Pfosten wickelt. Die Sicherungsleine sollte straff, aber nicht unter Spannung verlegt oder hinter sich hergezogen werden. Eine zu stark gespannte Leine wird leicht von scharfen Kanten durchgescheuert. Beim Zurückschwimmen zum Ausgang des Wracks rollt man die Sicherungsleine in langsamen und gleichmäßigen Bewegungen auf. Dabei sollte keineswegs Zugspannung angewandt werden, da die Leine sonst reißen oder durchscheuern kann. Jeder Taucher, der ein Wrack unter Verwendung einer Sicherungsleine betauchen möchte, sollte seine Absicht anderen am Wrack tauchenden Personen mitteilen, denn leicht wird eine Leine von einem Taucher durchgeschnitten, weil sie ihm im Weg ist und er nicht wissen kann, daß ein anderer dieser Leine sein Leben anvertraut hat.

Die Alternative zum Betauchen des Wracks mit einer Seilrolle als Hilfsmittel ist das Erforschen des Wracks ohne Sicherungsleine. Schon der Gedanke, durch eine solche unübersichtliche Unterwasserwelt tauchen zu müssen, ohne sich auf eine Sicherungsleine verlassen zu können, reicht wahrscheinlich aus, manchen Taucher in Angst und Schrecken zu versetzen. Doch vielleicht ist das ganz gut so, weil er so, selbst mit Hilfsleine, nicht die angeborene, gesunde Portion Angst verliert, die ihn vorsichtig bleiben läßt. Durch ein überlegtes und vorsichtiges Eindringen in das Innere kann ein Wrack aber auch ohne Sicherungsleine betaucht werden. Auf jedem Meter, der zurücklegt wird, prägt man sich jedes wichtige Detail des Wracks oder des zu betauchenden Raumes ein. Schon nach wenigen Tauchgängen wird der Taucher in der Lage sein, sich unter schwierigen Bedingungen oder selbst bei vollständigem Sichtverlust seinen Weg aus dem Wrack zu ertasten. Durch das genaue Einprägen jeder Kleinigkeit wird eine wesentlich höhere Sicherheit erzielt, als wenn an einer Leine schnell einmal durch das Wrack getaucht wird. Zugegebermaßen wird die Erforschung des Schiffsinneren auf diese Weise etwas länger dauern, doch wird der Taucher so wesentlich besser über die Gegebenheiten des Wracks informiert.

Wird längere Zeit nicht an einem bestimmten Wrack getaucht, sollte bei einer späteren Rückkehr zu diesem Tauchplatz bei der Tauchgangsplanung berücksichtigt werden, daß sich die Gegebenheiten am Wrack binnen einiger Wochen oder Monate drastisch verändert haben können. Wände oder Decken können eingestürzt sein, Ein- oder Ausgänge gibt es plötzlich nicht mehr, weil Schiffsaufbauten eingefallen sind. Es ist also nicht ratsam, sich auf früher erarbeitete Aufzeichnungen zu verlassen, vielmehr müssen diese bei Bedarf ständig aktualisiert werden.

Welche Methode letztendlich zum Erforschen eines Wracks gewählt wird, mit oder ohne Sicherungsseil, ist abhängig vom persönlichen Sicherheitsbedürfnis und der Erfahrung eines jeden Wracktauchers. Es besteht natürlich auch die Möglichkeit, beide Techniken miteinander zu kombinieren, indem im Wrack eine Hilfsleine zum Ein-/Ausgang gespannt wird und man sich danach darauf konzentriert, kleinere Sektionen im Schiffsinneren ohne Seil zu erforschen. Das erste, was der Taucher jedoch vor jedem Eindringen in ein Wrack erforschen sollte, sind die besonderen Gegebenheiten und schiffsspezifischen Merkmale des zu betauchenden Wracks. Somit wären wir wieder beim Thema Recherche.

Mit einem Schiffsbild oder sogar mit den Konstruktionsplänen des Wracks können bestimmte Schiffsbereiche gezielt betaucht werden. Schon in der Vorbereitungsphase erhält der Taucher eine genaue Vorstellung davon, was ihn erwartet. Wobei natürlich die Welt unter Wasser eine ganz andere ist, als die, die man unter Umständen bereits auf den Schiffsbildern eines zu betauchenden Wracks kennengelernt hat.

Nach einem Untergang befinden sich Räume oft in einem chaotischen Zustand. Ein unendliches Wirrwarr an umgestürzten Gegenständen, Stromleitungen und Ausrüstungsdingen erwartet uns, wenn wir in das Wrack eintauchen. Wir können also nicht erwarten, daß wir alles so vorfinden, wie wir es von den Bildern her kennen. Dennoch ist in den meisten Fällen eine ungefähre Orientierung im Schiffsinneren anhand von markanten Dingen und Bereichen, wie beispielsweise Treppenaufgänge, Ladeluken etc., möglich.

Die richtige Tarierung im Wrack

Ein Taucher, der sich unter Wasser in einem stabilen Schwebezustand befindet, ist richtig tariert. So wird es in der Tauchschule bereits in der ersten Lektion gelehrt. Dennoch bleiben viele Taucher nur dann in einem Schwebezustand, wenn sie ständig über den Inflator Luft in das Tarierjacket einströmen lassen, weil sie der Meinung sind, sie würden ansonsten absinken. Sie verlassen dadurch schnell den neutralen Schwebezustand und bekommen Auftrieb, müssen also wieder Luft aus dem Tarierjacket ablassen. Das Innere eines Schiffswrack ist aber mit Sicherheit nicht der geeignete Ort, seine

Abb. 36

Dieser Taucher, Mitglied der Wracktauchgruppe »4-G-Diver«, demonstriert den richtigen Einstieg in Luken oder sonstige Schiffsöffnungen am Beispiel des in der Nähe von Anholt/Dänemark gesunkenen *U 251*: Man taucht immer mit den Füßen zuerst hinein und hält seine Hände zunächst noch im Freien, um sich gegebenfalls wieder herausziehen zu können.

Tarierung zu erlernen oder zu verbessern! Ein Wracktaucher sollte die »hohe Kunst« der Tarierung lediglich mit dem Lungenvolumen beherrschen. Dies bedeutet, daß der Taucher im Wrack einen Schwebezustand einnimmt und bei Bedarf durch tieferes Einatmen höher schwebt. Durch tiefes Ausatmen wird der Taucher entsprechend absinken.

Da eine einigermaßen gute Sicht im Wrack für unsere Entdeckungsreise durch das Schiffsinnere von größter Wichtigkeit ist, sollte peinlichst auf eine gute Tarierung geachtet werden. Ein Taucher im Schwebezustand kann bequem durch ein Wrack tauchen, ohne größere Mengen von Sediment aufzuwirbeln, durch das die Sicht beeinträchtigt werden könnte. Alle Schwimmbewegungen sollten langsam und mit größter Vorsicht erfolgen. Eine hastige, schnelle und unüberlegte Bewegung, ein hektischer Griff nach einem aus dem Schlamm herausragenden Teller und schon steht man im wahrsten Sinne im Dunkeln, weil die Schlammwolken einem die Sicht nehmen. Beim Betauchen des Innenbereiches eines Wracks ist es am besten, auf größere Flossenschläge vollständig zu verzichten, da durch den Wassersog der Flossenschläge ebenfalls Sediment emporgewirbelt werden kann. Statt dessen kommt die sogenannte Technik »Laufen auf Fingerspitzen« zum Einsatz. Hierbei ist der Taucher in einem Schwebezustand, die Schwimmflossen ragen in die Luft, ohne dabei an der Schiffsdecke entlangzuschaben. Man zieht sich vorsichtig mit den Fingerspitzen durch das Wrack. Voraussetzung hierfür ist natürlich, daß der Körper des Tauchers sich in einem Schwebezustand befindet und nicht durch den Schlamm schabt.

Der Taucher, der sich zum ersten Mal daran macht, ein Wrack von Innen zu erkunden, sollte selbstverständlich auch daran denken, daß viele Bereiche des Schiffsinnern sehr schmal und eng sind und somit Platz für maximal einen Taucher bieten. Wenn mehrere Taucher gleichzeitig in einen solchen Bereich eintauchen, verschlechtert sich die Sicht aufgrund der geringen Platzverhältnisse schnell gegen Null, und man begibt sich in eine vermeidbare Gefahrensituation. In einem solchen Fall, sollte sich das Tauchteam unter Wasser verständigen, so daß nur ein Taucher in das Innere taucht, während der Tauchpartner am Ein- bzw. Ausgang auf den anderen wartet und mit seiner Unterwasserlampe den Weg ins Freie beleuchtet.

Regeln zum Schwebezustand

Der Schwebezustand eines Tauchers ist besonders beim Wracktauchen von größter Wichtigkeit. Hier einige Regeln:

- Achte ständig auf neutrale Tarierung (Schwebezustand).
- Bewege Dich langsam und mit Bedacht.
- Ziehe Dich durch das Wrack und schlage nicht mit den Flossen.
- Achte auf einen langsamen und gleichmäßigen Atemrhythmus.
- Ist zusätzliche Luft im Anzug oder im Tarierjacket notwendig, sollte man sie nur in kleinen Menge einströmen lassen. Prüfe Deine Tarierung und erhöhe die Luftmenge gegebenfalls. Mußt Du bei Auftrieb Luft ablassen, gehe entsprechend umgekehrt vor.
- Im Wrack abgelegte Werkzeuge oder zusätzlich aufgefundene Gegenstände verändern deine Tarierung entsprechend positiv oder negativ, d. h., Du erhältst Auf- oder Abtrieb.

Kann endlich an einem Wrack getaucht werden, das aufgrund eigener Recherche gefunden worden ist, hat sich die zeitaufwendige Arbeit gelohnt. Aber selbst wenn ein Wrack gefunden wurde, bedeutet dies nicht mit absoluter Sicherheit, daß es sich eben um genau jenes Schiff handelt, nach dem man gesucht hat. Daher ist es nötig, einen genauen Beweis zu finden, um seine Entdeckung zu belegen. Leider gibt es viele Wracktaucher, die keinen allzu großen Wert auf die genaue Identifizierung eines Wracks legen. Es genügt ihnen, an dem Wrack zu tauchen und Gegenstände zu bergen. Um welches Wrack es sich letztendlich handelt, spielt für diese Taucher sicherlich nur eine untergeordnete oder sogar gar keine Rolle. Andererseits gibt es unzählige Wracks, die irgendwann einmal in der Vergangenheit falsch identifiziert worden sind. Man taucht an diesen Wracks, ohne daß sich jemand die Mühe

Abb. 37

Findet man bei seinen Wracktauchgängen das Herstellerschild, wie das hier abgebildete Manufakturschild eines altes Segelschiffes, ist die Identifizierung des Wracks denkbar einfach.

macht, die wahre Identität des Schiffes zu ermitteln, weil jeder sich mit den vorhandenen falschen Identifizierungsdaten des Wracks zufrieden gibt.

Soll dennoch die Identität eines Wracks bestimmt werden, muß man unter Umständen mit der Recherche und den vorliegenden Informationen neu beginnen und diese nochmals überarbeiten. Natürlich wird diese Aufgabe sehr vereinfacht, wenn schon beim ersten Tauchgang der noch sichtbare Schiffsnamen am Heck eines Wracks entdeckt wird, aber dies ist eine seltene Ausnahme. Das Auffinden der Schiffsglocke kann ebenfalls das Geheimnis eines Wracks lüften und seinen Namen preisgeben. Aber eben auch nicht immer. Zum einen finden sich Schiffsglocken erfahrungsgemäß nicht immer leicht und es kann Jahre und unzählige Tauchgänge dauern, bis sie per Zufall gefunden wird. Zum anderen muß der Name auf der Glocke nicht mit dem wahren Namen des Schiffes übereinstimmen. In vielen Fällen behält ein Schiff auch nach seiner Umbenennung in einen anderen Namen, auf der Schiffsglocke den ursprünglich bei der Indienststellung des Schiffes vergebenen Originalnamen. Eine Schiffsglocke wird normalerweise nur beim Stapellauf vergeben. Das Beispiel des gesunkenen amerikanischen Tankers *Santa Maria* bestätigt dieses Aussage. Als wir im Sommer 1996 die Schiffsglocke gefunden hatten, trug sie noch immer den bei der Indienststellung ursprünglich vorgesehenen Namen *Minnetonka*.

Verschiedene Gebrauchsgegenstände des täglichen Lebens, die auf neuen, unidentifizierten Wracks meist zu Hunderten zu finden sind, können oftmals

Abb. 38

Vom Wrack des im 17. Jahrhundert gesunkenen englischen Segelschiffes *H. M. S. Association* geborgene Münzen.

wertvolle Hinweise zur Identifizierung geben. Ein klassisches Beispiel hierfür sind alte Münzen. Datierte Münzen lassen zwar beispielsweise Rückschlüsse auf die Epoche eines Schiffsuntergangs zu, nicht jedoch auf die Nationalität des Schiffes. Gerade in früheren Schiffahrtstagen hatten bestimmte Münzen eine große Verbreitung im internationalen Handel. Golddublonen und Silbertaler waren Standardzahlungsmittel im internationalen Handel des 17., 18. und frühen 19. Jahrhunderts. Außerdem sammelten viele Seeleute in der damaligen Zeit solche Münzen als Andenken an die Länder und Häfen, die sie besucht hatten.

Auf geborgenen Kanonen von Schiffen jener Zeit lassen sich häufig aufgeprägte Datumsangaben finden. Allerdings wurde das Datum in vielen Fällen nicht vollständig ausgeschrieben. Oft wurden lediglich die letzten beiden Zahlen eingeprägt. Somit kann die Angabe »89« sowohl »1789« als auch »1889« oder ähnliches bedeuten. Englische Kriegsschiffe des späten 18.

Abb. 39

Gebrauchsgegenstände wie diese geborgenen Teile eines Tafelgeschirrs aus massivem Silber können unter Umständen Aufschluß über die Herkunft eines Wracks geben, da sie häufig mit dem Wappen oder dem Namen des Schiffes versehen sind.

Jahrhunderts weisen zusätzlich zu den Datumsangaben auch eine Seriennummer und die Initialien des Kanonenbauers auf. Mit einer solchen Angabe kann ein Wrack sicher identifiziert werden. Die britische Admiralität ließ damals die gesamte Bewaffnung eines Schiffes und die Seriennummern aller Kanonen in die Schiffsdokumente eintragen. Ein Blick in die Archive kann hier nützlich sein.

Flaschen und sonstige Dinge des täglichen Gebrauchs liefern ebenfalls nützliche Hinweise zur zeitlichen Zuordung eines Wracks. Gleiches gilt für technische Gegenstände des Schiffes. Die Kesselarmaturen vieler Dampfschiffe sowie manche Schiffsuhren tragen oft den Namen des Schiffes. Für Geräte der Schiffsbrücke, wie Kompaßstand, Maschinentelegrafen etc., gilt dies ebenfalls. Auch Steuerstände mit ihren aus Messing gefertigten Deckeln tragen oftmals Angaben über Schiffsname, Baujahr und Herkunft. Eine vollständige Recherche, ein wachsames Auge beim Tauchen am Wrack sowie eine gewisse Portion Glück sind selbstverständlich notwendig, um das Herstellerschild eines Wracks zu finden. Hierdurch erweist sich die Identifizierung eines Wracks dann als besonders leicht. In den meisten Fällen wird ein Wrack jedoch über die mit der Zeit aufgefundenen und geborgenen Souvenire identifiziert. Solche Gegenstände und Fundsachen können dann mit Bildern eines Bestimmungsbuches oder sonstigen Fotoquellen verglichen werden.

Das Bergen von Gegenständen aus dem Wrack

Die Frage, ob in eigener Sache arbeitende Taucher Wracks ausbeuten oder gar nur einzelne Souvenirs bergen dürfen, ist heiß umstritten. In den vergangenen Jahren haben sich immer wieder namhafte Archäologen dafür eingesetzt, solchen Tauchern die Bergung von Schiffsartefakten zu verbieten. Gesetze wurden verabschiedet, um den Schutz von historisch wertvollen Wracks und ihrer Ladung zu gewährleisten. Ich meine, es sollte für den Wracktaucher eine Selbstverständlichkeit sein, die Finger von Schiffen zu lassen, die für die archäologische Forschung von Bedeutung sind. Meist wird der »normale« Wracktaucher ohnehin nicht an die Positionen dieser Untergangs-

Abb. 40

Für die Bergung schwerer Wrackgegenstände, wie dieses Bruchstück eines hölzernen Schiffskiels, sind spezielle Bergetechniken und Gerätschaften notwendig, die die Möglichkeiten eines »normalen« Wracktauchers überschreiten.

stellen herankommen. Schließlich gibt es genügend Wracks, die nicht unter Schutz stehen. Grundsätzlich gilt dies für alle nach 1860 gesunkenen Metallschiffe, und davon gibt es eine ganze Menge, so daß jeder Wracktaucher auf seine Kosten kommen kann.

Jeder Taucher, der den Entschluß faßt, von einem Wrack ein Souvenir zu bergen, sollte dies nur tun, wenn er diesen Gegenstand auch entsprechend restaurieren kann, um ihn zu erhalten. Diese Funde können nach erfolgreicher Restaurierung sehr gut ausgestellt werden, damit andere Personen sich ebenfalls an ihnen erfreuen können. Viele der so geborgenen Souvenirs stehen heute in Museen, öffentlichen Gebäuden oder dem ortsansässigen Tauchclubheim und bleiben so der Nachwelt erhalten.

Bevor jedoch etwas aus einem Wrack entfernt wird, sollte man sich über die für das Wrack geltenden Bergerechte genauestens informieren. Jedes Land hat hier unterschiedliche Gesetze erlassen, gerade für jene Souvenirs, die unter die Rubrik Antiquitäten fallen. Oftmals bestehen auch heute noch für bereits vor langer Zeit versunkene Schiffe gültige Eigentumsverhältnisse. In solchen Fällen wäre eine Bergung illegal und strafbar (siehe auch Kapitel »Gesetzliche Bestimmungen zur Bergetätigkeit an Schiffswracks«)

»Fundsachen«

Einer der besten Gründe, an einem Wrack zu tauchen, ist die große Wahrscheinlichkeit, an oder in ihm etwas finden zu können. Ein Wrack zu orten ist bereits eine große Herausforderung, dann aber an ihm zu tauchen und unter Umständen einen wertvollen oder seltenen Fund zu machen, ist das wahre Glück eines jeden Wracktauchers. Mit einem maritimen Souvenir im Gepäck, das selbst gefunden und geborgen wurde, vom Tauchgang nach Hause zu fahren ist ein unbeschreiblich ergreifendes Gefühl. Es ist noch nicht einmal zwingend erforderlich, an einem noch unberührten Wrack zu tauchen, um maritime Gegenstände entdecken zu können. Kaum ein Wrack ist vollstandig leer geräumt und selbst nach Jahren lassen sich mit etwas Glück immer wieder lohnenswerte Souvenirs finden. Es kommt eben immer darauf an, wonach man sucht. Was für den einen Taucher »Müll« ist, kann für den anderen Taucher ein »echter« Schatz sein. Jedes Wrack birgt eine Reihe von verschiedenartigen Gegenständen. Manche Taucher bevorzugen Porzellan oder Geschirr, während andere lediglich an Messinggegenständen, wie Bullaugen, interessiert sind. Die einen suchen nach persönlichen Gegenständen der Besatzung, wie beispielsweise Trinkbecher oder Tabakspfeifen, und andere wiederum sind besessen von der Suche nach echten Unikaten, wie beispielsweise der Schiffsglocke.

Abb. 41

Der Autor (rechts) mit der Schiffsglocke des im Jahre 1918 vor der Bucht von Ballycastle/Nordirland versenkten Tankers *Santa Maria* (ex *Minnetonka*).

»Wer suchet, der findet!«

Diese alte Weisheit hat besonders beim Suchen von Souvenirs oder sonstigen Schiffsartefakten in einem Wrack seine Berechtigung. Ich habe bereits viele Taucher an Wracks erlebt, die weder Augen noch Verständnis für die mutmaßliche Lage eines Gegenstandes hatten und das Wrack lediglich »umrundeten«, ohne je etwas zu finden. Ob ein Taucher einen schönen oder gar wertvollen Fund am Wrack macht oder nicht, ist nicht nur eine Frage des persönlichen Glücks. So mancher sehnsüchtig suchende Taucher hat sich schon darüber gewundert, warum es immer der gleiche Taucher ist, der Bullaugen, Silberbestecke oder intaktes Porzellangeschirr im Wrack entdeckt, während sie selbst stets leer ausgehen. Nun, das ist ganz einfach zu erklären. Vielleicht liegt es daran, daß dieser Taucher einige Hunderte von Tauchgänge mehr auf seinem Konto hat als man selbst und daher über ein viel besser trainiertes Auge für die Dinge im Wrack verfügt.
Außerdem gibt es Methoden, die eigenen Erfolgschancen zu erhöhen. Erstens sollte sehr genau auf die Geschichten anderer Wracktaucher geachtet werden. Nicht immer handelt es sich hierbei um Taucherlatein, vor allem dann, wenn

ein erfahrener Taucher bereit ist, Dir eine erfolgversprechende Stelle im Wrack zu nennen und Dich in die örtlichen Gegebenheiten einweiht. Zweitens ist es wichtig, sich ein Auge für Formen und Umrisse anzutrainieren, wenn man durch ein Wrack schwimmt. Nicht immer wird ein Gegenstand auf Anhieb erkennbar sein, da er in den Jahren im Schlamm versunken ist. Ein Wracktaucher muß sich also Gedanken machen, wie etwas heute aussehen könnte. Von einer eingesandeten Schiffsglocke erkennt er unter Umständen nach 50 Jahren nicht viel mehr als ein Stück, das kaum größer ist, als eine Kaffeetasse. Drittens sollte er nicht glauben, daß ein Tauchgang ausreichend ist, um Massen von schönsten Souvenirs zu entdecken und mit ihnen davonschwimmen zu können. Oftmals sind vor der Bergung eines Gegenstandes mehrere Tauchgänge und der Einsatz von diversen Werkzeugen notwendig. Nur kleinere Fundstücke, wie Teller oder Tassen etc., lassen sich bequem in ein mitgeführtes Sammelnetz stecken. Findet der Taucher erst einmal einen Maschinentelegrafen, der noch fest auf der Schiffsbrücke verschraubt ist, wird er sehr schnell feststellen, daß noch ein gutes Stück Arbeit zu bewältigen ist, bevor dieser Fund an einem Hebesack zur Wasseroberfläche schwebt.

Wie im richtigen Leben, ist auch hier Geduld und Ausdauer gefragt. Wann immer beispielsweise ein Bullauge, eine schöne Messinglampe oder sonst etwas Interessantes gefunden wird und eine Bergung nicht sofort möglich ist, sollte sich der Taucher die Fundstelle genau einprägen. Dieses Souvenir wird dann bei einem späteren Tauchgang endgültig geborgen. Zurück an Land sollte er sich dann vor dem nächsten Tauchgang seine Vorgehensweise, die zur Bergung führen soll, genaustens überlegen. Brauche ich Werkzeug? Wie schwer ist der zu bergende Gegenstand? Wie groß muß mein Hebesack sein?

Ein Beispiel, wie lohnend es sein kann, den Ratschlägen eines erfahrenen Tauchers zu folgen, zeigt die folgende Begebenheit: Im Herbst 1996 erzählte mir mein Freund Tommy, daß er vor wenigen Tagen am Wrack der *Girvan* drei intakte und noch gefüllte Flaschen mit Whisky gefunden habe. Dies interessierte mich natürlich brennend, denn die *Girvan* war ein altes Segelschiff, das während eines Sturmes im Jahre 1884 mit einer Ladung von 500 Kisten Whisky sowie weiteren Handelsgütern gesunken war. Da ich die Untergangsstelle bereits einige Male betaucht hatte, wußte ich, daß das Wrack völlig zerbrochen über eine große Felsenfläche verteilt liegt. Während meiner Tauchgänge hatte ich jedoch nie einen lohnenswerten Fund gemacht. Um so mehr erstaunte es mich natürlich, daß nun noch intakte Flaschen gefunden worden waren. Am nächsten Morgen tauchte ich dann wieder an diesem Wrack und dieses Mal konzentrierte ich mich genau auf die Stelle, die Tommy mir beschrieben hatte. Als ich zwischen den Felsen zu graben begann, fand ich innerhalb weniger Minuten drei völlig intakte, noch gefüllte und verkorkte Whiskyflaschen, die ich ohne Tommys Hilfe und der Befolgung seiner Ratschläge wohl nie entdeckt hätte.

Abb. 42

Das im Jahre 1884 gesunkene Segelschiff *Girvan*.

Eine einfache Suchmethode für Souvenirs, besonders an alten Wracks, ist die sogenannte *Fächertechnik*. Hierbei sucht man sich eine unberührte Sand- oder Sedimentstelle im Inneren des Wracks oder an den Aufbauten. Liegt das Wrack auf der Seite oder hat es Seitenneigung, wird selbstverständlich jene Seite gewählt, zu der die Gegenstände des Schiffes beim Untergang gerutscht sein müssen. Nun wird vorsichtig mit der flachen Hand oder einer kleinen Holz- oder Plastikplatte, die man als Fächer einsetzt, das Sediment oder der Sand zur Seite gefächert. Herrscht im Wrack Strömung, so wird in die Richtung gefächert, aus der das Wasser fließt, denn so wird der aufgewühlte feine Schlamm mit der Strömung weggetragen und man hat freie Sicht auf die Stelle an der gesucht wird. Fächert der Taucher für einen längeren Zeitraum den Schlamm zur Seite, wird er schnell ein größeres Loch vor sich haben, in dem er mit etwas Glück verborgenes Gut finden kann. Geduld ist hier der Schlüssel zum Erfolg. Möglicherweise muß erst ein Meter Schlamm abtragen werden, bevor er auf Fundstücke stößt.

An einer Stelle im Unterkunftsbereich der Offiziersmesse des Passagierdampfers *Lochgarry* hat sich über die Jahre ein großer Sedimentberg aufgetürmt, an dem ich bereits seit über sechs Jahren suche. Bei jedem Tauchgang an diesem Wrack tauche ich an diese Stelle und grabe einige Minuten im Schlamm. Selbst nach all den Jahren fand ich hier bei früheren Tauchgängen immer wieder Teller, Flaschen oder sonstiges Porzellan aus der Messe. Durch die dicke Sedimentschicht wurde es hervorragend vor mechanischer

Abb. 43

Whisky vom Wrack der *Girvan* – nach über 110 Jahren noch trinkbar! Ein solcher Fund brachte bei einer Versteigerung die stolze Summe von 5200 DM!

Beschädigung geschützt und ist in einem tadellosen Zustand. Ist ein Teil eines Fundstückes freigelegt worden, sollte keinesfalls ungeduldig daran gezogen werden, denn erfahrungsgemäß brechen dann leichtbrüchige Teile wie Porzellanhenkel etc. ab und der Fund ist für immer ruiniert. Statt dessen sollte man vorsichtig weiter fächern, bis der Fund vollständig freigelegt ist.

Eine weitere erfolgversprechende Methode, Fundstücke am Wrack zu finden, ist die *gezielte Suche unter größeren Wrackteilen*. Oftmals werden kleinere Gegenstände von der Meeresströmung unter Wrackteile wie beispielsweise eingestürzte Wände etc. gespült. Es empfiehlt sich daher immer, einen Blick unter solche Wrackteile zu werfen. Auch bei der Suche nach Fundstücken im Wrack gilt: Der Schlüssel zum Erfolg liegt in einer gründlichen Recherche. Durch genaue Kenntnis darüber, wo sich beispielsweise der Speisesaal eines Passagierliners oder die Mannschafts- oder Offiziersmesse befunden hat, wird es wesentlich leichter sein, Porzellan- und Geschirrfunde zu machen, als wenn ziellos im Wrack umhergetaucht wird. Auch die Erkenntnis, daß Bullaugen von innen am Schiffskörper befestigt sind, kann unter Umständen Zeit sparen, denn ein Bullauge fällt meist in den Schiffsinnenraum. Es würde daher nicht viel Sinn machen, Bullaugen auf dem Schiffsdeck zu suchen.

Zusätzlich sollte *ein gutes Auge für Fundsachen* entwickelt werden. Sieht man das gesunkene Schiff mit den Augen eines langjährigen, erfahrenen Wracktauchers, werden schnell Formen, die nur von Menschenhand hergestellt sein können, entdeckt. Die Natur produziert keine geraden, gleichmäßigen Formen mit klaren Ecken und Kanten. Es ist daher sinnvoll, am Wrack nach Formen oder im Schlamm nach Umrissen zu suchen, die zu perfekt sind, um natürlichen Ursprungs zu sein. Selbst wenn Fundstücke mit Korallen oder Schwämmen bewachsen sind, können sie mit einem geübten Blick schnell lokalisiert werden. Manchmal kann es sogar passieren, daß der Bewuchs eines Gegenstandes uns den Weg zu einem Fundstück weist. Manche Meeresorganismen haben nämlich die Eigenschaft, mineralische Salze von dem Gegenstand, an dem sie angewachsen sind, zu absorbieren. Am Wrack des Tankers *Santa Maria* konnte ich im Maschinenraum grünen Anemonenbewuchs entdecken, während alle anderen in der Nähe wachsenden Anemonen eine rötliche Farbe aufwiesen. Als ich den grünen Bewuchs vom Metall entfernt hatte, fand ich einen aus massivem Messing gefertigten Feuerlöscher, der

Abb. 44

Der Feuerlöscher aus dem Maschinenraum der *Santa Maria*.

dort an der Wand hing. Die Anemonen hatten das Salz des Messings absorbiert und daher die grünliche Farbe der Messingpatina angenommen.

Ein weiteres sehr nützliches Hilfsmittel zum Aufstöbern von Fundsachen ist *die eigene Vorstellungskraft.* Viele versunkene Gegenstände sind zu einem großen Teil in Sediment oder unter anderen Wrackteilen verborgen. Wird ein Stück eines vermeintlich wertvollen Fundes entdeckt, muß sich der Finder vorstellen können, wie der verborgene Rest des Gegenstandes wohl aussehen mag und welchen Zweck er einst erfüllt hat. Dies ist der Moment, wo detailliertes Fachwissen über die verschiedenen Schiffstypen mit den unterschiedlichsten Konstruktionsmerkmalen gefragt ist. Mit etwas Phantasie können selbst »falsche« Vorstellungen zu einem schönen Fundstück führen. Versucht man die hier beschriebenen Techniken beim Wracktauchen umzusetzen, ist es ratsam, langsam und aufmerksam das Wrack zu betauchen. Mit einer guten Beobachtungsgabe und Sinn für Details wird schnell ein Gefühl dafür entwickelt, wo etwas zu finden ist. Der Einsatz der eigenen Vorstellungskraft sowie das Verständnis für Schiffstypen und das Aussehen von maritimen Gegenständen und Schiffsartefakten wird von großem Nutzen sein, wenn man sich das erste Mal auf die Entdeckungsreise im Inneren eines Wracks begibt.

Bergetechniken für Fundstücke

Das Finden eines Souvenirs im Wrack ist nur der halbe Spaß. Ein schweres oder großes Fundstück wie beispielsweise eine Schiffsglocke oder einen Maschinentelegrafen auch tatsächlich abzumontieren, vom Meeresgrund zu heben und sicher in das Begleitboot zu schaffen, kann eine noch viel größere Herausforderung sein. Oftmals habe ich andere Taucher nach einem Wracktauchgang erzählen hören, daß sie eine schöne Porzellanschüssel gesehen hatten, die jedoch tief im Inneren des Wracks unerreichbar lag, ein Bullauge oder eine Deckenlampe entdeckt hatten, welche leider noch fest an der Schiffswand verschraubt und nicht zu lösen waren. Für diese Taucher war dies das Ende der Geschichte, doch für mich, handelt es sich hierbei lediglich um Herausforderungen, die mit sorgfältiger Planung, dem richtigen Werkzeug und persönlicher Erfahrung zu bewältigen sind.

Die Deckenlampe kann möglicherweise leicht mit einem Stemmeisen und einem Hammer abgeschlagen werden. Natürlich muß der Taucher stets bedenken, daß jegliche Anstrengung oder Arbeit unter Wasser sofort einen erhöhten Luftverbrauch zur Folge hat. Ein Taucher, der außer Atem geraten ist, sollte einen Moment pausieren, bis sich die Atmung wieder normalisiert hat. Kann ein Fundstück nicht gleich geborgen werden, weil durch große Anstrengungen der Luftverbrauch zu groß wird, kann man immer noch an einem anderen Tag an das Wrack zurückkehren, um die Arbeit zu beenden. Das erwähnte Bullauge läßt sich relativ leicht mit einem Brecheisen und einem Hammer von der

Bordwand lösen, aber die tief im Inneren des Wracks liegende Schüssel ist schon etwas schwieriger zu bergen. In einem solchen Fall sollte ernsthaft geprüft werden, ob es nicht doch einen Weg gibt, bis zu dieser Stelle im Wrack vorzudringen. Ist dies nicht der Fall, sollte man schweren Herzens auf seinen Fund verzichten, bevor das eigene Leben in Gefahr gebracht wird.

Manchmal lösen sich Probleme von selbst, wie in meinem Fall, als ich im Sommer 1995 tief im Wrack des Tankers *Santa Maria* einen wunderschönen blauen Sodaspender entdeckte. Dummerweise war mein Fund in eine tiefe Spalte des Wracks gerutscht, und es gelang mir gerade einmal, ihn mit den Fingerspitzen zu erreichen. Als ich versuchte, den Spender mit meinem Tauchermesser näher an mich heranzuziehen, um ihn besser greifen zu können, hatte ich ihn fast in meiner Hand, als er mir aus den Fingern glitt und tiefer in ein unter mir gelegenes Deck fiel. Verärgert über meine Ungeschicktheit war meine erste Reaktion hinterher zu tauchen. Doch ich befand mich in einer Tiefe von 68 Metern und hatte meine maximale Grundzeit von 25 Minuten fast erreicht. Ich ermahnte mich daher zur Vernunft und tauchte auf.

Den ganzen Tag über ärgerte ich mich noch über diesen Verlust, da es sich um einen wirklich interessanten Fund, mit eingraviertem Schiffsnamen gehandelt hatte. Ich beschloß daher, am nächsten Tag zu der Stelle zurückzukehren und bereitete mich in Gedanken auf ein schwieriges Unterfangen vor, da es nicht einfach werden würde, noch tiefer in das Wrack zu der Stelle vorzudringen, wo ich meinen verlorengegangen Fund vermutete. Als ich am nächsten Tag zum Wrack hinuntertauchte, entdeckte ich zu meiner großen Überraschung den Sodaspender schon beim Abtauchen, neben der Bordwand in 72 Metern auf dem Meeresgrund liegen! Da das Wrack auf der Backbordseite liegt, war der Glasbehälter offensichtlich durch das tiefergelegene Unterdeck gefallen und aus den Schiffsaufbauten herausgerollt. Leider war hierbei offensichtlich der aus Silber gefertigte Flaschenhals abgebrochen, doch immerhin hatten ich den Glasbehälter mit dem Schiffsnamen bergen können. Wie gesagt, manche Probleme lösen sich von selbst! Dennoch sollte bei der Bergung eines Fundstückes nichts dem Zufall überlassen werden. Eine solche Angelegenheit muß genauestens geplant sein. Komme ich zu dem Ergebnis, daß das Risiko einer Bergung zu groß ist, lasse ich die Finger davon!

Wenn ein schweres Fundstück, wie beispielsweise ein Bullauge, freigelegt worden ist, muß es auch irgendwie an die Wasseroberfläche gebracht werden. Zur Grundausstattung eines jeden Wracktauchers gehören daher einige stabile Hebesäcke, die während des Tauchgangs bis zu ihrem Einsatz zusammengerollt an der Ausrüstung verstaut werden. Manche Taucher befestigen diese Hebesäcke mit Karabinerkaken an ihren Stage-tanks oder am Jacket, während andere sie zusammengefaltet und mit Gummibändern fixiert zwischen den Tauchflaschen und der Rückenplatte des Tarierjackets verstauen. Ein Hebesack sollte für alle gefundenen Gegenstände mit einem Gewicht von 5 Kilogramm

Abb. 45

Der im zweiten Anlauf gefundene Sodaspender vom Wrack der *Santa Maria*.

verwendet werden, da sonst unter Umständen das eigene Tarierjacket das zusätzliche Gewicht nicht mehr heben kann. Wartet an der Wasseroberfläche im Boot eine Hilfsperson, kann damit begonnen werden, den am Souvenir verknoteten Hebesack langsam mit Luft zu füllen. Hierzu wird in der Regel die Luftdusche des Lungenautomaten oder aber eine sogenannte »Blow-gun«, eine Luftsprühdüse, die an einem Niederdruckabgang der 1. Stufe montiert ist, benutzt. Es ist tunlichst darauf zu achten, daß man beim Füllen des Hebesacks nicht mit irgendwelchen Schläuchen oder sonstigen Ausrüstungsgegenständen am Hebesack festhängt, denn hat der Sack erst einmal den nötigen Auftrieb, gibt es nur noch den Weg nach oben und zwar sehr schnell!

Ist der Hebesack etwa zur Hälfte gefüllt, beginnt sich das Objekt meist schon langsam vom Boden zu lösen. Jetzt kann die Luftzufuhr beendet werden. Die Luft im Hebesack wird sich mit abnehmendem Wasserdruck sehr rasch ausdehnen und das Souvenir zur Wasseroberfläche bringen. Beim Einsatz von Hebesäcken sollten diese vor dem Körper entfaltet werden, und zwar so, daß die eventuell vorhandene Meeresströmung vom Rücken des Tauchers nach vorne strömt. Ein aufsteigender Hebesack wird dann durch die Strömung nach vorne vom Taucher weggetragen, was das Verletzungsrisiko durch eventuell herabfallende Gegenstände stark mindert. Denn es bedarf nur eines schlecht angebrachten Befestigungsknotens oder eines defekten Hebesackes und schon fällt das hübsche Souvenir wieder herunter. Wenn es sich bei den mit einem Hebesack zu bergenden Gegenständen um sehr wertvolle Dinge handelt, befestige ich zusätzlich eine Steigleine am Hebesack, die mit dem Bergegut an die

Abb. 46

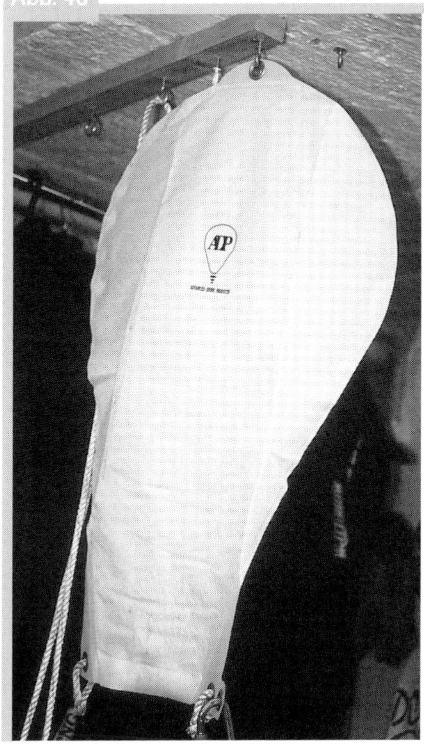

Ein Hebesack, vom Autor für das Wracktauchen mit zusätzlichen Seilen modifiziert, um auch schweres Bergegut sicher zur Wasseroberfläche schicken zu können.

Wasseroberfläche schießt. Nachdem der Hebesack die Wasseroberfläche erreicht hat, wird diese Leine am Wrack befestigt und ich stelle somit sicher, daß der kostbare Fund nicht an der Wasseroberfläche abtreibt, wenn das Boot nicht rechtzeitig zur Stelle ist. Ein weiterer Vorteil dieser Methode liegt darin, daß ich im Falle, daß der Hebesack nicht an der Wasseroberfläche bleibt, sondern wieder versinkt, lediglich der am Wrack befestigten Leine zu folgen brauche, um mein Souvenir wieder aufzufinden.

Bergewerkzeuge

Haben wir nicht gerade das Glück, ein schönes Schiffsartefakt zu finden, das einfach »so herumliegt», müssen wir uns mit dem Gedanken befassen, daß es unter Umständen etwas Zeit und Ausdauer benötigt, bis wir den Fund abmontiert haben. Jeder Schiffsgegenstand, wie beispielsweise Lampen, Bullaugen, Navigationsinstrumente etc., unterscheidet sich in der Herstellungs- oder

Befestigungsart am Schiff oder in der Art, wie er nach all den Jahren unter Wasser verkrustet ist. Es ist unmöglich, jedes brauchbare Werkzeug aufzuführen, mit dem wir einen bestimmten Fund vom Wrack lösen können, da jeder Gegenstand neue Bergeüberlegungen von uns erfordert.

»Basiswerkzeuge« eines jeden Wracktauchers sind ein mittelschwerer Hammer sowie ein stabiler und scharfgeschliffener Stahlmeißel. Mit dieser »Grundausstattung« lassen sich erfahrungsgemäß die meisten Bergearbeiten zufriedenstellend durchführen. Ein großes Brech- oder Montiereisen, das bequem zwischen den Tauchflaschen auf dem Rücken verstaut werden kann, ist ebenfalls ein sehr nützliches Werkzeug. Kleinere Werkzeuge wie Schraubendreher, Schraubenschlüssel oder eine Metallsäge werden am besten in einem Tragenetz mitgeführt. Viele Wracktaucher bevorzugen ein stabiles Hanfnetz mit einer großen verschließbaren Öffnung. Diese Netze haben sich bei meinen vielen Tauchgängen bestens bewährt. Sie können auch zusammengerollt mitgeführt werden, wenn sie gerade nicht in Gebrauch sind. Der einzige Nachteil dieser Netze ist, daß sie sich mit den Maschen sehr gerne an Wrackteilen verhängen, doch mit ein wenig Vorsicht bekommt man auch dieses Problem in den Griff.

Ein kleiner Tip für den erfolgreichen Einsatz einer Metallsäge unter Wasser: Ich habe mir angewöhnt, bei Metallsägen zwei Sägeblätter einzuspannen, ein Sägeblatt für jede Zugrichtung. Dies hat den Vorteil, daß effektiver und schneller gearbeitet werden kann, da durch den so entstehenden größeren Sägeschlitz, sich die Säge weit aus weniger verhakt und verkantet als in herkömmlicher Weise. Ersatzsägeblätter können problemlos mit Klebeband am oberen Sägebügel befestigt werden, um bei Bedarf ein Blatt wechseln zu können.

Natürlich darf der Wracktaucher bei Arbeitstauchgängen nicht vergessen, daß das zusätzlich mitgeführte Werkzeug schnell einige Kilogramm extra an Abtrieb verursachen können. Daher ist stets abzuwägen, ob das Mehrgewicht an schwerem Werkzeug durch Wegnahme von Bleigewichten des Bleigürtels kompensiert werden kann. In diesem Zusammenhang darf man jedoch nicht vergessen, daß bei Verlust eines Werkzeugs unter Umständen das Eigengewicht des Tauchers zu gering sein kann, um sich später bei einem Dekompressionsstop sicher tarieren zu können.

Jedes Werkzeug sollte mit einer Handschlaufe und einem Karabinerhaken versehen und so an der Ausrüstung befestigt werden, daß es sich nirgendwo am Wrack verhaken kann. Die Frage, wo genau ein bestimmtes Werkzeug an der Ausrüstung befestigt wird, läßt sich nicht so einfach beantworten. Letztendlich ist Plazierung der Werkzeuge abhängig vom persönlichen Geschmack und der individuellen Ausrüstungskonfiguration eines jeden Tauchers. Prinzipiell gilt jedoch, daß alle Ausrüstungsgegenstände möglichst »stromlinienförmig« verstaut werden sollen, um den geringstmöglichen Schwimmwiderstand zu gewährleisten. Um der Gefahr eines Verhakens am Wrack vorzubeugen, darf kein Teil der Ausrüstung lose herumhängen. Dennoch muß jeder Ausrüstungsgegenstand blitzschnell auffindbar sein, falls er benötigt wird. Was nützt einem Taucher, dem die Hauptlampe ausgefallen ist und der im Dunkeln steht, seine Reservelampe, wenn er sie nicht findet? Das gleiche gilt für das mitgeführte Brecheisen mit dem Bullaugen abgehebelt werden sollen: Was macht es für einen Sinn, ein solches Werkzeug mitzuführen, wenn es permanent auf dem Meeresgrund schleift und sich womöglich an Wrackteilen, die man überschwimmt, verhakt?

Wer in einem Wrack mit Werkzeugen arbeitet, wird sehr schnell feststellen, daß sie leicht im aufgewühlten Sediment verloren gehen können. Manchmal kommt es einem gerade so vor, als ob das Wrack mitgebrachte Hämmer oder Meißel geradezu »verschlingt«. Das ist natürlich purer Unsinn, denn in Wahrheit versinken diese Werkzeuge in Wrackspalten und sind im Schlamm unauffindbar verborgen. Um dem Verlust dieser Gegenstände vorzubeugen, haben einige mit mir befreundete Wracktaucher ihre Werkzeuge mit leuchtender Signalfarbe angestrichen. Ein solch' auffällig eingefärbtes Werkzeug ist selbst in dichten Schlammwolken noch gut zu erkennen. Andere Werkzeuge, als die bereits beschriebenen, können bis zu der Entdeckung eines »bergewürdigen« Gegenstandes (welcher wiederum ein bestimmtes Werkzeug zur Demontage erfordert) im Boot bleiben und bei Bedarf zum Wrack gebracht werden. Bei der Auswahl der für die Demontage von Fundstücken geeigneten Hilfsmittel und Werkzeuge heiligt der Zweck, wie so häufig im Leben, die Mittel. Manchmal sieht man sich genötigt, zur Bergung sogar einen großen Wagenheber einzusetzen. Ein solcher Fall war für uns gegeben, als es galt, die Heckkanone des Frachters *Lugano*, die sich beim Untergang vom Rumpf gelöst hat und nun in einer Tiefe von 95 Metern auf dem Meeresgrund ruht, mit dem Wagenheber anzuheben, um die Geschützvisierung der Kanone zu bergen.

Abb. 47

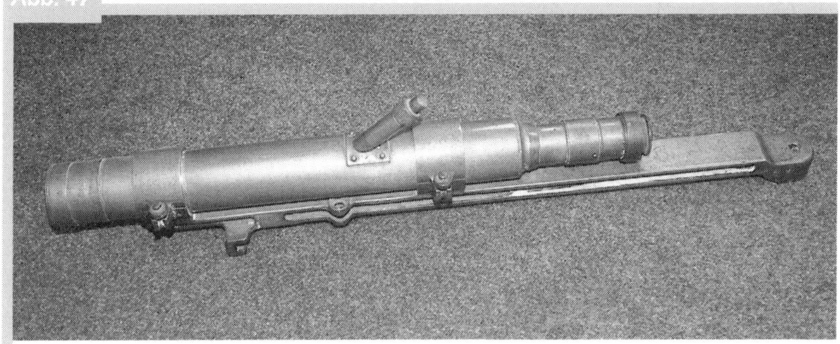

Die aus 95 Metern Tiefe geborgene Geschützvisierung vom Wrack des Frachters *Lugano*.

Bergung um jeden Preis?

Bei der Frage, ob überhaupt Gegenstände von versunkenen Schiffen geborgen werden sollen, gehen die Meinungen weit auseinander. Viele sind der Auffassung, daß versunkene Schiffe und ihre an Bord befindlichen Gegenstände in ihrem ursprünglichen Zustand belassen werden sollten, um anderen Tauchern ebenfalls die Möglichkeit zu geben, diese Originalgegenstände zu entdecken bzw. anzuschauen. Andere wiederum vertreten den Standpunkt, daß die Fundstücke vom Wrack geborgen werden sollten, bevor sie durch den Einfluß der See oder andere Umwelteinflüsse zerstört werden und für immer verloren gehen. Ich persönlich bin der Meinung, daß wenn ich diese Gegenstände nicht berge, es ein anderer tun wird. Gerade die Betreiber vieler Tauchbasen, die sich öffentlich für den Erhalt der Wracks und gegen die Bergung jeglicher Artefakte aussprechen, um allen Tauchern dieses »Kleinod« maritimer Geschichte zu erhalten, lügen sich in die eigene Tasche. Gerade sie sind es meist, die alles was nicht niet- und nagelfest ist, konsequent zur Befriedigung ihrer eigenen Sammelleidenschaft aus den Wracks bergen oder aber, um es an zahlungskräftige Sammler zu verkaufen!

Als ich vor einigen Jahren in der Straße von Suez im Roten Meer am wiederentdeckten Wrack des englischen Versorgungsfrachters *Thistlegorm* tauchte und einige schöne Funde bergen konnte, wurde von mir verlangt, diese Gegenstände wieder ins Meer zu werfen. Als Begründung wurde mir von den Tauchbootbetreibern gesagt, daß dieses Wrack in seiner ursprünglichen Form erhalten werden soll, um auch anderen Taucher die Möglichkeit zu bieten, an den Überresten tauchen zu können. Als ich am Nachmittag des gleichen Tages einen weiteren Tauchgang an der *Thistlegorm* unternahm, konnte ich einige Taucher dabei beobachten, wie sie völlig unprofessionell und ohne Plan durch das Wrack tauchten und alles, was sie finden konnten, einsackten. Unter anderem sah ich einen Taucher, der mit seinem Tauchermesser den Zünder einer noch scharfen 12inch-Granate »herausklopfen« wollte, ohne dabei auch nur einen Gedanken daran zu verschwenden, wie gefährlich sein Unterfangen war. Als das Entfernen des Zünders mißlang, wurde die Granate kurzerhand an einen Hebesack gehängt und zur Wasseroberfläche geschickt! Später erfuhr ich vom Kapitän meines gecharterten Tauchbootes, daß es sich bei den Tauchern, die ich bei ihrer kopflosen Bergeaktion beobachtet hatte, um Tauchlehrer und Tauchguides einer ortsansässigen Tauchschule handelte. Wird das Wrack der *Thistlegorm*, heute betaucht, kann man nicht einmal mehr einen rostigen Löffel finden, denn alle interessannten Funde sind längst »Jagdtrophäen« der Tauchschulen geworden, die es ihren Gästen verbieten, selbst die kleinste Schraube zu bergen. So sind beispielsweise viele der im Wrack gelagerten »Norton«-Motorräder und ganze Kisten mit Enfieldgewehren heute ganz einfach verschwunden, weil sie zu Geld gemacht wurden.

Abb. 48

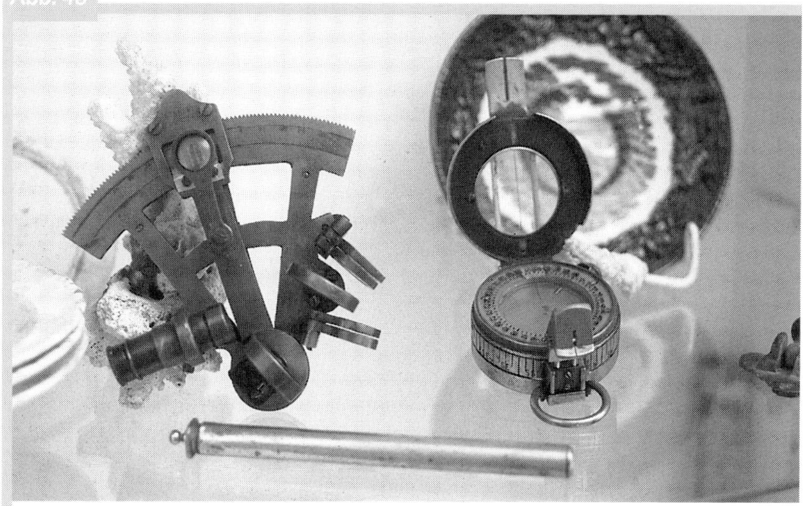

Ein vom Wrack des englischen Frachters *Thistlegorm* geborgener Marschkompaß.

Wesentlich schlimmer ist das Beispiel der im Jahre 1991 ebenfalls im Roten Meer vor Safaga gesunkenen Personenfähre *Salem Express*. Obwohl auch heute noch die Überreste von etwa 510 Menschen, die das Schiff beim Untergang in die Tiefe riß, im Inneren des Schiffsrumpfes ruhen, wird das Wrack von geldgierigen Tauchbasen gegen den energischen Protest der Einheimischen als »Touristenattraktion« vermarktet und regelmäßig betaucht. Kaum ein Taucher achtet jedoch die Würde der Verstorbenen und betrachtet das Wrack als das, was es ist – ein Seegrab! So wurde in der Vergangenheit die *Salem Express* immer häufiger von Grabschändern geplündert, die rücksichtslos und ohne Achtung vor den Toten in das Wrack eindrangen und Gegenstände bargen. Jeder Taucher muß ein solches Verhalten vor seinem eigenen Gewissen verantworten, doch ich bin der Meinung, daß See- oder Kriegsgräber ein Tabu darstellen und daher, wenn überhaupt, nur zur Identifizierung des Schiffes betaucht werden sollten.

Die Debatte, ob Gegenstände von einem Wrack geborgen werden sollen oder nicht, wird sicherlich auch die nächsten Jahre geführt werden, doch eines sollte klar sein: Wenn sich der Taucher dazu entschließt, einen Gegenstand vom Wrack zu entfernen, sollte er ihn anschließend auch restaurieren, um ihn zu erhalten. Bedeutsame Funde, die aus kulturhistorischer Sicht interessant sind, sollten zunächst den Museen angeboten werden, bevor sie in privaten Sammelvitrinen aus dem Blickfeld der Öffentlichkeit verschwinden.

Das Konservieren von Tauchfunden

Leider werden immer wieder Hunderte von Gegenständen von Wracks geborgen, ohne daß man sich nach der Bergung um die Restaurierung dieser zum Teil historischen Gegenstände bemüht. Das Resultat ist in den meisten Fällen, daß der Gegenstand in irgendeiner Kellerecke verrottet und nie wieder seine ursprüngliche Schönheit erhält. Für den Taucher, der sich nicht klar darüber ist, wie er einen gefundenen Gegenstand restaurieren kann, gibt es zwei Möglichkeiten: Entweder läßt er seinen Fund wo er ist, und verzichtet auf die Bergung, oder aber er birgt seinen Fund vom Wrack, legt ihn unmittelbar nach der Bergung in ein Meerwasserbad, um ihn feucht zu halten, und kümmert sich um fachmännische Beratung bezüglich der Wiederherstellung seines Fundes.

Geborgene Schiffsgegenstände können sich in unterschiedlichsten Erhaltungsstadien befinden. Fundsachen, die tief im Schlamm oder Sediment des Meeresgrundes versunken waren, sind üblicherweise in einem hervorragenden Zustand. Andere Gegenstände, die beispielsweise stark mit Korallen verkrustet sind, erfordern umfangreiche Restaurationsarbeiten, da sie sich oft in einem schlechten Zustand befinden. Wenn bereits unter Wasser erkennbar ist, daß sich der zu bergende Gegenstand in einem zu schlechten Erhaltungszustand befindet, sollte man auf eine Bergung verzichten und sich darauf beschränken, eventuell einige Photos von dem Fund zu machen. Das Entfernen solcher stark verrotteten Fundsachen führt in aller Regel zu ihrer Zerstörung.

Der folgende Abschnitt soll dem Wracktaucher einige Möglichkeiten aufzeigen, wie er seine Funde restaurieren und ihnen ihre ursprüngliche Schönheit und den früheren Glanz zurückgeben kann, um sie so der Nachwelt zu erhalten.

Der erste Schritt nach der Bergung

Es ist von größter Wichtigkeit, einen geborgenen Gegenstand unmittelbar nach dem Erreichen der Wasseroberfläche vor Umwelteinflüssen und Beschädigungen zu schützen. Wird ein Fund erst einmal aus dem Wasser entfernt, ist er in einer »neuen Umgebung«. Durch den höheren Sauerstoffgehalt der Umgebungsluft, kann es passieren, daß der Gegenstand mit der Luft chemisch reagiert und sich schnell zersetzt. Viel zu oft habe ich schon beobachtet, daß ein Fund

Abb. 49

Vom Wrack des im 17. Jahrhundert gesunkenen englischen Segelschiffes *H. M. S. Association* geborgene Silbergegenstände (Münzen, Gürtelschnallen und ein Navigationsbesteck) vor und nach der Restaurierung.

Abb. 50

Fundstücke, wie diese von einem Wrack geborgenen wertvollen Tonkrüge aus dem 15.Jahrhundert, müssen bis zu ihrer Restaurierung in Wasser gelagert werden, um sie vor Umwelteinflüssen zu schützen.

nach seiner Bergung achtlos auf das Schiffsdeck gelegt und längere Zeit der direkten Sonnenbestrahlung und der Umgebungsluft ausgesetzt wurde. Der Fund kann so schnell irreparable Schäden erleiden. Eine derartige Unachtsamkeit wäre dann gerade bei wertvollen Artefakten sehr ärgerlich.

Jeder Gegenstand, der vom Wrack entfernt wird, sollte daher sofort, nachdem er sicher ins Boot gebracht wurde, in einem geeigneten mit Wasser gefüllten Behältnis (Eimer, Schüssel, Plastikwanne etc.) gelagert werden, um ihn vor der Umgebungsluft zu schützen. Das Wasserbad schützt den Fund zusätzlich vor mechanischen Beschädigungen beispielsweise bei starkem Seegang. Bei Funden, die durch Korallenbewuchs stark verkrustet sind, sollte auf jeden Fall eine Lagerung in einem Meerwasserbad erfolgen, da sich ansonsten das Entfernen des organischen Bewuchses als sehr schwierig erweisen kann. Ist die Verkrustung erst einmal entfernt, kann man auch Süßwasser verwenden. Kleinere Gegenstände lassen sich bequem in wassergefüllten Plastiksäcken transportieren. Große Gegenstände werden am besten in feuchte Tücher oder Segeltuch eingewickelt, um sie vor dem Austrocknen zu schützen. Auch große Plastiksäcke eignen sich hervorragend als Schutzmantel.

Konservierungstechniken

Glas und Keramik

Glas- und Keramikfunde in Schiffswracks reichen vom einfachen Frachtgut bis hin zum feinen, hochwertigen Porzellanservice. Diese Funde sind normalerweise gut erhalten und benötigen keine umfangreiche Konservierungssarbeit. Sie werden einige Tage oder Wochen (je nach Umfang der Verkrustung durch Korallen etc.) in einem Essigbad eingeweicht, bevor man sie mit frischem Wasser abspült. Die aufgeweichten Verkrustungen können anschließend problemlos mit einem Schwamm abgelöst werden. Bei unglasierter Keramik oder Glas sollte auf den säurehaltigen Essig verzichtet und statt dessen eine einfache Spülmittellösung verwendet werden, da die Säure die Oberfläche des Fundes zersetzen kann. Auch normaler Haushaltsreiniger wie beispielsweise flüssige Topfreiniger haben sich bewährt. Allerdings sollte man hierbei darauf achten, daß die verwendeten Reinigungsmittel keine Scheuerwirkung haben, die der Porzellan- oder Keramikoberfläche schaden könnten.

Das größte Problem bei allen aus dem Meer geborgenen Gegenständen ist die Tatsache, daß sie sich unter Umständen mit Salzwasser vollgesogen haben und das Salz sich in der Keramik oder im Porzellan festgesetzt hat. Es kann dann vorkommen, daß sich das Salz nach der Trocknung eines Tellers etc. aus dem Material herauskristallisiert und dadurch die feine Porzellanoberfläche zerstört wird. Dieser chemischen Reaktion kann vorbeugt werden, indem man die Porzellanfunde etc. nach dem Säubern noch einige Tage in destilliertem Wasser wässert. Das im Fundstück eingebundene Salz wird so zu einem großen

Abb. 51

Dieser Teller wurde vom Wrack des 1867 gesunkenen Segelschiffs *Taymouth Castle* geborgen. Er stammte aus einer für China bestimmten Porzellanladung. Die Porzellanoberfläche ist mit einer Schicht aus Klarlack versiegelt.

Teil herausgelöst. Nach der vollständigen Trocknung des Porzellanfundes wird eine dünne Schicht eines Sprühklarlacks aufgetragen, um die Oberfläche zu versiegeln und glänzend zu erhalten. Sind die Fundstücke mit farblichen Dekorationen oder Wappen etc. versehen oder besitzen sie beispielsweise einen feinen Goldrand, ist bei der Konservierung des Gegenstandes größte Vorsicht geboten. Ein zu langes Bad in Essigsäure kann diese Verzierung schnell zerstören oder gar vollständig entfernen. Daher sollten solche Fundstücke lediglich für die Dauer von maximal einer Stunde in Essig gebadet und anschließend gründlich mit Wasser abgespült werden. Teller mit Goldrändern müssen bereits bei der ersten Säuberung besonders vorsichtig und umsichtig behandelt werden. Der Goldauftrag auf dem Porzellan darf bei der Reinigung weder fest geschrubbt noch gekratzt werden. Kalkflecken oder ähnliche Ablagerungen werden vorsichtig mit einem in Essig oder Haushaltskalkentferner getränkten Wattebausch entfernt. Auch nach diesem Reinigungsprozeß muß anschließend gründlich mit Wasser nachgespült werden.

Auch Glasflaschen werden für einige Stunden in einer lauwarmen Spülmittellösung eingeweicht, bevor die eigentliche Reinigung beginnt. Die eingeweichten Sediment- oder Korallenverkrustungen lassen sich am besten mit einem Schwamm oder mit Topfreinigern entfernen. Bei hartnäckigen Verkrustungen kann auch schon mal mit einem Messer vorsichtig gekratzt werden, da bei Flaschen die Gefahr des Verkratzens nicht so groß ist wie bei Porzellan. Sedimentablagerungen und Verschmutzungen im Inneren der Flaschen, werden mit speziellen Flaschenreinigungsbürsten, die in jedem Haushaltsgeschäft erhältlich sind, entfernt. Hartnäckigen, festen Verunreinigungen rückt man mit stabilen Holzstäbchen oder Draht zu Leibe. Sie werden vorsichtig mit diesen Hilfsmitteln abgekratzt. Das gelöste Sediment etc. wird gründlich mit Wasser ausgespült, bevor man die Flaschen trocknen läßt. Anschließend wird auch hier eine Schicht Klarlack aufgetragen, um die Oberfläche zu versiegeln.

Bei unglasiertem Keramik oder Steingut ist die Gefahr einer Beschädigung des Materials durch Salzkristalle besonders hoch. Diese Gegenstände sollten daher über mehrere Wochen in destilliertem Wasser gewässert werden, um alles Salz zu entfernen. Das Wasser muß dabei in regelmäßigen Abständen, etwa einmal pro Woche, gewechselt werden, um das gelöste Salz zu entfernen. Säurehaltige Reiniger sind ungeeignet und zerstören den Fund. Eine einfache Spülmittellösung wird jedoch Verkrustungen lösen. Unglasierte Tongegenstände, wie beispielsweise alte tönerne Rauchpfeifen, sollten zunächst nicht von Verkrustungen gereinigt werden, da sie so zerstört werden könnten. Nachdem sie einige Tage in Wasser aufbewahrt wurden, läßt man sie an der Luft trocken. Durch den Trocknungsprozeß wird der Ton, der sich vorher mit Wasser vollgesogen hatte, einschrumpfen. Durch diese Schrumpfung des Materials, fallen eventuelle Verkrustungen meist ohne eigenes Zutun ab.

Holz

Die fachmännische Aufbereitung und Konservierung von Holzteilen ist ein langwieriger Prozeß und erfordert entsprechende Geduld. Zunächst werden Holzfunde für mehrere Monate in Leinöl (erhältlich in jedem Malergeschäft) eingelegt. Durch das Öl wird das Wasser, welches vom Holz aufgesogen wurde, verdrängt und ersetzt. Durch die Beigabe von Terpentinersatz zum Leinöl wird der Wasserverdrängungsprozeß beschleunigt, da das dünnflüssigere Terpentin wesentlich leichter und schneller in das Holz eindringen kann. Nachdem sich das Holz vollständig mit Öl vollgesogen hat und das Wasser verdrängt wurde, muß es mehrere Wochen in einem warmen Raum trocknen. Von einer Schnelltrocknung auf einem heißen Heizkörper kann ich nur dringend abraten, denn hierdurch würden die Holzfasern schnell Risse aufweisen. Besser ist es, geduldig abzuwarten, bis das Holz vollständig getrocknet und ausgehärtet ist. Hat das Holz seine ursprüngliche Festigkeit zurückerhalten, kann man es mit einem ultrafeinen Sandpapier leicht abschleifen, wodurch sich die Holzporen schließen und das Holz wieder eine glatte Oberfläche erhält. Kleinere Beschädigungen können danach mit Holzkitt ausgebessert werden. Zum Schluß kann das Fundstück mit etwas Lederfett eingerieben werden. Hierdurch erhält es einen seidigen Glanz. Hervorragend zur abschließenden Konservierung eignet sich auch das sogenannte Schaftöl, wie es bei Holzschäften von Gewehren verwendet wird. Hat man weder Lederfett noch Waffenöl im Haus, kann der Holzfund auch mit ganz normaler farbloser Schuhcreme überzogen werden.

Leder

Lederfunde saugen sich, genau wie Gegenstände aus Holz, durch das lange Liegen im Wasser voll. Nach der Bergung eines solchen Gegenstandes besteht die Gefahr, daß durch eine schnelle und unsachgemäße Trocknung das Leder schrumpft und austrocknet. Aus diesem Grund müssen Holz- und Lederfunde bis zur endgültigen Aufbereitung feucht gehalten werden. Am besten ist es, wenn der geborgene Gegenstand sofort nach Erreichen der Wasseroberfläche in einem Gefäß mit destilliertem Wasser aufbewahrt wird. Ist ein geeignetes Gefäß nicht zur Hand, genügt es auch, den Fund in feuchte Tücher oder Zeitungspapier einzuwickeln und zu Hause sofort in ein Wasserbad zu legen. Nach einem gründlichen Spülbad werden Lederfunde einige Wochen in ein Bad aus Reinigungsalkohol oder Leinöl gelegt, um das Wasser zu verdrängen, bzw. herauszuziehen, mit dem sich der Fund in den Jahren unter Wasser vollgesogen hat. Der Prozeß der Wasserverdrängung kann beispielsweise dadurch beschleunigt werden, daß der Holz- oder Lederfund in erhitztem Leinölbad vorsichtig aufgekocht wird. Durch die Erwärmung öffnen sich die Poren des Fundes, und das Öl kann besser eindringen. In regelmäßigen Abständen muß das Öl oder der Alkohol gewechselt werden, um ein bestmögliches Resultat zu erzielen. Von Zeit zu Zeit werden die Funde aus dem Öl- oder Alkoholbad herausgenommen, mit einem weichen Tuch abgewischt und für etwa eine Stunde an der Luft gelagert, so daß die vom Fund ausgeschiedene Feuchtigkeit verdunsten kann. Dieser Prozeß wird solange wiederholt, bis sich die Funde wieder geschmeidig anfühlen. Anschließend dürfen die Funde auf keinen Fall vollständig getrocknet werden, denn dadurch werden sie brüchig und schrumpfen. Stattdessen werden Lederfunde kräftig mit speziellem Lederfett eingerieben um sie geschmeidig zu erhalten. Diese Behandlung wird solange widerholt, bis kein Fett mehr von dem Fund aufgenommen wird und das Leder sozusagen »gesättigt« ist. Danach kann man ihn an der Luft langsam trocken lassen, wobei immer wieder nachgefettet werden muß. Rauhe Stellen des Leders können nun vorsichtig mit sehr feinem Sandpapier geglättet und anschließend nachgefettet werden.

Papier

Man hält es vielleicht nicht für möglich, doch Papier, das unter Wasser in einer dicken Sedimentschicht gefunden wird, ist in einem erstaunlich guten

Erhaltungszustand, da der sauerstoffarme Schlamm das Dokument hervorragend über die Jahre konserviert hat. Aus versunkenen deutschen U-Booten wurden schon mehrfach Kriegstagebücher, Notizen oder Seekarten geborgen, die nach über 50 Jahren noch in einem lesbaren Zustand waren. Werden jedoch die falschen Konservierungsmethoden angewendet, wird sich das Papier nach vollständiger Trocknung schnell in seine Bestandteile auflösen. Ist das geborgene Papierdokument nicht allzu zerbrechlich wird es vorsichtig in ein Bad aus destilliertem Wasser gelegt, wo es einige Tage verbleibt. Anschließend werden die einzelnen Seiten vorsichtig zwischen dünne Glasscheiben gelegt und im Tiefkühlfach eingefroren, wo es problemlos für einen längeren Zeitraum gelagert werden kann. Zerbrechliche Papierfunde werden sofort eingefroren.

Zur Weiterverarbeitung werden die tiefgefrorenen Dokumente etwa eine Woche lang in einer 1–2 %igen Methylcelluloselösung eingelagert. Diese Chemikalie wird vom Papier aufgesogen und verbindet dessen Zellulosezellen. Nach dem Bad werden die nassen Papierschichten erneut zwischen Glasscheiben gelegt, um sie langsam trocknen zu lassen. Je nach Erhaltungszustand werden danach die vollständig getrockneten Seiten mit einer dünnen Schicht farblosen Holzleims überzogen, um eine größere Festigkeit des Papiers zu erreichen. Zerbrechliche Seiten werden zwischen zwei Glasscheiben (Glasbilderrahmen) aufbewahrt, wo sie am besten geschützt sind.

Messing und Bronze

Diese beiden Metalle werden aufgrund ihrer Korrrosionsbeständigkeit auf Schiffen vielfältig eingesetzt. Trotz langer Zeit im Salzwasser sind Messing- und Bronzefunde nach vielen Jahren teilweise noch wie neu. Lediglich Korallen- und Sedimentverkrustungen sind von den Metallen zu lösen.

Will man hierfür nicht das aufwendige und teure Elektrolysebadverfahren anwenden, werden mit einem Säurebad in etwa 80prozentiger Salz- oder Schwefelsäure ebenfalls sehr gute Ergebnisse erzielt. Hierfür wird der Fund einige Minuten lang (je nach Verdünnungsgrad der Säure und dem Verkrustungsgrad des Fundes) in das Säurebad gelegt. Das vollständige Eintauchen des Fundes ist dabei sehr wichtig, da sonst häßliche Säureränder entstehen können, die sich nicht mehr entfernen lassen. Durch die chemische Reaktion der Säure mit den organischen Verkrustungen bilden sich sprudelnde Blasen und Aufschäumungen. Schutzbrille und Handschuhe sind daher äußerst empfehlenswert, um Gesundheitsschäden zu vermeiden. Nachdem sich die Verkrustungen gelöst haben – man erkennt dies an der Beendigung der Sprudelwirkung der Säure, wird der Fund gründlich mit klarem Wasser abgespült und anschließend getrocknet.

Die Metalloberfläche ist nun durch die Säureeinwirkung mit einer schwarzgrünen Patina überzogen. Um diese zu entfernen, wird das Metall mit einer

Abb. 52

Restauriertes Messingschild vom Wrack des Kreuzers *H. M. S. Drake.*

mittelgroben Drahtbürste vorsichtig abgebürstet. Die Feinarbeit erfolgt mit feinem Sandpapier oder mit feiner Stahlwolle (Topfreiniger). Zu guter Letzt ist nur noch eine gute Messingpolitur (z. B. Brasso) und viel Muskelschmalz gefragt. Mit etwas Geduld lassen sich fast alle Messing- und Bronzefunde wieder auf Hochglanz polieren wodurch ihre ursprüngliche Schönheit wieder hergestellt ist.

Beispiele für die Präsentation von Unterwasserfunden

Wie schön restaurierte Funde aus Schiffwracks in einer Vitrine oder an der Wand zur Geltung gebracht werden können, zeigen die nachfolgenden Beispiele. Voraussetzung für eine gelungene Präsentation ist jedoch immer eine sachgemäße und gründliche Restauration der geborgenen Gegenstände, wie sie im vorangegangenen Kapitel beschrieben worden ist.

Abb. 53

Vom Wrack des englischen Passagierdampfers *Rowan* geborgenes, stark verkrustetes Bullauge.

Abb. 54

Das vom Wrack der *Rowan* geborgene Bullauge nach der fachgerechten Restaurierung, auf einer Holzplatte dekorativ zur Geltung gebracht.

Abb. 55

Vom Wrack des englischen Panzerkreuzers *H. M. S. Drake* geborgener antiker Taucherhelm mit dazu gehörigem Messer.

Abb. 56

Aus diesem kleineren Bullauge vom Wrack des englischen Kohledampfers *Templemoore* wurde diese dekorative Uhr gefertigt.

Abb. 57

Vom Wrack der *Brummer* geborgenes Meßinstrument aus dem Maschinenraum.

Gesetzliche Bestimmungen zur Bergetätigkeit an Schiffswracks

Seit Jahrhunderten wird dieser Bereich des englischen Admiralitäts- und Internationalen Seefahrtgesetzes durch die grundlegenden Theorien des Fund- und Bergerechtes bestimmt. Dennoch gibt es für jedes Land, auf dessen Hoheitsgebiet ein Wrack betaucht werden soll, unterschiedliche Gesetze und Bestimmungen. Daher sollte man sich vor jedem Wracktauchgang über die jeweils gültige Rechtslage in dem betreffenden Land informieren.

Bevor wir uns auf Schatzsuche begeben oder uns mit dem Gedanken befassen von einem Schiffswrack Gegenstände oder sonstige Souvenirs zu entfernen, ist es sinnvoll, einen kurzen Ausflug in die Gesetzbücher zu unternehmen. Grundsätzlich müssen wir davon ausgehen, daß alle versunkenen Schiffe, deren Ladung und alle sich auf den Schiffen befindlichen Gegenstände auch nach dem Untergang einen rechtmäßigen Eigentümer haben. Oftmals ist es jedoch so, daß nach einem Schiffsuntergang der Besitzer (z. B. die Reederei) des verlorenen Schiffes von der Versicherungsgesellschaft ausbezahlt worden ist. Dies bedeutet, daß nun der rechtliche Eigentümer die Versicherungsgesellschaft ist. Die Eigentumsfrage ist unbedingt vor einem geplanten Tauchgang zu klären, denn ansonsten betauchen wir das Wrack illegal, und die Bergung jeglicher Gegenstände erfüllt dann unter anderem den Tatbestand des Diebstahls.

Haben wir den rechtmäßigen Eigentümer eines Schiffwracks ausfindig gemacht, müssen wir als nächstes die Frage klären, ob der Eigentümer immer noch Rechtsansprüche geltend macht oder ob das Eigentum, also das Wrack, mit den Jahren als »aufgegeben« gilt. Es sind mir nur wenige Fälle bekannt, in denen der Besitzer eines Wracks viele Jahre nach dem Untergang noch Rechtsansprüche geltend macht. Meist handelt es sich in solchen Fällen um kulturhistorisch interessante, oder um bekannte Wracks, die im Interesse der Öffentlichkeit stehen, wie beispielsweise im Fall des Luxusliners *Titanic* oder des vor Südirland gesunkenen Passagierschiffs *Laurentic*, das mit einer Ladung Goldbarren untergegangen ist. Nach der Bergung der meisten Goldbarren, verlangt der Eigentümer der *Laurentic* heute für Tauchgänge an seinem Wrack eine Gebühr von umgerechnet ca. DM 15 pro Tauchgang. Darüber hinaus ist es Tauchern verboten, Gegenstände vom Wrack zu bergen, was verständlich ist, denn Gerüchten zufolge liegen immer noch einige der Goldbarren im Inneren des Wracks auf einer Tiefe von 48 Metern.

Abb. 58

Der bewaffnete 14.950-Tonnen-Handelskreuzer *Laurentic*, der am 23. Januar 1917 auf eine Mine lief und sank. An Bord befand sich eine Goldladung zur Begleichung der Rechnung für amerikanische Waffen- und Munitionslieferungen an England. Im Jahre 1926 wurden durch Taucher 3186 von insgesamt 3211 Goldbarren mit einem Gesamtwert von ca. 850 Millonen DM geborgen. Die fehlenden Barren liegen angeblich noch im Wrack.

Herrenlose Sachen

Die Erhebung von Wracktauchgebühren seitens von Wrack-Besitzern ist glücklicherweise die Ausnahme. In den meisten Fällen kann man davon ausgehen, daß der Eigentümer des Wracks seine Besitzrechte aufgegeben hat, da er in den Jahren nach dem Untergang keinerlei Anstrengungen unternommen hat, seinen Besitz zu bergen. In diesem Fall handelt es sich nach deutscher Rechtsprechung um eine »herrenlose Sache« im Sinne des Bürgerlichen Gestzbuchs (BGB):

§ 958-Grundsatz: »Wer eine herrenlose bewegliche Sache in Eigenbesitz nimmt, erwirbt das Eigentum der Sache.«

§ 959-Aufgabe des Eigentums: »Eine bewegliche Sache wird herrenlos, wenn der Eigentümer in der Absicht, auf das Eigentum zu verzichten, den Besitz einer Sache aufgibt.«

Hinsichtlich der Frage, ob ein Schiff rechtlich aufgegeben wurde und der Eigentümer auf seinen Besitz verzichtet hat, sind folgende Faktoren zu berücksichtigen: die seit dem Untergang vergangene Zeitspanne; der Untergangsort und die Zeitspanne, in der ein untergegangenes Schiff durch seinen rechtlichen Eigentümer nicht genutzt wurde. Falls beispielsweise eine Versicherungsgesellschaft als rechtlicher Besitzer eines Schiffswracks die genaue Untergangsstelle eines Schiffes kennt und dennoch über Jahre hinweg nichts mit dem Wrack anfängt, kann das Schiffwrack als aufgegeben eingestuft werden.

Anders verhält sich die Angelegenheit jedoch, wenn der Untergangsort eines Schiffes nach wie vor unbekannt ist oder es noch keine entsprechenden Bergetechniken gibt, um beispielsweise ein sehr tief liegendes Wrack abzuschrotten oder wertvolle Gegenstände zu bergen. In einem solchen Fall spielt die vom Untergang bis zum Zeitpunkt der Erstbetauchung vergangene Zeitspanne nur eine untergeordnete Rolle. Ein klassisches Beispiel für einen solchen Rechtsstreit über die tatsächlichen Eigentumsverhältnisse eines Wracks ist der Fall des mit einer Goldfracht im Wert von 25 Millionen US Dollar gesunkenen amerikanischen Dampfschiffes *Central America.*

Nachdem ein Bergeunternehmen mit einem Spezial-U-Boot das Wrack in einer Tiefe von 2600 Metern lokalisiert hatte, begann es mit der Bergung der Goldbarren, die über dem Meeresgrund verstreut lagen. Obwohl das Schiff bereits im Jahre 1857 gesunken war, sah sich die damalige Versicherung immer noch als rechtmäßige Eigentümerin und klagte gegen die ihrer Meinung nach illegale Bergung durch das Bergeunternehmen. Nach der Argumentation der Versicherungsgesellschaft würde das Wrack immer noch ihr gehören, da es bis zu diesem Zeitpunkt nach Ansicht der Versicherung noch keinerlei geeignete Mittel zur Bergung des Goldes aus dieser Tiefe gab. Dieser Meinung schloß sich das zuständige Gericht an. Die Eigentumsrechte der Versicherung wurden bestätigt und der Versicherungsgesellschaft wurde ein größerer Anteil des geborgenen Goldes zugesprochen, während sich die Bergegesellschaft mit dem verbliebenen Rest begnügen mußte.

Das Beispiel des in den sechziger Jahren gesunken italienischen Luxusliners *Andrea Doria* zeigt jedoch, daß nicht immer zu Gunsten der Versicherungsgesellschaften entschieden wird und durchaus auch der »kleine Mann« sein Recht bekommt. Obwohl die Versicherungsgesellschaft die genaue Position des Wracks kannte und es entsprechende Bergetechniken zur Bergung von Schiffsartefakten gab (das Wrack liegt nur in einer Tiefe von ca. 65 Metern), unternahm die Gesellschaft keinerlei Anstalten, von ihrem Recht Gebrauch zu machen. Selbst als bereits professionelle Bergetaucher ohne Genehmigung am Wrack tauchten und unzählige Gegenstände geborgen wurden, unternahm die Versicherungsgesellschaft keinerlei Anstrengungen, ihren Eignerstatus zu manifestieren und den zugesprochenen Eigentumstitel zu verteidigen.

Abb. 59

Der vor der Küste von New York gesunkene italienische Luxusliner *Andrea Doria* war in den siebziger Jahren eines der beliebtesten Ziele amerikanischer Wracktaucher.

Im Jahre 1993 wurde schließlich durch den amerikanischen Bergetaucher John Moyer, der das Wrack als erster betaucht hatte, vor Gericht eine einstweilige Verfügung erwirkt, um anderen Tauchern das Betauchen »seines Wracks« zu verwehren. Seine Argumentation stützte sich darauf, daß er als erster Taucher das Wrack gefunden habe und es sich bei der *Andrea Doria* um eine »herrenlose Sache« handle, da die Versicherungsgesellschaft als ursprünglicher Eigentümer des Wracks bis zu diesem Zeitpunkt keinerlei Besitzrechte geltend gemacht habe. Eine solche herrenlose Sache müßte folgerichtig dem Finder, also ihm selbst, zugesprochen werden. Nach Prüfung der Rechtslage durch das Gericht wurde der einstweiligen Verfügung stattgegeben und John Moyer erhielt das offizielle, alleinige Recht das Wrack zu betauchen. Alle Gegenstände und Werte, die nun von ihm geborgen wurden, wanderten mit richterlicher Genehmigung in seinen Besitz, während die Versicherungsgesellschaft leer ausging.

Der Finder eines als aufgegeben eingestuften herrenlosen Wracks, dem der Besitztitel aufgrund des Gedankens »Fundrecht ist gleich Eigenumsrecht« von offizieller Seite zugesprochen worden ist, muß jedoch bestimmte Auflagen erfüllen, um das Besitzrecht zu erhalten. Das Eigentumsrecht über eine herrenlose Sache wird durch den Finder durch die »tatsächliche Gewaltausübung« über diese Sache geltend gemacht. Diese tatsächliche Gewaltausübung über ein herrenloses Schiffwrack muß durch regelmäßige Tauchgänge am Wrack in Verbindung mit dem Versuch, Gegenstände in seinen Besitz zu bringen, zum Ausdruck gebracht werden. Mit anderen Worten: Die Tatsache, ein herrenloses

Wrack gefunden zu haben, reicht nicht aus, Besitzrechte geltend zu machen. Man muß regelmäßig in irgendeiner Form, beispielsweise durch Bergetätigkeit, an der Untergangsstelle präsent sein, um den Besitztitel offiziell zugesprochen zu bekommen und behalten zu können.

In Großbritannien findet beispielsweise die sogenannte »366-Tage-Klausel« bei der Vergabe des Besitztitels über eine herrenlose Sache Anwendung. Diese Regelung besagt, daß ein aufgefundenes Wrack dann wieder zu einer herrenlosen Sache erklärt wird, wenn es nachweislich über einen Zeitraum von einem Jahr und einem Tag unberührt gelassen wird. Findet man also ein Wrack und kann man eindeutig beweisen, daß es sich um eine herrenlose Sache handelt, besteht die Möglichkeit, bald Eigentümer dieses Wracks zu werden. Voraussetzung hierfür ist natürlich, daß sich das Wrack in englischen Hoheitsgewässern befindet und es sich nicht um ein Kriegsschiff handelt.

Unabhängig vom Zeitpunkt oder dem Ort ihres Unterganges werden Kriegsschiffe, die während ihres Einsatzes verlorengegangen sind, in fast jedem Land so behandelt, als seien sie nie durch ihren rechtmäßigen Besitzer aufgegeben worden. Sie können daher auch nicht zu einer herrenlosen Sache werden. Der Standpunkt der englischen Marine bezüglich eigener versunkener Kriegsschiffe und Flugzeuge wird durch althergebrachte Admiralitätsgesetze, die ihren Ursprung in den Zeiten von Lord Nelson haben, bekräftigt: »(...) Weder das Land Großbritannien noch seine Marine, die Royal Navy, werden jemals das Eigentumsrecht an irgendwelchen versunkenen Schiffen oder sonstigen Fahrzeugen verlieren, unabhängig davon, wann der Untergang stattfand«.

Solange nicht durch ausdrückliche Erklärung der englischen Regierung im Parlament der Verzicht des Eigentumstitels erklärt wird, sind Schiffswracks und ihre Überreste, Gebeine verstorbener Personen miteinbezogen, in englischem Besitz und als sogenanntes »nasses Grab« zu behandeln. Jede Person, die den Versuch unternimmt, an einem solchen Wrack zu tauchen, unterliegt den jeweils geltenden englischen Gesetzen und handelt auf eigenes Risiko.

Fund

Ein gefundenes Wrack oder ein geborgener Gegenstand darf nicht sofort als persönliches Eigentum angesehen werden. Auch hier gilt immer als erstes, die Klärung der ursprünglichen Eigentumsverhältnisse am Fund. Fundsachen sind nämlich nicht immer gleichzusetzen mit herrenlosen Sachen, da sie nach dem Gesetz immer noch einen Besitzer haben können. Daher gilt:

> **§ 965-Anzeigepflicht des Finders:** »Wer eine verlorene Sache findet und an sich nimmt, hat dem Verlierer oder dem Eigentümer unverzüglich Anzeige zu machen«.

Kennt der Finder den Eigentümer der verlorenen Sache nicht, so hat er den Fund und die Umstände, die zum Auffinden der Sache geführt haben, unverzüglich der zuständigen Behörde anzuzeigen. Die Behörde wird dann versuchen, den rechtmäßigen Eigentümer der Sache ausfindig zu machen. Gelingt dies innerhalb einer Frist von sechs Monaten nicht, so erwirbt in Deutschland der Finder gemäß § 973 BGB das Eigentum an der Sache.

Schatzfund

Liegt eine Sache solange verborgen, daß der Eigentümer nicht mehr zu ermitteln ist, spricht man nach deutscher Rechtsprechung von einem Schatzfund (§ 984 BGB). Derjenige, der einen solchen Schatz ausfindig gemacht hat, ist dann nach dem Gesetz nicht Finder einer Sache, sondern Entdecker, und das hat rechtliche Konsequenzen: Der Entdecker muß nämlich seinen Schatz zur Hälfte mit dem Eigentümer der Sache oder des Grund und Bodens teilen, in der oder auf dem ein Schatz gefunden worden ist. Im Falle eines längst in Vergessenheit geratenen und lange im Meer verborgenen Schiffwracks bedeutet dies nichts anderes, als daß der Wrackeigner, beispielsweise die Versicherungsgesellschaft, einen Rechtsanspruch auf die Hälfte des Fundes hat.

Kommentierungen zu den Richtlinien und Bestimmungen über Bergearbeiten an Wracks

Grundsätzlich muß man davon ausgehen, daß gesunkene oder gestrandete Schiffe einen Besitzer haben. Der erste Schritt für einen Bergetaucher ist es daher, jede ihm mögliche Anstrengung zu unternehmen, den Eigentümer der Sache zu bestimmen. Bevor er Gegenstände aus einem Wrack bergen darf, benötigt er die Zustimmung des rechtmäßigen Eigentümers. In den Fällen, wo das Schiff oder dessen Ladung durch eine Versicherungsgesellschaft abgedeckt ist und ein Totalverlust durch den Eigentümer geltend gemacht wurde, gehen die Besitzrechte früherer Eigentümer in den Besitzstand der Versicherungsgesellschaft über. Besitzurkunden werden bei Lloyds of London geführt. Lloyd kann in den meisten Fällen bei der Ermittlung eines Eigentümers behilflich sein sowie Auskunft über Wrackposition, Schiffsname und Untergangsursache geben. Für die Erteilung dieser Auskunft wird eine Bearbeitungsgebühr in angemessenem Umfang erhoben.

Das Department of Transport (Transportministerium, Abteilung Versicherungswesen für Kriegsrisiken) ist meist in der Lage, Auskunft über die Eigentumsverhältnisse des Schiffskörpers sowie die eventuelle Ladung erteilen. Unterlagen aller alliierten Handelsschiffe, die durch Kriegseinwirkung in beiden Weltkriegen (1914–1918 sowie 1939–1945) verloren gingen, können anhand des Schiffsnamens und des Untergangsdatums ausgewählt werden.

Anträge zur Bergearbeit an Schiffen der britischen Royal Navy, die sowohl in britischen als auch in internationalen Hoheitsgeässern gesunken sind, müssen an das Ministry of Defense (Verteidigungsministerium) gerichtet werden. In diesem Zusammenhang ist festzustellen, daß jedes Schiff, das unter Feindeinwirkung und mit erheblichem Personenverlust gesunken ist, ausnahmslos als Kriegsgrab zu behandeln ist. Jeder Versuch, ohne Genehmigung des Verteidigungsminsteriums am Wrack oder in dessen Nähe zu tauchen, wird daher als Verstoß gegen die Besitzrechte der Britischen Krone geahndet.

Wie bereits erwähnt, kann man bei einem offensichtlich jahrelang unberührten Wrack davon ausgehen, daß es sich um eine herrenlose Sache handelt, an der unter Umständen Eigentum erworben werden kann, wenn nicht schon Dritte (Wracktaucher, Bergeunternehmer etc.) Rechte angemeldet haben. Einige Ausnahmeregelungen finden sich jedoch in den Bestimmungen zum Schutz von Wracks aus dem Jahre 1973: »An Wracks von kulturwissenschaftlicher und geschichtlicher Bedeutung darf nur nach Erteilung einer entsprechenden Genehmigung durch das Ministerium getaucht werden«. Behördliche Genehmigungen sind auch für solche Wracks einzuholen, die eine Gefahr für Leben oder Gesundheit darstellen (beispielsweise bei Schiffen mit gefährlicher Ladung, Munition oder Sprengstoff etc.).

Gegenstände von oder aus einem Wrack, die von einem Taucher an Land gebracht werden, unterliegen den Bestimmungen des Abschnittes 518 des Handelsschiffsabkommens von 1894 sowie des Handelsschiffsabkommens von 1906. Hiernach müssen solche Gegenstände dem rechtmäßigen Besitzer eines Wracks ausgehändigt werden, es sei denn, man kann nachweisen, daß man selbst über das Besitzrecht verfügt. Ist der Bergetaucher durch den Eigentümer des Wracks mit der Bergetätigkeit beauftragt worden oder hat sonstige Genehmigungen, die ihm das Betauchen des Wracks gestatten, so muß er den Eigentümer über jegliche geborgene Gegenstände in Kenntnis setzen. Alle vom Wrack geborgenen (Wert)-Gegenstände und ein eventuell erzielter Verkaufserlös unterliegen den gesetzlichen Steuerbestimmungen.

Spätestens an dieser Stelle sollte jedem Wracktaucher klar geworden sein, daß das Bergen von Gegenständen jeglicher Art aus versunkenen Schiffen keine leichte Aufgabe ist. Trotz vielseitiger Möglichkeiten, einen aufregenden Fund an einem Wrack zu machen, sind Bergungen stets mit dem nötigen Verantwortungsbewußtsein und unter Beachtung der gesetzlichen Bestimmungen vorzunehmen. Ein Taucher, der sich mit dem Gedanken an eine Bergung befaßt, sollte über genaueste Kenntnisse der jeweiligen Gesetzeslage verfügen, seinen Fund behutsam und möglichst ohne Beschädigung anderer Bereiche des Wracks bergen, ihn fachmännisch restaurieren und ihn zu guter letzt seinem historischen Wert entsprechend zur Ausstellung bringen. Nur so werden die Überreste einst stolzer Schiffe auch für spätere Generationen erhalten bleiben, denen damit die Gelegenheit geboten wird, an unserer geschichtlichen Vergangenheit teilzuhaben.

Teil 2: Wracks und ihre Geschichte

Wie spannend und interessant die Geschichte versunkener Schiffe ist, werden Wracktaucher sowie der an maritimer Geschichte interessierte Leser am besten dadurch feststellen, daß sie selbst einmal die Geschichte eines Wracks recherchieren. In manchen Fällen kann es Jahre dauern, bis alle Hintergründe, die zu einem Schiffsunglück geführt haben, zusammengetragen sind und der erste Tauchgang am Wrack unternommen werden kann. Das folgende Kapitel befaßt sich mit der Geschichte einiger zum Teil erst vor wenigen Jahren aufgefundener Wracks vor der Küste Nordirlands. Im Seegebiet des Nordkanals, zwischen Schottland und Irland, sowie weit draußen im offenen Atlantik liegen Hunderte versunkener Schiffe. Viele jener Wracks wurden bis heute noch nicht gefunden (siehe Anhang). Andere jedoch konnten aufgrund umfangreicher Recherchen geortet und erforscht werden. Immer wieder werden durch Archivarbeit und die Auswertung von Kriegstagebüchern oder Aufzeichnungen der Seekriegsleitung einzelner Nationen neue Wracks lokalisiert.

Am 21. April 1997 fanden wir unser vorerst letztes neues Wrack, das deutsche U-Boot *U 1003*, das am 23. März 1945 im Nordkanal versenkt wurde. Das Boot liegt in einer Tiefe von 68 Metern und ist fast völlig unversehrt. Solche »Traumfunde« können nur durch unermüdliche und präzise Recherchearbeit entdeckt werden. Doch die Suche nach neuen Wracks, das Zusammenfügen der geschichtlichen Einzelheiten zu einem Gesamtbild, das zur Entdeckung führen kann, ist keineswegs nur den professionellen Wracksuchern und Schatztauchern vorbehalten. Jeder, der sich für dieses Thema interessiert, hat die Möglichkeit, selbst Recherchen durchzuführen und nach Wracks zu suchen. Anhand der nachfolgenden, detaillierten Schilderungen – es geht um Wracks, die durch meine Partner und mich geortet und erforscht wurden – möchte ich dem Leser einen Einblick in die interessante Arbeit der Wrackrecherche bieten und gleichzeitig Anregungen für eigene Nachforschungen geben. Gleichzeitig erhält der interessierte Wrack- und Schatzsucher sowie der an maritimer Geschichte interessierte Leser, einen Einblick darüber, welche Informationen über Schiffwracks, durch präzise Nachforschungen aufgefunden werden können, die letzendlich, mit ein wenig Glück zum Auffinden des gesuchten Wracks geführt haben. Tauchen wir also ab und begeben wir uns auf eine Reise in die Vergangenheit.

Drei auf einen Streich!

Die Suche nach der *Justicia*

In den Wintermonaten des Jahres 1994 suchten wir nach dem Wrack des am 20. Juli 1918 gesunkenen englischen Passagierdampfers *Justicia*, der als bewaffneter Hilfskreuzer zum Schutze von Geleitzügen eingesetzt und angeblich durch ein deutsches U-Boot im Nordkanal versenkt worden sein soll. Dann jedoch stieß ich in den Akten des U-Boot-Archivs auf den Hinweis, daß beim Angriff auf die *Justicia* auch das deutsche U-Boot *UB 124*, ein Boot des Typs UB III gesunken sein soll. Selbstverständlich konzentrierte sich unsere Suche nun nicht nur auf das Wrack der *Justicia*, sondern auch auf das angeblich ebenfalls in diesem Seegebiet versenkte U-Boot. Um jedoch das Wrack von *UB 124* finden zu können, mußten wir zunächst die Wrackposition des Dampfers *Justicia* ausfindig machen, da die Untergangsstelle des U-Boots in unmittelbarer Nähe zu der des Dampfers zu vermuten war.

Bei der weiteren Recherche gelang es mir zunächst nicht, etwas über die Geschichte eines Dampfers namens »Justicia« in Erfahrung zu bringen. Alle

Abb. 60

Das deutsche *UB 124*, vom Typ UB III.

meine Anfragen bei den Behörden und Archiven verliefen negativ; niemand konnte mir etwas über ein Schiff mit diesem Namen sagen. Es war wie verhext, doch ich konnte nicht glauben, daß ein großes Schiff von über 30.000 BRT, das in den Aufzeichnungen der U-Boot-Archive als versenkt gemeldet worden war, nicht existieren sollte. Schließlich stieß ich in den Archiven der Schiffswerft von Harland & Wolff in Belfast auf den entscheidenden Hinweis. Im Sommer 1917 war auf dieser Werft unter dem Namen »Stadendam« ein 32.234-BRT-Passagierdampfer für die White-Star-Reederei in Auftrag gegeben worden, der für die Holland-Amerika-Route vorgesehen war. Kurz vor der endgültigen Fertigstellung des Liners wurde das Schiff jedoch von der englischen Admiralität beschlagnahmt. Wenig später, nach erfolgtem Umbau, wurde es als bewaffneter Hilfskreuzer unter dem Namen *H. M. S. Justicia* auf der Nordatlantikstrecke eingesetzt. Am Freitag, dem 19. Juli 1918, befand sich die *Justicia* als Sicherungsdampfer zusammen mit einem Geleitzug nordwestlich der Küste Irlands, um die Überfahrt von Liverpool nach New York anzutreten.

Im Besitz dieser neuen Erkenntnisse durchsuchte ich erneut die Aufzeichnungen des Befehlshabers der U-Bootwaffe nach Hinweisen, die mich auf die Spur des gesuchten Wracks von *UB 124* bringen sollten. Im Tagebuch der Kriegsmarine fand ich jedoch lediglich die Eintragung, daß *UB 124* am 19. Juli im Nordkanal operierte. Zu einem Angriff durch *UB 124* auf den Dampfer *Justicia* waren jedoch keine Angaben vorhanden. Vielmehr schien zu diesem Zeitpunkt sicher zu sein, daß der Dampfer durch ein anderes U-Boot, *UB 64*,

Abb. 61

Der englische Dampfer *Justicia* (ex *Stadendam*) im Hafen von Belfast.

versenkt worden war. Wie konnte also *UB 124* mit der Versenkung der *Justicia* in Verbindung gebracht werden, wenn es offensichtlich nicht am Angriff beteiligt war? War ich gar auf der falschen Fährte? Gab es gar kein gesunkenes U-Boot an dieser Untergangsstelle? Handelte es sich bei dem angeblich versenkten U-Boot um das Wrack von *UB 64*?

Um Antworten auf meine Fragen zu finden, beschäftigte ich mich zunächst mit dem Kriegstagebuch von *UB 64*. In meinen Unterlagen fand ich bald darauf den Hinweis, daß *UB 64* nicht versenkt, sondern nach Kriegsende an England ausgeliefert worden war. Offensichtlich befand ich mich wirklich auf der falschen Fährte. Nach Aufzeichnungen im Kriegstagebuch von *UB 64* war jedoch durch den Kommandanten, Kapitänleutnant von Schrader, tatsächlich um 16.30 Uhr, etwa 27 Seemeilen südlich von Barra Head ein Angriff auf die *Justicia* durchgeführt worden. Um 16.33 Uhr wurde durch *UB 64* ein Torpedofächer gegen den Dampfer abgefeuert. Zwei dieser Torpedos trafen nach Meinung des Kapitäns die Backbordseite der *Justicia*. Nach den Aufzeichnungen des Kriegstagebuches von *UB 64* liegt der Dampfer um 17.20 Uhr gestoppt und Kptl. v. Schrader läßt zwei weitere Torpedos gegen die Backbordseite abfeuern. Unmittelbar nach diesem zweiten Angriff erfolgt eine gezielte Attacke der englischen Begleitschutzfahrzeuge gegen das deutsche U-Boot. Die Männer im Rumpf von *UB 64* zählen insgesamt 35 Wasserbomben, die jedoch ihrem Boot keinerlei Schaden zufügen. Um 19.03 Uhr läuft *UB 64* zum dritten Angriff an. Wieder werden zwei Torpedos abgefeuert, diesmal auf die Steuerbordseite des gestoppt liegenden Dampfers. Nach einem weiteren Wasserbombenangriff, bei dem durch englische Bewacher erneut elf Wasserbomben abgeworfen wurden, feuert *UB 64* um 21.48 Uhr einen letzten Torpedo auf den Dampfer ab, um sich dann vom Angriffsort zurückzuziehen und die erschöpften Batterien zu laden und neue Torpedos in die Rohre einzusetzen.

In der Nacht beginnen nun die Begleitfahrzeuge des englischen Konvois damit, den havarierten Dampfer *Justicia* in Schlepp zu nehmen. Nachdem das stark beschädigte Schiff sicher an dicken Stahltrossen vertäut ist, nimmt der Schleppzug sofort Kurs auf die irische Küste. *UB 64* hält während dieser Zeit ständigen Kontakt zum Konvoi, ist aber nicht in der Lage, einen weiteren Angriff durchzuführen, da in der hellen Mondnacht ein Überwasserangriff nicht durchführbar ist. Gegen 04.00 Uhr morgens befindet sich das U-Boot erneut in einer günstigen Angriffsposition. Kapitän von Schrader gibt den Befehl zum Tauchen und greift um 05.37 Uhr den Dampfer mit einem einzelnen Torpedoschuß an. Zu diesem Zeitpunkt glaubt die Besatzung von *UB 64* bereits drei bis vier Torpedotreffer gegen den Dampfer erzielt zu haben. Der letzte abgefeuerte Torpedo verfehlt jedoch offensichtich sein Ziel, da die Mannschaft des U-Bootes keine Detonation wahrnehmen kann. Wieder läßt Kapitänleutnant von Schrader sein Boot auftauchen, um Fühlung zu dem ablaufenden Schleppzug zu halten. Um 13.23 Uhr gibt er den Befehl zu tauchen, um einen neuen Angriff auf den geschleppten Dampfer zu fahren. Als sich von Schrader um 14.34 Uhr in Angriffsposition befindet und einen Blick durch das Sehrohr riskiert, ist vom Dampfer allerdings nichts mehr zu sehen. Er geht daher davon aus, daß die *Justicia* in der Zwischenzeit gesunken ist.

Zurück zu meinem gesuchten U-Boot. Noch immer hatte ich nicht den geringsten Hinweis erhalten, der mich zum Wrack von *UB 124* hätte führen können. Zu diesem Zeitpunkt bekam ich langsam das Gefühl, einem Irrtum erlegen zu sein, denn offensichtlich war die Information falsch, daß beim Angriff auf den Dampfer *Justicia* auch ein deutsches U-Boot versenkt worden war. Aus diesem Grund richtete ich eine weitere Anfrage bezüglich der Versenkungsumstände der *Justicia* an die Historische Abteilung der Admiralität in London. Bereits zwei Wochen später erhielt ich einen detaillierten Bericht sowie mehrere Aufzeichnungen von überlebenden Augenzeugen, die sich während des Angriffes von *UB 64* an Bord des Dampfers *Justicia* befanden. Nach Auswertung dieser Berichte und der offiziellen Stellungsnahme der Admiralität ergaben sich völlig neue Gesichtspunkte. Plötzlich erhielt ich auch den ersehnten Hinweis über die Versenkung von *UB 124*.

Doch, der Reihe nach: Alle fünf von *UB 64* am 19. und 20. Juli gegen den Dampfer *Justicia* abgefeuerten Torpedos konnten von Besatzungsmitgliedern des angegriffenen Schiffes bei ruhiger See einwandfrei beobachet werden. Alle Berichte stimmen darin überein, daß nur der erste, am 19. Juli nach der Uhr des U-Bootes um 16.33 Uhr abgefeuerte Torpedo die Backbordseite des Schiffes getroffen hat, während die anderen vier Torpedos fehlgegangen sind. Es kann daher davon ausgegangen werden, daß die vom Kommandanten von *UB 64* wahrgenommenen Detonationen, die er für Torpedotreffer hielt, mit Ausnahme des ersten Schusses von Wasserbomben herrührten. Eine solche Täuschung wird dadurch noch verständlicher, daß von der *Justicia* jedesmal nachdem die Blasenbahn eines herankommenden Torpedos gesichtet worden war, sogleich mit der Bordartillerie in diese Richtung gefeuert wurde, in der Absicht, den Torpedolauf dadurch abzulenken.

Schließlich fand ich in der Stellungnahme der Admiralität doch noch einen Hinweis auf das Vorhandensein zweier weiterer U-Boote, nämlich *U 54* und *UB 124*, die ebenfalls eine entscheidende Rolle beim Angriff auf die *Justicia* gespielt gaben. Im Kriegstagebuch von *U 54* vermerkte der Komandant, Oberleutnant zur See von Ruckeschell, an diesem Tag:

»20.07.1918. Stehe vor dem Nordkanal der Irischen See, etwa elf Seemeilen nordwestlich der Insel Inistrahull. Gegen 10.40 Uhr erscheint bei ölglatter See und guter Fernsicht ein großer Dampfer mit drei Schornsteinen, der aus nördlicher Richtung in unsere Position einwandert. Der Dampfer ist von zahlreichen Wachschiffen umgeben und muß havariert sein, da er mit langsamer Fahrt geschleppt wird.« Es handelt sich offensichtlich um den englischen Dampfer *Justicia*, 32. 234 BRT, der am 19.07. von *UB 64* einen Torpedotreffer erhalten hatte.

Als der Schleppzug sich nähert taucht *U 54* auf östlichem Kurs unter der Spitze der Sicherungsschiffe hindurch. Insgesamt werden an Bord des U-Bootes etwa 18 Zerstörer und 16 Fischdampfer gezählt, die den geschleppten Dampfer umgeben. Um 11.32 Uhr werden an Bord von *U 54* die beiden Hecktorpedos im Abstand von 15 Sekunden abgefeuert. 15 Sekunden nach dem Losmachen des ersten Torpedos, also gleichzeitig mit dem Abschuß des zweiten Torpedos, erfolgt eine Detonation, die im Boot für einen Torpedotreffer gehalten wird.

Eine einwandfreie Feststellung, welche Wirkung die beiden von *U 54* gegen den Dampfer abgeschossenen Torpedos gehabt haben, wird dadurch erschwert, daß nahezu gleichzeitig mit dem Angriff von *U 54* auch das zufällig auf dem Schauplatz angelangte U-Boot *UB 124* zwei Torpedos auf die Backbordseite des Dampfers abgeschossen hat. Sicher ist, daß der Dampfer *Justicia* am 20. Juli um 11.20 Uhr an seiner Backbordseite kurz hintereinander von zwei Torpedos getroffen worden ist, die das Schiff zum Kentern und später zum Sinken gebracht haben. Nach sorgfältiger Gegenüberstellung und Prüfung aller Einzelheiten der Meldungen der Kommandanten von *U 54* und *UB 124* sowie der vorliegenden recht sachlichen Berichte von Augenzeugen an Bord der *Justicia*, die sowohl von der deutschen als auch von der britischen Admiralität bestätigt worden sind, und aufgrund der amtlichen Auskunft der Historischen Abteilung muß geschlossen werden, daß die beiden fraglichen Torpedotreffer nicht *U 54*, sondern *UB 124* zuzuschreiben sind. Darauf deutet unter anderem auch hin, daß die Schußentfernung der beiden Torpedos, die getroffen haben, in dem amtlichen englischen Bericht auf 1000 Yards angegeben wird und daß nach gleichem Bericht im Augenblick des Sichtbarwerdens der Blasenbahnen der Treffertorpedos, der Turm des erfolgreich angreifenden U-Bootes aus dem Wasser kam, was mit der Meldung des Kommandanten von *UB 124* bezüglich der Schußentfernung und der Tiefensteuerung des Bootes übereinstimmt. Nur in diesem Augenblick, als der Turm von *UB 124* nach dem Losmachen der Torpedos herauskam, ist von englischen Fahrzeugen die Spur eines angreifenden U-Bootes am 20. Juli bemerkt worden.

Zum Zeitpunkt des Angriffs auf die *Justicia* befanden sich an Bord des Dampfers ca. 650 Besatzungsmitglieder, jedoch keine Passagiere. Der III. Maschinist sowie 15 seiner Kameraden aus dem Maschinenraum wurden durch die explodierenden Torpedos getötet. Die restlichen Besatzungsmitglieder konnten durch herannahende Begleitschiffe aufgenommen und gerettet werden. Während dieser Rettungsaktion, gelang es dem Zerstörer *H. M. S. Marne* eines der angreifenden U-Boote, *UB 124*, zu versenken. Als der Turm des U-Bootes beim Abschuß der Torpedos aus dem Wasser herauskam, wurde er sofort unter massives Geschützfeuer genommen. In den Blasenschwall des abtauchenden Bootes wurden anschließend insgesamt 23 Wasserbomben geworfen, die zur dessen endgültiger Vernichtung führten. Laut amtlichen englischen Berichten

Abb. 62

Diese Aufnahme eines überlebenden Besatzungsmitgliedes der *Justicia* zeigt das zum Hilfskreuzer umgebaute und mit einer Tarnbemalung versehene Passagierschiff kurz vor dem Untergang.

ist *UB 124* in Position 55°43'N/07°51'W versenkt worden. Hierbei gab es keine Überlebenden. Im gleichen Bericht heißt es weiter, daß der Dampfer *Justicia* am 20. Juli um 12.40 Uhr in Position 55°38'N/07°39'W gesunken ist.

Jetzt verfügte ich endlich über die benötigten Informationen und vor allen Dingen über konkrete Hinweise auf das Vorhandensein zweier Wracks in einem verhältnismäßig kleinen Suchquadrat dieses Seegebietes. Meine umfangreiche Recherche hatte sich wieder einmal gelohnt. Nun konnte ich mich daran machen, die in den englischen Berichten genannten Untergangspositionen auf ihre Genauigkeit zu überprüfen. Ein Anruf beim Hydrographischen Institut des Verteidigungsministeriums in London, dessen Sachbearbeiter ich bereits durch unzählige Recherchen sehr gut kannte, dämpfte meinen Aktionsdrang zunächst ein wenig. Im fraglichen Seegebiet lägen schließlich über 50 Wracks, und es würde Jahre dauern, bis ich all diese Untergangsstellen überprüft hätte. Dennoch ließ ich mich nicht entmutigen, sondern verglich den Kartenausdruck des Hydrographischen Institutes mit den Aufzeichnungen auf meinen Seekarten. Bereits nach kurzer Zeit konnte ich die in Frage kommenden Positionen auf ingesamt sechs beschränken, von denen zwei außer acht gelassen werden konnten, da sie gemäß den hydrographischen Aufzeichnungen viel zu groß für ein U-Boot waren und somit aus dem Suchraster fielen. Es gelang mir nicht, meine beiden Tauchpartner davon abzuhalten, diese Positionen gleich vor Ort aufzusuchen, denn schließlich hatten die beiden das Wrack des

Dampfers *Justicia* stets vor Augen, während ich eigentlich wieder einmal an einem U-Boot tauchen wollte. Schließlich einigten wir uns darauf, systematisch alle sechs Positionen anzufahren, die Wracks zu suchen und durch einen Tauchgang eine Identifizierung der Wracks vorzunehmen.

Bereits unser erster Tauchgang sollte uns jedoch soviel Aufregung bereiten, daß wir um ein Haar die Suche nach *UB 124* vergessen hätten. Eine der ersten Positionen, die wir überprüften, bescherte uns ein riesiges unberührtes Wrack in einer Tiefe von knapp über 70 Metern. Nach einigen Tauchgängen und weiteren Recherchen wissen wir heute, daß es sich um das 23.000-BRT-Schlachtschiff *H. M. S. Audacious* handelt, das am 27. November 1914 Opfer einer vom deutschen Hilfskreuzer *Berlin* gelegten Mine wurde. Es dauerte einige Zeit, bis ich meine Partner wieder für die Suche nach meinem U-Boot begeistern konnte. Unsere nächsten Tauchgänge verliefen aber alles weitere als erfolgreich, denn alle unsere Positionen erwiesen sich im wahrsten Sinne des Wortes mehr oder weniger als ein Haufen Schrott – die Überreste einst gesunkener Fischkutter oder kleiner Freizeitboote.

Die Entdeckung von *UB 124* und der *Justicia*

Im Frühjahr 1996 war es dann soweit: Die letzte mögliche Position erbrachte den lang ersehnten Erfolg. Als wir das Ende des Abtauchseils der Markierungsboje in einer Tiefe von 91 Metern erreicht hatten, konnte ich im Schein der Unterwasserlampen das Heck und die Tiefensteuerruder eines U-Boots erkennen.

Die Sichtweite in dieser Tauchtiefe war erstaunlich gut und beim Herantauchen ans Wrack, konnte ich gut 10 Meter des U-Boothecks überblicken. Das Heck des 56 Meter langen Bootes mit den dreiblättrigen Propellerschrauben und den Schraubenwellen ragt etwa 5 Meter über dem sandigen Untergrund. Das hintere Torpedorohr der Steuerbordseite sowie Teile des Druckkörpers sind vollständig eingedrückt. Ein Teil der Rumpfbeplankung ist herausgerissen und liegt wenige Meter neben dem Heck im Sand. Weitere Beschädigungen sowie ein größeres Loch, das möglicherweise von einer Wasserbombe stammt, sind an der Backbordseite in der Nähe des Hecks zu erkennen. Die Heckluke in Höhe des Maschinenraumes ist fest verschlossen, woraus zu schließen ist, daß das Maschinenpersonal, selbst wenn es den Untergang überlebt haben sollte, keinen Versuch unternommen hat, sich mit dem Tauchretter an die Wasseroberfläche zu bringen. Nicht weit von dieser Luke entfernt, finde ich weitere Beschädigungen am Druckkörper, die sich gradlinig bis zum Heck hinziehen. Ein altes Fischerschleppnetz hat sich hier verfangen und liegt nun wie ein Leichentuch über dem Rumpf des Bootes. Das Rettungsboot, das von der eingeschlossenen Besatzung nicht mehr benutzt werden konnte, liegt immer noch festgezurrt auf den hölzernen Decksplanken.

Ich schwimme weiter über das Deck und erreiche den Turm mit dem verschlossenen Luk. Sowohl das Turmperiskop als auch das Sehrohr des Kontrollraums sind abgeknickt und ragen nun hinunter in den Sand. Weiter vor mir erkenne ich das 8,8-cm-Buggeschütz sowie etliche Granaten und auch leere Geschoßhülsen, die über das Deck und den Meeresboden verteilt liegen. Ich errinnere mich daran, daß es während des Krieges durchaus üblich war, die leeren Geschoßhülsen zu sammeln, um sie in der Heimat wieder zu laden.

Vor mir verschwindet der gesamte Bugbereich bis wenige Meter vor der Kanone im Sand. Lediglich der Teleskopmast der Funkantenne ragt hier noch etwa 6 Meter empor. Dies ist ein Indiz dafür, daß die Besatzung von *UB 124* noch unmittelbar vor ihrer Versenkung einen Funkspruch abgegeben hat, um die erfolgreiche Torpedierung des Dampfers *Justicia* an die U-Boot-Leitstelle durchzugeben. Eine solche Meldung deckt sich ebenfalls mit den Aufzeichnungen der deutschen Admiralität, die einen entsprechenden Funkspruch im Kriegstagebuch vermerkt hat. Das Boot hat sich offensichtlich beim Aufprall mit voller Wucht tief in den Meeresboden gegraben. Vermutlich war das U-Boot bereits beim Abtauchen durch Wasserbomben und Geschützfeuer des Zerstörers *H. M. S. Marne* so stark beschädigt worden, daß es der Mannschaft nicht mehr gelang, das Boot auszupendeln und abzufangen. Nun ruhen 36 Männer in einem nassen Grab für immer in der Tiefe des Atlantiks.

Das Wrack des Dampfers *Justicia* wurde am 01.07.1996 von uns gefunden und erstmalig betaucht. Das Wrack steht aufrecht in einer Tiefe von 76 Metern. Der Hauptmaschinentelegraf sowie der Schiffskompaß wurden bei diesem Tauchgang geborgen. Weitere Tauchgänge an diesem Wrack sind bis zum heutigen Tag noch nicht unternommen worden, da die *Justicia* sehr weit im offenen Atlantik liegt und eine mehrstündige Anfahrt mit dem Tauchboot erforderlich ist.

Das Schlachtschiff *H. M. S. Audacious*

Das britische 24.000-Bruttoregistertonnen- (BRT) -Schlachtschiff *Audacious*, ein Schiff der Dreadnought-Klasse, war das erste Schiffsopfer, das der Erste Weltkrieg von den beteiligten Nationen forderte. Im Jahre 1913 bei der Cammell Werft in Laird gebaut wurde sie nach ihrer Fertigstellung unter dem Kommando von Kapitän C. F. Dampier, der 2nd Battle Squadron zugeteilt. Diese Kampfeinheit kreuzte seit Mitte September 1914 im Nordatlantik vor der Küste von Irland, um die großen Schiffahrtswege zu bewachen.

Etwa zur gleichen Zeit wurde in Bremerhaven der deutsche Hilfskreuzer »Berlin« für seine erste Feindfahrt an die irische Küste ausgerüstet. Das ehemalige Passagierschiff aus der Vorkriegszeit hatte eine Tonnage von 17.324 BRT und war in erster Linie als Minenleger in Dienst gestellt worden, um die Seewege des Nordkanals der Irischen See – eine der Hauptversorgungsrouten der alliierten Streitkräfte – zu verminen.

Abb. 63

Das nach einem Minentreffer gesunkene englische Schlachtschiff *H. M. S. Audacious*.

Am 21. September 1914, um 23.00 Uhr, verließ die *Berlin* den Hafen von Bremerhaven und nahm Kurs auf Schottland. Sie hatte die Aufgabe, die Zugänge nach Glasgow zu verminen, anschließend die britischen Fischereifahrzeuge bei Island anzugreifen und später auf der Schiffahrtsroute von Großbritannien nach Archangelsk Handelskrieg zu führen. Doch die Nächte waren so mondhell, daß sich Kapitän zur See Pfundheller entschloß, nach nur 80 zurückgelegten Seemeilen am 22. September um 08.00 Uhr in den Hafen zurückzukehren.

Am 16. Oktober 1914 verließ die *Berlin* zu einem zweiten Versuch Wilhelmshaven. Sie passierte am 19. Oktober die Enge zwischen den Färöer-Inseln und Island und drang in den Atlantik bis zur Position 56°N 20°W vor, wo sie dann auf einen östlichen Kurs zur Nordküste Irlands ging. Am 22. Oktober stand die *Berlin* im Firth of Clyde vor der Insel Arran. Da die Küstenbefeuerung gelöscht worden war, entschloß sich Kapitän Pfundheller, das Risiko einer Ansteuerung der Clyde-Mündung nicht einzugehen und statt dessen seine Minen vor der Insel Tory zu legen. Auf dieser zehn Seemeilen langen Sperre aus insgesamt 200 Minen sank am 26. Oktober der britische Postdampfer *Manchester Commerce*, 5363 BRT. Da die nahegelegene Küstenwache in Malin Head zu diesem Zeitpunkt noch nicht über eine Telegrafenstation verfügte, war es ihr nicht möglich, der britischen Admiralität vom Untergang dieses Schiffes zu berichten oder eine Warnung an die anderen Schiffe im Kanal abzugeben.

Gleichzeitig befand sich das Schlachtschiff *Audacious* nach einer längeren Patrouillienfahrt auf dem Rückweg nach Belfast. Ohne von dem Untergang der

Abb. 64

Der deutsche Hilfskreuzer und Minenleger *Berlin*.

Manchester Commerce etwas gehört zu haben, nahm sie ahnungslos Kurs auf den Clyde. Am Morgen des 27. Oktober befand sie sich zusammen mit weiteren Begleitschiffen 20 Seemeilen nordöstlich von Tory Island, um auf der Rückreise im Schwadronsverband verschiedene Geleitschutzpraktiken zu exerzieren. Hierbei lief die *Audacious* völlig unerwartet auf eine der vom Hilfskreuzer *Berlin* gelegten Minen. Die Explosion riß eine große Wunde in die achterne Backbordseite des Schlachtschiffes. Trotz der schweren Beschädigung war es der *Audacious* noch möglich, mit eigener Kraft, wenn auch unter leichter Schlagseite, Kurs auf die Küste von Lough Swilly zu nehmen.

Etwa zwei Stunden später verschlechterte sich der Zustand des Schlachtschiffes zunehmend. Aufgrund hoher See und aufkommender starker Winde wurde das Schiff wenig später manövrierunfähig. Daher nahm der 46.359-BRT-White-Star-Liner *Olympic*, der das steuerunfähige Schlachtschiff begleitete, die *Audacious* in Schlepp. Bereits kurze Zeit später zerriß das Schlepptau zwischen den beiden Schiffen. Ein zweiter Schleppversuch wurde durch den Kohlefrachter *Thornhill* unternommen, scheiterte aber ebenfalls. Kurze Zeit später erreichte das Schlachtschiff *Exmouth* die schwer angeschlagene *Audacious*. Seine Hilfe kam jedoch zu spät, denn das Heck der *Audacious* war bereits weggesackt und von hohen Wellen überspült. Die gesamte Besatzung des untergehenden Schlachtschiffes wurde von der längsgehenden *Olympic* übernommen. Gegen 21.00 Uhr an diesem Abend, nachdem die *Audacious* mehr als 12 Stunden von der tosenden See zerschlagen worden war, explodierten die Kessel des Schiffes durch eindringendes Wasser und das Schiff sank.

Abb. 65

Dieses Gemälde zeigt die *Audacious* kurze Zeit vor ihrem Untergang. Im Hintergrund der White Star Liner *Olympic*, der alle Besatzungsmitglieder des Schlachtschiffes retten konnte.

Das Wrack heute

Als wir im Frühjahr 1995 das Wrack der Audacious zum ersten Mal betauchten, war ich beeindruckt von der guten Sichtweite von etwa 20 Metern, die wir bereits beim Abtauchen vorfanden. Beim Abstieg zum Wrack sind schon nach etwa zwei Minuten in einer Tiefe von 57 Metern die Schornsteinüberreste des Wracks zu erkennen. Auf dem Weg entlang der Schiffsreling des Achterschiffes erreicht man nach dem Überqueren der umgestürzten Schornsteine zwei gewaltige Suchscheinwerfer, die auf beiden Seiten der Bordwand auf dem Deck angebracht sind. Jeder der Scheinwerfer ist auf einer kleinen Plattform angeschraubt. Einer von ihnen hat sogar noch eine intakte Glasscheibe, hinter der ich die Scherben der zerbrochenen Reflektorlinse entdeckte. Es ist verwunderlich, wie dieses Scheinwerferglas völlig intakt die heftige Explosion vor dem Untergang überstehen konnte.

Unterhalb des letzten Schornsteinsockels befinden sich zwei 20-mm Flugzeugabwehr-Geschützstände, die bis auf die fehlenden Geschützrohre noch gut erhalten sind. Der Grund für die fehlenden Geschützrohre liegt darin, daß diese in Kisten verpackt im Schiffsinneren gelagert wurden, – ironischerweise, um sie vor dem Salzwasser zu schützen. Die meisten der hier früher angebrachten Bullaugen, sind mit den Jahren abgerottet und tief in das Wrack

Abb. 66

White-Star Liner *Olympic*, ein Schwesterschiff der *Titanic*.

Abb. 67

Der Kommandant von *U 79*, Kapitänleutnant Otto Rohrbeck.

oder auf den Meeresboden gefallen. Andere wiederum hängen nach wie vor vollkommen unversehrt an der Bordwand und haben sogar noch den eisernen Sturmschutzdeckel an ihrem Messingrahmen befestigt. Auf dem weiteren Weg über das Hauptdeck des Schlachtschiffes erreicht man nach kurzer Zeit das Ende der achternen Schiffsaufbauten, die hier jedoch stark eingestürzt sind und teilweise auf dem Meeresgrund in 67 Meter Tiefe verstreut liegen. Überall sind im Bereich der Aufbauten teils geöffnete, teils fest verschlossene Türen zu erkennen, die in dunklen Niedergängen enden.

Auf dem Weg zum Vorschiff erreicht man nach etwa drei Minuten die Brücke des Schlachtschiffes mit dem Feuerleitstand, dessen Dreibeinmast nun abgeknickt zum Meeresgrund zeigt. Stahlplatten der Brückenarmierung, verstreute Wrackteile, Antennen, Kabeltrommeln, Leitungen und anderes Gerät liegen hier über das gesamte Deck verstreut. Die beiden Geschützplattformen auf dem Vorderdeck sind noch gut erhalten, doch die in der Nähe der Kanonen hier früher angebrachten 20-mm-Fliegerabwehrkanonen sind beim Untergang anscheinend aus der Verankerung gerissen. Eines der Geschütze liegt etwa 10 Meter unterhalb des Wracks auf dem Meeresgrund in einer Tiefe von knapp 70 Metern.

Die Überreste des Schlachtschiffes liegen etwa 20 Seemeilen nordöstlich von Tory Island. Das Wrack ist aufgrund der hier im Kanal vorherrschenden Strömung nur bei Ebbe zu betauchen.

Der Angriff auf den Panzerkreuzer *H. M. S. Drake*

Viele der im Seegebiet des Nordkanals der Irischen See gesunkenen Schiffe waren deutschen U-Booten zum Opfer gefallen. Vor allen Dingen während des Ersten Weltkrieges lauerten deutsche U-Bootbesatzungen in der Meerenge zwischen Schottland und Nordirland den großen Schiffskonvois aus Amerika und Kanada auf, um unzählige Tonnen an Schiffsraum und wichtigen Versorgungsgütern zu vernichten, und so den britischen Kriegsapparat empfindlich zu schwächen. Eine der wichtigsten Seerouten der Versorgungsschiffe führte vom offenen Atlantik durch den Rathlin Sound, zwischen Rathlin Island und dem nordirischen Festland. Diese natürliche Meerenge hat nur eine Breite von ca. 10 Seemeilen, so daß es deutschen U-Booten sehr leicht fiel, diesen Kanal zu überwachen.
Auf der Suche nach dem in diesem Seegebiet versenkten englischen Frachter *Lugano* sowie dem ebenfalls gesunkenen Zerstörer *H. M. S. Brisk*, bei denen ich zunächst fälschlicherweise davon ausging, daß sie von einem U-Boot torpediert worden waren, stieß ich bei meiner Recherche auf das Kriegstagebuch des deutschen U-Bootes *U 79*. Dank der präzisen Aufzeichnungen des U-Bootkommandanten gelang es mir, beide Wracks zu orten.

Abb. 68

***U 79*, dessen Torpedo den Kesselraum des britischen Panzerkreuzers *H. M. S. Drake* traf und die Ruderanlage beschädigte.**

24. September 1917. Der Erste Weltkrieg ist drei Jahre alt. Seit zwei Wochen befindet sich *U 79* auf Feindfahrt in der Irischen See. Das Wetter ist mies. Durch kräftige Windböen, lange Dünung und hohe See stampft das Boot zum Ausgang des Nordkanals vor der nordirischen Insel Rathlin. Kapitänleutnant Otto Rohrbeck beschließt, das schlechte Wetter zu nutzen und im Schutz der hereinbrechenden Nacht den Kanal zu verminen. Er weiß, daß über diesen Weg alle großen Nordatlantik-Geleitzüge auf ihrer Reise von Amerika nach England fahren. Immer wieder hat er in den vergangenen Tagen große »Pötte« gesichtet, doch bedingt durch das schlechte Wetter, war er nicht zum Schuß gekommen.

Es ist genau 23.10 Uhr als Kapitän Rohrbeck den Befehl zum Auftauchen gibt. Schnell werden einige Minen verlegt, bevor das U-Boot durch herannahende Wachschiffe erneut zum Abtauchen gezwungen wird. In der Nacht verschlechtert sich das Wetter drastisch. Der Wind bläst nun in Orkanstärke. Heftige Regenschauer peitschen die aufgewühlte See. Auch die nächsten Tage bringen keine Wetterbesserung. Die Besatzung von *U 79* verbringt die Zeit in Lauerstellung auf dem Meeresgrund und taucht nur während der Nächte für

Abb. 69

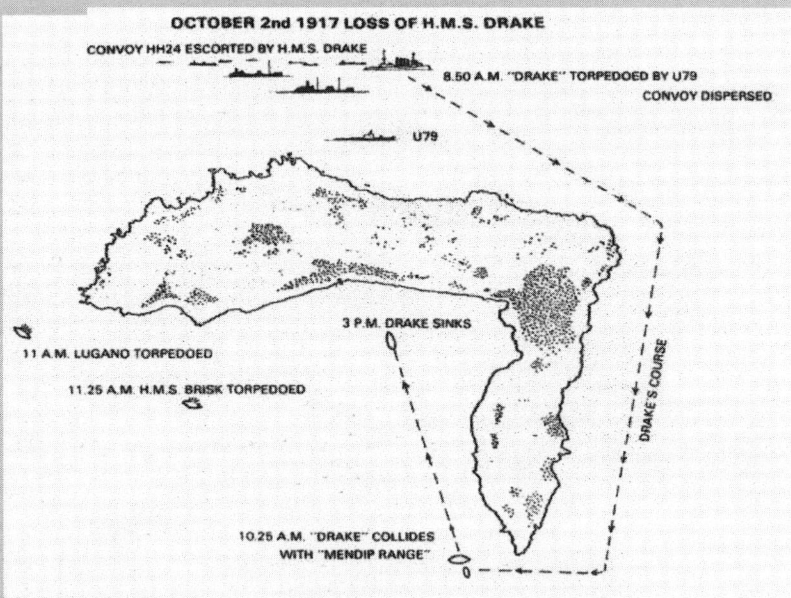

Angriffsskizze von *U 79* auf den Kreuzer *H. M. S. Drake* aus Tommy Cecils Buch »The harsh winds of Rathlin«.

Abb. 70

Der schwere englische Panzerkreuzer *H. M. S. Drake*, der in der Hafenbucht von Rathlin Island sank.

einige Stunden auf, um das Boot durchzulüften und die Batterien aufzuladen. Am Morgen des 2. Oktober wird das lange Ausharren der Männer belohnt. Der Sturm der letzten Tage hat sich gelegt, auch die Sicht ist etwas besser geworden. Auf Sehrohrtiefe steuernd, erblickt Kapitänleutant Rohrbeck an diesem Morgen gegen 9.00 Uhr auf der Nordseite von Rathlin Island einen großen Geleitzug von etwa 20 Schiffen. Es handelt sich um den Konvoi »HH 24« mit wichtigen Kriegsgütern aus Amerika, der von mehreren Zerstörern sowie dem schweren Panzerkreuzer *H. M. S. Drake* gesichert wird. Sofort steuert das Boot auf Angriffskurs gegen den 14.100-Tonnen-Kreuzer. Um 10.01 Uhr gibt Rohrbeck Feuerbefehl. Auf eine Entfernung von 600 Metern wird ein Bugtorpedo abgefeuert, der die *Drake* in Höhe des Mittelschiffs trifft. Der schwere Kreuzer bekommt innerhalb weniger Minuten Schlagseite.

U 79, dessen Sehrohr beim Angriff auf die *Drake* von den begleiteten Zerstörern gesichtet wurde, wird nun massiv unter Geschützfeuer genommen und zum Abtauchen gezwungen. In den Luftschwall des tauchenden Bootes werden von den Zerstörern mehrere Wasserbomben geworfen, die in unmittelbarer Nähe von *U 79* explodieren. Die Besatzung hat jedoch Glück und kann den Angriffsort ohne große Beschädigungen verlassen. An einen weiteren Angriff ist ohnehin nicht mehr zu denken, da das Boot keine einsatzfähigen Torpedos mehr besitzt. Kapitän Rohrbeck befiehlt daher seinem Rudergänger Kurs Heimat zu steuern.

Abb. 71

Der auf Grund gesetzte Frachter *Mendip Range* in der Hafenbucht von Ballycastle, Nordirland.

Drei weitere Opfer

Kapitän Steven H. Radcliffe vom Panzerkreuzer *Drake* befindet sich zu diesem Zeitpunkt in einer aussichtslosen Situation. Der von *U 79* abgefeuerte Torpedo hat den Kesselraum seines Schiffes getroffen und die Ruderanlage beschädigt. Die Schlagseite des Kreuzers nimmt von Minute zu Minute zu. Verzweifelt versucht Radcliffe nun das havarierte Schiff um die Ostseite der Insel Rathlin zu steuern, um den sicheren Hafen von Church Bay zu erreichen. In der Zwischenzeit haben sich die Schiffe des Geleitzuges in alle Richtungen zerstreut und suchen ihr Heil in der Flucht. Fast 30 Schiffe befinden sich nun in unmittelbarer Nähe von Rathlin Island. Gegen 10.25 Uhr, die *Drake* ist nur noch 2 Meilen vom Hafen der Insel entfernt, rammt der fast steuerunfähige Kreuzer den herannahenden 4500-Tonnen-Frachter *Mendip Range*, der nicht mehr ausweichen kann. Schwer beschädigt versuchen die beiden Havaristen unabhängig voneinander einen rettenden Hafen zu erreichen.

Kapitän Radcliffe versucht weiterhin seinen schwer angeschlagenen Kreuzer in den Hafen von Rathlin zu steuern, während Kapitän Theaker vom Frachter *Mendip Range* sofort Kurs auf den Hafen von Ballycastle nimmt, wo er sein Schiff gegen 11.00 Uhr auf eine Sandbank steuert, um ein Sinken zu verhindern. Genau zur gleichen Zeit läuft der 5000-Tonnen-Frachter *Lugano* an der Westseite der Insel Rathlin auf die von *U 79* gelegte Minensperre auf. Eine

Abb. 72

Der ebenfalls auf eine von *U 79* gelegte Mine aufgelaufene Zerstörer *H. M. S. Brisk.*

Mine zerreißt die Bordwand des Frachters in Höhe des vorderen Frachtraumes, das Schiff sinkt schnell. Die Besatzungsmitglieder haben gerade noch Zeit, die Rettungsboote zu besetzen, bevor der Frachter unter ihnen wegsinkt. Die *Lugano* befand sich zum Zeitpunkt des Untergangs auf ihrer ersten Fahrt. Sie war erst wenige Wochen zuvor für die Furness Line in Dienst gestellt worden. Alle Besatzungsmitglieder des Frachters werden durch Schiffe des aufgelösten Konvois gerettet.

Die Rettungsaktion sollte ein weiteres Opfer fordern: Der herannahende Zerstörer *Brisk*, der ebenfalls zum Geleitschutz eingesetzt ist und sich an der Rettungsaktion für die Männer der *Lugano* beteiligen will, läuft um 11.25 Uhr in unmittelbarer Nähe der Untergangsstelle des Frachters ebenfalls auf eine Mine. Durch die Wucht der Explosion wird der Zerstörer in zwei Teile gerissen. Der Bug der *Brisk* sinkt in Sekundenschnelle und reißt 31 Männer mit in die Tiefe. Wie durch ein Wunder hält sich die andere Hälfte des Zerstörers an der Wasseroberfläche und kann später mit den überlebenden Besatzungsmitgliedern nach Londonderry geschleppt werden.

Doch das Schiffesterben an diesem Tag war noch nicht zu Ende. Kapitän Radcliffe vom schwer beschädigten Panzerkreuzer *Drake* ist zwar in der

Abb. 73

Die letzte Stunde der *H. M. S. Drake*. Nachdem der torpedierte Kreuzer in der Hafenbucht von Rathlin Island vor Anker gegangen war, wurde in einer dramatischen Rettungsaktion die gesamte Besatzung von Bord evakuiert. Auf dem Bild ist ein kleiner Kreuzer zu sehen, der die 900 Männer des immer stärker kenternten Panzerkreuzers aufnimmt. Etwa eine Stunde später kippt die *Drake* um und sinkt.

Lage, mit seinem Schiff die Hafenbucht von Rathlin zu erreichen, wo er vor Anker geht, doch er ist sich seiner aussichtslosen Situation bewußt. Die Schlagseite des Kreuzers nimmt dramatisch zu. Aus diesem Grund gibt er seiner Besatzung den Befehl, das sinkende Schiff zu verlassen. Wenige Stunden nach Evakuierung des Kreuzers, nimmt sich das Meer auch dieses Schiff. Um 17.00 Uhr kentert das Schlachtschiff und bleibt kieloben in der Hafeneinfahrt liegen.

Viele Jahre liegt der gesunkene Kreuzer nun wie ein gestrandeter Wal in der Hafenbucht. Im Jahre 1920 beginnt ein Bergeunternehmen, das Schiff abzuwracken. In den folgenden Jahren wird immer wieder am Wrack gearbeitet, bis die Arbeiten schließlich im Jahre 1979 durch einen Bergetrupp der Marine zum letzten Mal aufgenommen werden. Während dieser Zeit wird der gesamte Munitionsvorrat aus den Bunkern des Kreuzers entfernt. Nach Abschluß dieser Arbeiten wird das Wrack auf Anordnung der Marine gesprengt, um die Hafeneinfahrt wieder freizuräumen. Die Überreste der *Drake* liegen heute in einer Tiefe von 19 Metern und sind ein beliebtes Ziel der ortsansässigen Taucher.

Abb. 74

Der von der Furness Line bereederte Frachter *Lugano*.

Abb. 75

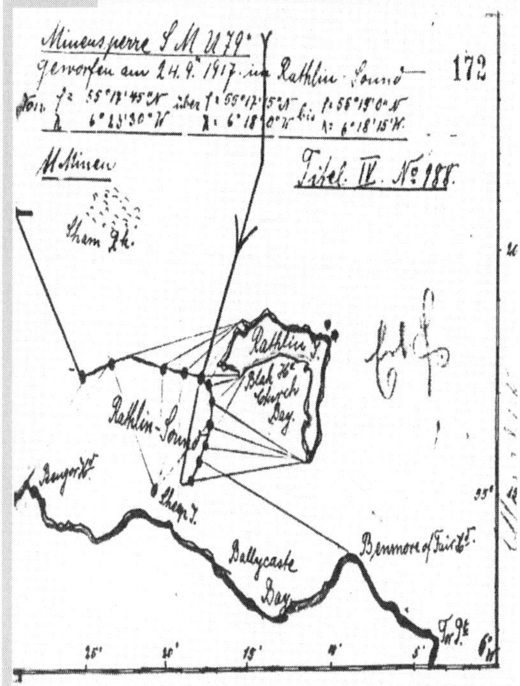

Die von Kapitän Rohrbeck gezeichnete Skizze der von ihm gelegten Minensperre. Aus dem Kriegstagebuch von *U 79*.

Der gestrandete Frachter *Mendip Range* konnte wenige Wochen nach der Kollision im Dezember 1917 durch Werftarbeiter repariert und später sicher in den Hafen von Belfast geschleppt werden. Der gesunkene Frachter *Lugano* sowie der Zerstörer *Brisk* gerieten mit den Jahren in Vergessenheit.

Die Suche nach der *Lugano*

In den darauffolgenden Jahren verbrachte ich viele Stunden in Archiven und sprach mit unzähligen Dienststellen und Museen. Ein Telefonanruf beim Militärarchiv in Freiburg brachte schließlich den gewünschten Erfolg: Die Kriegstagebücher von *U 79* waren glücklicherweise noch vorhanden und wurden mir zur Verfügung gestellt. Bei der Durchsicht der Aufzeichnungen von Kapitän Rohrbeck fand ich auch eine handgefertigte Lageskizze mit den genauen Koordinaten der am 24. September 1917 von *U 79* gelegten Minensperre. Jede einzelne Mine war von Rohrbeck fein säuberlich eingetragen worden, so daß genaue Rückschlüsse auf den Untergangsort des Frachtdampfers *Lugano* möglich waren.

Beim Übertrag der alten Skizze auf unsere modernen Seekarten, stellten Tommy und ich schnell fest, daß alle von uns noch heute genutzten Landmarken, die wir für eine Kreuzpeilung verwenden, bereits damals von den deutschen U-Bootfahrern genutzt wurden. Diese Tatsache vereinfachte natürlich unsere Suche. Schon nach kurzer Zeit konnten wir die ungefähre Position der *Lugano* sowie der *Brisk* in unmittelbarer Nähe der Insel Rathlin eingrenzen und unser Suchgebiet festlegen.

Im Herbst 1992 führten wir erste Sonarmessungen an der vermuteten Untergangsstelle durch. Hierbei teilten wir das Seegebiet in Planquadrate ein, die anschließend systematisch abgesucht wurden. Bereits wenige Stunden nach Beginn unserer Suche wurde auf dem Monitor unseres Echolotes ein breiter Schatten sichtbar, der von einer große Erhebung auf dem Meeresboden stammen mußte. Gleichzeitig verringerte sich die Meerestiefe über dieser Stelle um mehr als 10 Meter. Nach der Vermessung waren wir daher sicher, ein Schiffswrack gefunden zu haben. Nach Art und Umfang der Echolotdarstellung mußte es sich um die *Lugano* handeln, welche offensichtlich aufrecht auf dem Meeresboden stand. Die Bestätigung unserer Vermutung sollte ein Tauchgang zum Wrack bringen, doch bei einer Wassertiefe von fast 100 Meter war zunächst nicht daran zu denken – uns fehlte die für einen solchen Tauchgang unbedingt erforderliche Spezialausrüstung.

Da das Tauchen in einer solchen Tiefe unter Verwendung normaler Preßluft mit erheblichen Risiken verbunden ist, begannen wir damit, die benötigte Spezialausrüstung und die erforderlichen Gerätschaften für das Mischgastauchen zusammenzustellen. Ein geeigneter Atemluftkompressor sowie die erforderlichen Speichergasflaschen mit Helium und Sauerstoff wurden gekauft

Abb. 76

NEWS LETTER, Monday, October 14, 1996 5

Divers find barge sunk by Germans

● The sunken barge off Rathlin Island

● Mario Wiedner and Norman Woods, who have located the wreck of the Lugano.

Pictures courtesy of Tommy Cecil

CONSTRUCTION work on a new harbour at Rathlin Island has suffered a set-back following the mysterious sinking of a barge which was being used to move hundreds of tons of rock out to sea.

The sunken barge, which lies in the harbour area, has become the fourth vessel this century to suffer this fate.

All perished on October 2.

The coincidence came to light on October 2 this year when three men made the first dive on the wreck of the Lugano, one of three ships which were sunk on October 2, 1917.

The battleship Drake was torpedoed by a German U-boat off Rathlin.

The Brisk went down on the same day.

It was was hit by a mine, believed to have been laid by the same U-boat.

Now, 79 years later, German Mario Wiedner, Rathlin islander Tommy Cecil and Coleraine diver Norman Woods completed a dive to a depth of 90 metres and located the wreck of the Lugano.

Mr Cecil said: "We always had an idea where the Lugano was but she is in very deep water.

"Up to now, we just didn't have the specialist diving equipment needed for such a dive.

"The HMS Brisk is also lying in the vicinity but she is classed as a war grave.

"There were 29 men lost on her so we cannot dive there.

"We were each carrying four tanks for the dive and, as we got deeper and deeper, we entered complete darkness.

"Eventually, our underwater lights picked out the outline of the wreck.

"The ship was sitting perfectly upright on the sea bed and seemed to be in remarkably good condition.

"It was a very exciting experience for us, to know that we were the first people to set foot on the 5,000-ton cargo ship in 79 years.

"We only had time to survey the stern section.

"We recovered some beautiful plates, lamps, crockery bottles and a very unusual crockery water purifier.

"Each plate bore the Furness Line crest.

"They were in perfect condition.

"The sea had no effect on them at all."

The dive lasted 20 minutes and the three men made eight stops at different depths as a precaution against the "bends" as they returned to the surface.

It is hoped that the items recovered will be placed some day in a maritime museum on Rathlin.

The Lugano was sunk by a German mine put down in a sweep by a U-boat.

It is thought that the same U-boat torpedoed the Drake earlier that day.

The Lugano was in convoy and was carrying a cargo of cotton, steel and alcohol.

Over the years, the occasional bottle was washed up intact on Rathlin.

Zeitungsartikel über die Entdeckung des englischen Frachters *Lugano*, der am 2. Oktober 1917 vor Rathlin Island gesunken ist und am 79. Jahrestag des Untergangs vom Autor und seinem Tauchpartner Norman Woods erstmalig betaucht wurde.

und unsere Ausrüstung für das Mischgastauchen umgerüstet. Nachdem wir mit allen erforderlichen Gerätschaften und einer Gasmischarmatur ausgestattet waren, begannen wir damit, verschiedene Nitrox- und Trimixgemische herzustellen. Es folgten Trainingstauchgänge in unterschiedlichen Tauchtiefen, um die Gemische zu testen und unsere Flaschenkonfigurationen zu erproben.

Zwischenzeitlich führten wir mit der Versicherung der Reederei, der die *Lugano* gehörte, Verkaufsverhandlungen, um in den Besitz der alleinigen Eigentumsrechte zu gelangen. Im Frühjahr 1996 entschloß sich die Versicherung schließlich, das Wrack an Tommy und mich zu verkaufen. Die Erstbetauchung planten wir für den 79. Jahrestag des Untergangs der *Lugano*.

Die Entdeckung

Szenenwechsel. Wir schreiben den 2. Oktober 1996. Auf den Tag genau vor 79 Jahren war die *Lugano* durch das deutsche U-Boot *U 79* versenkt worden. Wieder befinden sich Deutsche auf Rathlin Island, und wieder wurde dieser Tag einem englischen Schiff zum Verhängnis! In der vergangenen Nacht war

Abb. 77

THE DEPARTMENT OF TRANSPORT

Defence Planning & Emergencies
Room 4 Zone 21
GREAT MINSTER HOUSE
76 MARSHAM STREET LONDON SW1P 4DR
FAX 0171-276 3971/3969
TELEX 22221 DOT MAR-G
DIRECT LINE 0171-271 3968
SWITCHBOARD 0171-271 5000
GTN 271

Mr & Mrs T Cecil
Rathlin Dive Centre
"Rue na Rone"
Rathlin Island
Ballycastle
Co. Antrim
N. Ireland BT54 6RT

My Ref: ST 70/1/088

Your Ref:

Date: 25 July 1996

Dear Mr & Mrs Cecil

1ST WORLD WAR WRECKS: "LUGANO" - 3,810 GRT - SUNK 02.10.1917

Thank you for your fax of 23 July regarding the above vessel.

As I explained over the telephone, although merchant vessels were reinsured by the Government, ownership still resides with the war risk insurance associations and, therefore, all sales must be agreed and dealt with by them.

I have now written to the North of England P & I Association Limited, stating that I am willing to accept your offer of £500.00. If they also agree that this figure is acceptable, they will then proceed with the sale and you will be hearing from them in due course.

I am pleased that this time you have been more successful in your attempt to purchase the "LUGANO" than you were in 1978.

Please let me know if you require any further information.

Yours sincerely

Robert Cousins
Defence Planning & Emergencies

Kaufdokument für den Frachter *Lugano*, der für die Summe von 500 Pfund Sterling vom Autor sowie seinem Tauchpartner Tommy Cecil erworben wurde.

in der Hafenbucht ein ankernder Frachter leckgeschlagen und gesunken. Welch' eine Ironie des Schicksals! In einem englischen Presseartikel wird Tage später über die Schiffsunglücke des 2. Oktober 1917 und 1996 berichtet und humorvoll die Frage gestellt, ob auch diesmal ein Deutscher für den Untergang verantwortlich war!? Nun, das kann ich mit Sicherheit verneinen!

Einige Stunden später, zur Mittagszeit, befinde ich mich zusammen mit Tommy und meinem Tauchpartner Norman im Boot über dem Wrack der *Lugano*. Noch zeigt das Sonar eine Wassertiefe von 97 Meter an, doch schon wandern die Umrisse des Wracks in den Aufzeichnungsbereich des Echolots. Die Spannung aller Beteiligten wächst. Gebannt verfolgen wir die Bilder auf dem Monitor, während unser Boot über das Wrack gleitet. Schließlich erreichen wir eine Stelle mit einer Tiefe von 85 Meter. Noch immer ist die Strömung zu stark, um den Tauchgang zu beginnen. Die *Lugano* befindet sich genau im Strömungskanal; somit müssen wir warten, bis der Gezeitenstillstand erreicht ist. Norman und ich legen unsere Doppelgeräte mit dem Grundgemisch an und befestigten unsere »Stage-tanks« mit dem Reise- und Dekogemisch an den Seiten unserer Jackets. Es folgen mehrere Lampen, Seilrollen und Aufstiegsbojen, die wir ebenfalls verstauen. Insgesamt tauchen wir mit sechs Atemgasflaschen. Unsere Doppel-15-Liter-Geräte sind mit Trimix 14/36 als Bottommix gefüllt. Mit diesem Gemisch haben wir bei einem maximalen Sauerstoffpartialdruck (PPO2) von 1,46 bar eine maximale Einsatztiefe von 95 Metern bei einer äquivalenten Lufttiefe von 57 Metern.

Vereinfacht heißt das, daß wir in der Tiefe am Wrack einen vergleichbaren Narkosiswert haben, als würden wir mit Preßluft auf 57 Metern tauchen. Zwei weitere 15-Liter-Stage-tanks mit Nitrox 40 und Nitrox 80 sind für unsere umfangreiche Dekompressionsphase vorgesehen. Zusätzlich trägt jeder von uns noch eine 7-Liter-Flasche mit Preßluft für Notfälle und zum Füllen unserer Hebesäcke. Den Abschluß bildet eine an unseren Doppelflaschengeräten angebrachte 2-Literflasche mit Argon, die zum Füllen unserer Trockenanzüge bestimmt ist. Für den Abstieg zum Wrack, auf eine Tiefe von ca. 90 Metern, haben wir eine Zeitspanne von fünf Minuten einkalkuliert. Die von uns vorge-

Abb. 78

Norman Woods zusammen mit dem Autor nach der Erstbetauchung der *Lugano*.

sehene maximale Grundzeit in dieser Tiefe, beträgt 25 Minuten. Unsere Tauchgangsplanung sieht vor, daß wir nach einer Gesamttauchzeit von 30 Minuten das Wrack verlassen und unseren Aufstieg einleiten.

Das Wrack steht aufrecht und ist aufgrund der Tiefe nur spärlich bewachsen. Es ist erstaunlicherweise noch hervorragend erhalten. Die Zeit auf dem Meeresgrund hat dem Frachter offensichtlich nur wenig anhaben können. Fast hat es den Anschein, als würde er hier vor Anker liegen. Selbst das Holz der Decksplanken ist noch zu erkennen. Überall finden wir verstreutes Porzellangeschirr. Das Deck ist übersät mit Tellern, Schüsseln, Servierplatten; selbst Eierbecher liegen herum! Bei genauer Betrachtung dieser Geschirrteile erkennen wir auf allen Teilen das Emblem der Reederei: eine blaue Flagge, das Symbol der Furness Line. Jetzt haben wir Gewißheit, die *Lugano* wirklich gefunden zu haben. Schnell packe ich einige Erinnerungsstücke in mitgeführte Netze und schicke sie mittels Hebesäcken an die Wasseroberfläche.

Als ich zu Normans Lichtkegel, der einige Meter neben mir gerade noch zu erkennen ist, hinüber tauche, sehe ich, daß er sich mit einem großen Porzellantopf abmüht. Später werden wir feststellen, daß es sich bei diesem *Topf* um ein altes Meerwasserentsalzungsgerät handelt. Nachdem wir auch diesen Fund erfolgreich zur Wasseroberfläche geschickt haben, folgen wir dem Verlauf des Decks und stoßen auf mehrere zerbrochene Holzkisten. Messingfarbene Granathülsen blitzen im Lichtkegel unserer Lampen. Wir befinden uns also in der Nähe des Geschützes, das, wie wir wissen, am Heck des Frachters montiert war. Die Versuchung umzudrehen, um in Richtung der Schiffsbrücke zu tauchen ist verlockend, doch ein Blick auf unsere Uhren mahnt uns zur Vernunft. Es bleiben uns nur noch drei Minuten. Schnell befestige ich an meinem letzten Hebesack noch eine eben gefundene Positionslampe sowie ein Bullauge, dann heißt es auftauchen. Ich drücke die Lufteinlässe meines Tarierjackets, und schon schwebe ich mit Norman an meiner Seite der Wasseroberfläche entgegen. Auf einer Tiefe von 45 Metern verlangsamen wir unseren Aufstieg. Wir füllen die mitgeführten Markierungsbojen mit Luft und lassen sie an einem Seil nach oben schießen. An diesen Bojen hängend, beginnen wir nun unsere unfangreiche Dekompressionsphase. Unser erster Dekostop ist auf 39 Metern zu absolvieren. Sieben Minuten später befinden wir uns bereits auf 30 Metern. Wir wechseln auf unser Nitrox-40-Gemisch. Nach weiteren 42 Minuten Deko-Stop wechseln wir in einer Tiefe von 9 Metern ein letztes Mal unser Atemgemisch und atmen bis zu unserem Auftauchen Nitrox 80. Nach einer Gesamttauchzeit von 2 Stunden und 43 Minuten und einer Dekozeit von 142 Minuten tauchen wir auf.

Abb. 79

Der in der Nähe des Altacarry-Leuchtturmes von Rathlin Island torpedierte Hilfskreuzer Andania.

Die letzte Fahrt der *Andania*

Drei der wohl interessantesten Wracks, die mein Freund Tommy und ich in den letzten Jahren in unmittelbarer Nähe der Insel Rathlin gesucht und gefunden haben, sind ehemalige Passagierschiffe, die während des Krieges zu Hilfskreuzern, sogenannten *Auxiliary Cruisers*, umgebaut worden und im Nordkanal versenkt worden sind. Interessant an diesen Wracks ist nicht nur ihre Größe, sondern vor allen Dingen die Tatsache, daß bei umgebauten Passagierlinern in den meisten Fällen das vornehme und exklusive Schiffsinventar vom Porzellangeschirr bis hin zu Einrichtungsgegenständen in den seltensten Fällen gegen einfache Kriegsware ausgetauscht wurde. Sowohl beim Dampfer *Andania* als auch bei den beiden anderen Hilfskreuzern *Tuscania* und *Calgarian*, die in einem nachfolgenden Kapitel näher beschrieben werden, konnten wir daher unter anderem wertvolle Porzellanfunde machen. Lange Zeit hatten wir nur vage Vermutungen, wo sich die Untergangsstellen dieser Schiffe befinden, doch einmal mehr führte genaue Recherche zur Ortung dieser Wracks.

Auszug aus dem Kriegstagebuch von Kapitänleutnant Hillebrandt, dem Kommandanten von *U 46*:

Abb. 80

***U 46* unter dem Kommando von Kapitänleutnant Hillebrand.**

»27.1.1918, 10.30 Uhr.
Wind Südost 4, Seegang 4, gute Sicht. Position: 5 Seemeilen nördlich der Insel Rathlin.
Zwei kleine Küstendampfer von etwa 400–500 BRT laufen an der Steuerbordseite vorbei. Passagierdampfer mit zwei Masten und zwei Schornsteinen läuft mit Zick-Zack-Kurs aus der Bucht. Begebe mich in Angriffsposition. Die Rohrmündungsklappe vom III. Rohr läßt sich nicht öffnen. Es stehen zwei Bug- und zwei Hecktorpedos zur Verfügung. Lasse die Torpedorohre wässern und öffnen und will gerade den Feuerbefehl erteilen, als der Dampfer seinen Kurs um etwa 2 Strich ändert. Dadurch habe ich günstige Schußposition für einen Heckschuß.«

»11.00 Uhr. V. und VI. Rohr los. Entfernung 400 Meter, geschätzte Geschwindigkeit 15 Seemeilen. Torpedos werden auf Höhe der Vor- und Achterkante des Promenadendecks gezielt. Nach 22 Sekunden erfolgt eine starke Explosion in der Mitte des Schiffs. Warum nur ein Torpedo getroffen hat, ist mir unerklärlich. Starker grauer Qualm quillt aus beiden Schornsteinen. Ich vermute eine Kesselexplosion. Dampfer bleibt liegen und setzt Boote aus. Um Sinken sicherzustellen, lasse ich die Torpedorohre erneut aufdrehen und laufe zum Bugangriff an. Auf eine Entfernung von 600 Meter wird Rohr II. abgefeuert. Keine Detonation.«

Um das Wrack der *Andania* orten zu können, wurde auf der Seekarte die Positionsangabe von *U 46*, 5 Seemeilen nördlich der Insel Rathlin, übertragen. Wichtig war hierbei auch, daß Kommandant Hillebrand den aus der Bucht (Rathlin Sound) auslaufenden Dampfer sehen konnte und die beiden im Tagebuch erwähnten Küstendampfer auf der Steuerbordseite des U-Bootes vorbeilaufen sah. Diese Beobachtungen können ein Hinweis auf die Fahrtrichtung des U-Bootes sein und dürfen bei der Rekonstruktion des Angriffes und beim Übertrag auf die Seekarte nicht außer Acht gelassen werden. Kapitän Hillebrand vermerkt weiter in seinem Tagebuch:

»Der Grund für den Fehlschuß auf den gestoppt liegenden Dampfer ist nicht zu erklären. Der Name des Dampfers ist nicht abzulesen. Dem Typ nach handelt es sich um einen P&O oder Castle Line Dampfer von 10.000–14.000 Bruttoregistertonnen. Als Bewaffnung führt das Schiff auf dem Achterdeck ein 15-cm-Geschütz. Um nicht den letzten zur Zeit noch verwendbaren Torpedo zu opfern, lasse ich zunächst das Boot ablaufen, um einen neuen Torpedo nachzuladen. Unterdessen sammeln sich von allen Seiten Begleit- und Sicherungsschiffe um den torpedierten Dampfer. Außerdem erkenne ich einen kleinen Zerstörer und eine bewaffnete Yacht in unmittelbarer Nähe. Gleichzeitig kommt vom Nordkanal ein zweiter Passagierdampfer mit vier

Masten und zwei Schornsteinen, der jedoch soweit nördlich ausholt, daß er außer Angriffsnähe bleibt.

13.45 Uhr. Fahre zurück zum torpedierten Dampfer, der inzwischen von zwei Fischdampfern in Schlepp genommen wurde. Die Yacht und sechs weitere Fischdampfer sichern den Schleppzug. Bei meinem Überwasserangriff wird unser Boot entdeckt und beschossen. Lasse Boot tauchen und untertauche den Schleppzug, um ihn von der anderen Seite her anzugreifen.
Die beiden Schleppfahrzeuge haben den Versuch, den Dampfer gegen die starke Strömung einzuschleppen, mittlerweile offensichtlich aufgegeben, denn ich kann beobachten, wie die Schlepptrossen losgeworfen werden.«

Für unsere weitere Suche nach der Untergangsstelle des Dampfers wissen wir nun, daß der Versuch unternommen worden ist, die zunächst gestoppt liegende, havarierte *Andania* einzuschleppen. Da ein stark beschädigtes Schiff wie die *Andania* nicht stundenlang geschleppt werden kann, weil dadurch die Gefahr des Kenterns und Sinkens zu groß wird, ist daraus die logische Konsequenz zu ziehen, daß das Schiff in den Hafen geschleppt wird, der am schnellsten zu erreichen ist. Der nächste Hafen wäre hierbei Church Bay, der Hafen von Rathlin Island gewesen. Solche Überlegungen lassen Rückschlüsse auf den vermutlichen Kurs des Schlepptrosses zu. Dieser Kurs wird dann auf der Seekarte von der zuvor bestimmten Angriffsposition abgesteckt, um das Seegebiet in dem der Dampfer letztendlich gesunken ist, genauer bestimmen zu können. Hierbei muß natürlich auch die Strömungsgeschwindigkeit und -richtung sowie der Gezeitenstand zum damaligen Zeitpunkt berücksichtigt werden, um die Abdrift des Schlepptrosses aufgrund der Meeresströmung zu berücksichtigen.

Kommandant Hillebrand von *U 46* schreibt weiter in seinen Aufzeichnungen:

»Der Dampfer ist im Heckbereich erheblich tiefer weggesackt. Die Wachschiffe sichern den Dampfer zur Seeseite hin. Der in der Nähe fahrende kleine Zerstörer dreht plötzlich auf unser Boot ein. Lasse schnell auf Tiefe gehen. Auf einer Tauchtiefe von 30 Meter explodiert eine Wasserbombe in unserer unmittelbaren Nähe. Lasse auf 50 Meter Tiefe tauchen. Nach 10 Minuten, beabsichtige ich erneut einen Blick durch das Sehrohr zu werfen und lasse daher das Boot auf Sehrohrtiefe einpendeln. Als wir in einer Tiefe von 20 Metern das Sehrohr ausfahren wollen, erfolgt ein erneuter Wasserbombenangriff des Zerstörers. Tauche erneut auf 40 Meter und laufe ab.«

Als Kapitänleutnant Hillebrand um 17.30 Uhr erneut auf Sehrohrtiefe geht und einen Rundblick durch das Periskop werfen kann, ist außer einem

Abb. 81

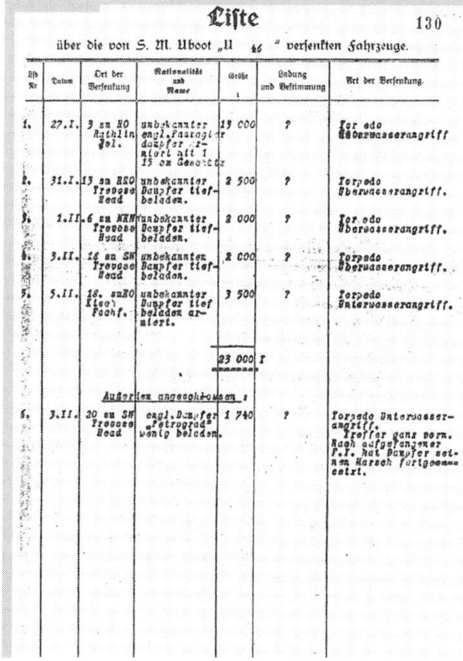

Liste 130

über die von S. M. Uboot „U 46" versenkten Fahrzeuge.

Lfd. Nr	Datum	Ort der Versenkung	Nationalität und Name	Größe t	Ladung und Bestimmung	Art der Versenkung.
1.	27.I.	3 sm NO Rathlin Jnl.	unbekannter engl. Passagier dampfer ar- miert mit 1 15 cm Geschütz	13 000	?	Torpedo Überwasserangriff
2.	31.I.	13 sm NNO Trevose Head	unbekannter Dampfer tief- beladen.	2 500	?	Torpedo Überwasserangriff.
3.	1.II.	6 sm NNW Trevose Head	unbekannter Dampfer tief- beladen.	2 000	?	Torpedo Überwasserangriff.
4.	3.II.	14 sm SW Trevose Head	unbekannten Dampfer tief- beladen.	2 000	?	Torpedo Überwasserangriff.
5.	5.II.	18. smNO Kleoh Fochf.	unbekannter Dampfer tief beladen ar- miert.	3 500	?	Torpedo Unterwasserangriff.
				23 000 t		
		Außerdem angeschossen :				
6.	3.II.	20 sm SW Trevose Head	engl. Dampfer „Petrograd" wenig beladen.	1 740	?	Torpedo Unterwasser- angriff. Treffer ganz vorn. Nach aufgefangener F.T. hat Dampfer sei- nen Marsch fortgesetzt.

Auflistung der von *U 46* versenkten Fahrzeuge:

Wachfahrzeug in einer Entfernung von 30 Seemeilen nichts mehr zu sehen. Der torpedierte Dampfer ist verschwunden und offensichtlich gesunken.

Später in der Nacht wird die Besatzung von *U 46* durch das Radio von der Versenkung des 14.405-BRT-Hilfskreuzers *Andania* informiert. Bei diesem Untergang verloren sieben Besatzungsmitglieder des Dampfers ihr Leben.

Die *Andania* war im Jahre 1913 bei Scott's Shipbuilding für die Cunard Line hergestellt worden.

Wrackerkundung in 112 Metern Tiefe

Es ist ein ruhiger sonniger Morgen im August 1995, fast zwei Monate nach unserem ersten Tauchgang am Wrack der *Andania*. Heute wollen wir dem untergegangenen Liner unseren dritten Besuch abstatten. Unser Plan ist, einen Raum in unmittelbarer Nähe der Schiffsbrücke etwas genauer zu untersuchen, den wir bereits während unseres letzten Tauchgangs entdeckt hatten.

Auf der Fahrt zur Untergangsstelle diskutiere ich mit Norman unseren bevorstehenden Tauchgang. Da das Innere des kleinen Raumes recht eng und unübersichtlich ist, allerdings beim letzten Tauchgang sehr schöne Glasfunde hervorgebracht hat, schlägt Norman mir vor, am Eingang des Raumes auf mich zu warten, während ich im Inneren nach Funden suche. Das Risiko, zu zweit in diesen engen Raum zu tauchen, ist uns einfach zu groß. Ein weiterer Vorteil der geplanten Vorgehensweise besteht darin, daß ich mich nun nicht im Dunkeln mit dem Verstauen der Funde befassen muß, sondern einfach meine Gegenstände nach draußen ins Freie reichen kann, wo sie von Norman entgegengenommen werden können. Außerdem kann mir Norman später, wenn ich durch den aufgewühlten Schlamm keine Sicht mehr habe, mit seiner Lampe den Weg aus dem Wrack zeigen.

Als wir durch das rabenschwarze Wasser das Wrack in einer Tiefe von 112 Meter erreichen, bleiben uns noch genau 15 Minuten Zeit, bevor wir wieder auftauchen müssen. Schnell versuchen wir uns zu orientieren. Nach einigen Sekunden erkennen wir eine Reling, die uns bekannt vorkommt. Wir sind fast an der richtigen Stelle angelangt. Nach einer weiteren Minute erreichen wir die Backbordseite der Brücke. Hier befindet sich der Eingang zu dem Raum, den wir heute untersuchen wollen. Ich arbeite mich durch den engen Eingangsschacht und tauche hinunter in den im Unterdeck befindlichen Raum. Als ich den Fußboden erreiche, leuchte ich mit meiner Lampe umher, um einen Eindruck von diesem Raum zu gewinnen. Ich stehe auf einer Fläche mit schwarzem feinen Schlamm, der bestimmt 30 Zentimeter tief ist. Nachdem ich mich etwas besser an die Finsternis gewöhnt habe, erkenne ich vor mir im Schlamm verstreut, unzählige Glasflaschen unterschiedlichster Form. Möglicherweise befand sich hier einst der Weinkeller des Kapitäns? Überall wo ich hinsehe, erkenne ich Wein- und Bierflaschen, die sich in dem kleinen engen Raum türmen. Allerdings sind diese Flaschen nicht der Grund unseres heutigen Besuches. Daher untersuche ich mein Umfeld nach vorhandenem Porzellan. Nachdem ich eine Weile über den Schlamm geschwommen bin, ohne etwas Interessantes zu finden, beginne ich zwischen den umherliegenden Flaschen in der Hoffnung zu graben, vielleicht doch noch einen Teller oder ähnliches zu ertasten.

Langsam arbeite ich mich Stück für Stück durch den auf dem Boden liegenden Schlamm, doch ich habe keinen Erfolg. Frustriert packe ich einige der schönsten Flaschen in mein Netz, um nicht ohne Souvenir aus diesem schwarzen Loch herauszutauchen. Ich greife nach meinen Finimetern, um den mir verbleibenden Flaschendruck meines Atemgemisches abzulesen, doch in den Massen von aufgewühltem Schlamm, gelingt es mir nicht. Ich kann gerade noch den Schein meiner starken Unterwasserlampe erkennen, obwohl sie nur knapp einen halben Meter von meinen Augen entfernt ist. Gefühlsmäßig weiß ich aber, daß mir noch ein paar Minuten bleiben, bevor ich mit Norman an die Wasseroberfläche zurückkehren muß. Daher schwimme ich zu einer anderen Stelle des Raumes, um mein Glück erneut zu versuchen. Kaum sind meine

Hände zum ersten Mal im Sediment versunken, ertaste ich den flachen runden Rand eines Tellers. Nachdem ich den Fund in meinem Sammelnetz vorsichtig verstaut habe, suche ich hektisch nach weiteren Gegenständen. Ich weiß, mir bleibt jetzt kaum noch Zeit. Plötzlich höre ich genau über mir das Schlagen von Metall gegen Metall. Norman wird langsam aber sicher unruhig und ermahnt mich zum Aufstieg. Er weiß auch, daß es Zeit ist aufzutauchen. Ein letztes Mal greife ich in den Schlamm und befördere dieses Mal ein intaktes Weinglas hervor. Es ist eine Schande, jetzt wo ich eine gute Stelle entdeckt habe, muß ich wieder auftauchen, doch es hilft alles nichts, mein Atemgasvorrat geht langsam in den Bereich meiner Reserve. Durch den aufgewühlten Schlamm schwimme ich blind zum Schein von Normans Lampe. Ohne mein Einstiegsloch zu erkennen, greife ich nach Normans angeleuchteter Hand und lasse mich aus dem Wrack führen.

Als wir unseren ersten Dekompressions-Stop in einer Tiefe von 58 Metern erreichen, habe ich Zeit die Funde in meinem Netz näher zu untersuchen. Sowohl Rot- als auch Weißweinflaschen wurden von uns geborgen. Einige sind sogar noch verkorkt und gefüllt. Der vermeintliche Teller, den ich gefunden habe, stellt sich als eine kleine Servierplatte heraus, die an ihrem Rand das Emblem der Reederei aufweist. Doch das zuletzt gefundene Weinglas ist mittlerweile zerbrochen. Ich hätte es besser wissen müssen und dieses zerbrechliche Glas nicht zusammen mit den schweren Flaschen in mein Netz packen dürfen. Aber aus Schaden wird man ja bekannterweise klug und so verspreche ich mir, einen solch' dummen Fehler nicht mehr zu machen.

Die Versenkung des Passagierdampfers *Tuscania*

Die Suche nach dem Wrack

Der zweite zum Hilfskreuzer umgebaute Passagierdampfer, der wenige Seemeilen von Rathlin Island im Nordkanal torpediert und versenkt wurde, ist die 14.348 BRT große Tuscania. Zur Untergangsposition dieses Schiffes gab es sehr widersprüchliche Aussagen. Viele Historiker vermuteten, daß der Dampfer an der schottischen Küste am Mull of Oa, etwa 20 Seemeilen von Rathlin Island entfernt gesunken sei, da hier viele Wrackteile sowie Überlebende an die Küste gespült worden waren. Aus diesem Grund wurde auch hier eine Gedenktafel zur Erinnerung an den Untergang der Tuscania errichtet. Dennoch war mein Freund Tommy stets der Auffassung, daß das Wrack des Dampfers in unmittelbarer Nähe zur Insel Rathlin gesunken sein mußte, denn er hielt die Möglichkeit, daß die Tuscania vor ihrem Untergang fast 20 Seemeilen abgdriftet sei, für äußerst unwahrscheinlich. Jahrelang wurde er von Historikern und Wracktauchern belächelt und als dickköpfig und starrsinnig bezeichnet, da er von seiner Vermutung nicht abrücken wollte.

Monatelange Recherchen und die Auswertung des Kriegstagebuches des deutschen U-Bootes *UB 77* brachten Tommy und mich schließlich auf die richtige Spur. Zufällig stieß ich bei der Durchsicht der Akten der Kaiserlichen Marine auch auf einen Briefwechsel zwischen einem Überlebenden der gesunkenen *Tuscania* und dem Kommandaten des U-Bootes, Kapitänleutant Wilhelm Meyer. Anhand von sehr detaillierten Schilderungen und Angriffsskizzen der beiden Beteiligten gelang es uns, die letzten Minuten vor dem Untergang des Dampfers zu rekonstruieren. Schließlich kamen wir zu dem Ergebnis, daß Tommy mit seiner Vermutung recht haben mußte: Die *Tuscania* muß tatsächlich etwa 7 Seemeilen nördlich von Rathlin Island, vor Islay gesunken sein. Das Wrack wurde dann auch im März 1997 in einer Tiefe von 118 Metern geortet und erstmalig betaucht. Hier ist seine Geschichte:

Am 28. Januar 1918 verläßt *UB 77*, ein Hochsee-U-Boot der Typ-III-Klasse, unter dem Kommando von Kapitänleutnant Wilhelm Meyer den Hafen von Bremerhaven, um sich auf Feindfahrt im nördlichen Atlantik zu begeben. Der Weg führt zunächst durch die Ostsee um Flannan Island herum auf die Westseite Schottlands. Am 5. Februar erreicht *UB 77* in den frühen Morgenstunden den Eingang des Nordkanals zwischen dem schottischen Mull of

Cantyre und der Nordspitze von Irland. Das Operationsgebiet ist erreicht: Hier soll Kapitänleutnant Meyer Jagd auf Geleitzüge machen.

Bereits um 7.00 Uhr an diesem Morgen muß das Boot wegen eines herannahenden Zerstörers alarmtauchen. Den ganzen Vormittag über ist der Schiffsverkehr im Nordkanal zu dicht, so daß das Boot getaucht bleiben muß. Durch das Sehrohr kann Kapitän Meyer immer wieder größere Geleitzüge entdecken, doch es gelingt ihm nicht, in Schußposition zu gelangen. Die Bewachung der Schiffsroute durch bewaffnete Trawler und patrouillierende Zerstörer ist zu stark, um das Risiko einer Entdeckung durch diese Sicherungsschiffe einzugehen. Später am Nachmittag gibt Meyer den Befehl zum Auftauchen. Es ist 15.18 Uhr als das Turmluk von *UB 77* die Wasseroberfläche durchstößt und die Dieselmotoren angeworfen werden. Die Sonne steht schon tief und außer zwei Wachschiffen, die in nordwestlicher Richtung vorbeiziehen, ist nichts zu sehen. Das Boot wird durchgelüftet und die durch die lange Unterwasserfahrt erschöpften Batterien können endlich geladen werden.

Es ist kurz vor 18.00 Uhr, als die Steuerbordwache im Turm des Bootes mehrere Rauchfahnen am Horizont erkennt und den Kapitän alarmiert. Sofort erscheint Meyer auf der Brücke und beobachtet durch sein starkes Fernglas den herandampfenden Konvoi. An der Spitze des Geleitzuges fährt ein großer Dampfer mit zwei Schornsteinen, der von einem kleineren Dampfer, einem Barrikadenbrecher, so vermutet Meyer, begleitet wird. Hinter den beiden Dampfern befinden sich ein großer Kreuzer der Drake-Klasse sowie weitere 6–8 Dampfer, die in Kiellinie der vorderen Schiffe fahren. Der ganze Konvoi ist zusätzlich mit starkem Begleitschutz durch Zerstörer gesichert.

Abb. 82

***UB 77*, das unter dem Kommando von Kapitänleutnant Meyer stand.**

Auszug aus dem Kriegstagebuch von Kapitänleutnant Meyer, dem Kommandanten von *UB 77*:

»19.05 Uhr. Boot läuft mit Höchstgeschwindigkeit, um sich vor die Spitze des Geleites zu setzen. Der Konvoi steuert einen Kurs von 140 Grad mit einer Geschwindigkeit von 12 Seemeilen. Mein Angriffskurs beträgt 60 Grad quer zum Geleit. Der Querabstand beträgt etwa 1000 Meter. Zunächst hatte ich die Absicht, das Geleit mit einem Überwasserangriff anzugreifen. Doch ich bleibe getaucht, denn mittlerweile fahren die hinteren Dampfer sowie einige Zerstörer nebeneinander auf der Steuerbordseite des großen Dampfers, den ich angreifen will. Aus diesem Grund befindet sich meine Position nunmehr genau vor meinem Angriffsziel. Immer noch haben wir zuviel Tageslicht und mein Boot könnte leicht von den kreuzenden Sicherungsschiffen entdeckt werden. Ich gebe daher den Befehl zum Tauchen.
19.25 Uhr. Der Steuermann muß nun den herannahenden Geleitzug durch das Backbord-Sehrohr beobachten, während ich durch das vordere Sehrohr versuche den großen Dampfer zu entdecken. Nur mit größter Mühe und mit maximaler Vergrößerung ist es mir möglich, das Angriffsziel zu entdecken. Der Dampfer wandert nun als vager, heller Schatten in mein Blickfeld.
19.40 Uhr. Doppelschuß aus den beiden Bugtorpedorohren. Der erste Torpedo wurde auf den zweiten Schornstein eingestellt, während der zweite rechts daneben läuft.
Genau in diesem Moment nähert sich ein Zerstörer meinem Sehrohr bis auf etwa 150 Meter. Ich lasse schnell das Boot tiefer auf 30 Meter sacken und

Abb. 83

Die *S. S. Tuscania*, torpediert nördlich von Rathlin Island.

laufe ab. Nach einer Laufzeit von 1 Minute und 10 Sekunden hören wir eine starke Explosion in einer Entfernung von 1200 Meter. Aufgrund der Stärke dieser Explosion gehe ich davon aus, daß beide Torpedos das Ziel getroffen haben.
19.57 Uhr. Nach einem Rundblick durch das Sehrohr gebe ich Befehl zum Auftauchen. Der torpedierte Dampfer hat nun Topp-Lichter gesetzt und sendet S.O.S.-Rufe. Es handelt sich um den 14.348 Tonnen schweren Hilfskreuzer Tuscania *der Anchor-Line-Reederei aus Glasgow.*
20.15 Uhr. Ich gebe den Befehl, auf eine Tiefe von 11 Meter zu tauchen, um mich näher an das getroffene Schiff zu schleichen. Dummerweise ist es jetzt fast schon dunkel, so daß es schwer fällt, die Gegend zu beobachten. Außerdem meldet mein Horchposten das Schraubengeräusch eines herannahenden Zerstörers.
20.40 Uhr. Tauche auf für einen weiteren Angriff.
20.49 Uhr. Abschuß eines Torpedos aus dem Hecktorpedorohr Nr. IV. Fehlschuß. Der Torpedo läuft am Bug der Tuscania *vorbei. Die Geschwindigkeit des Dampfers beträgt immer noch etwa zwei Seemeilen und daher wurde offensichtlich die Laufgeschwindigkeit des Torpedos falsch eingestellt.«*

Ein wichtiger Anhaltspunkt für unsere Wrackrecherche war die Tatsache, daß wir über Augenzeugenberichte von Inselbewohnern sowie vom Leuchtturmwärter des Altacarry Lighthouse verfügten, die den Angriff von *UB 77* auf das Passagierschiff *Tuscania* beobachtet hatten. Aufgrund dieser Berichte wußten wir beispielsweise, daß der fehlgegangene Hecktorpedo genau unterhalb des Leuchturmes von Altacarry detoniert war. Wir verfügten aufgrund der Aufzeichnungen des Leuchtturmwärters sogar über die genaue Uhrzeit der Torpedoexplosion in den Klippen unterhalb des Leuchtturmes, da bei der Detonation des Torpedos einige Fensterscheiben der Aussichtsplattform des Leuchtturmes zu Bruch gegangen waren. Kalkuliert man nun die Uhrzeit der Torpedoabschüsse aus dem U-Bootkriegstagebuch, berücksichtigt weiter die Laufzeit des ersten Torpedos bis zum Treffer am Dampfer von 70 Sekunden und berechnet die Laufzeit des zweiten, fehlgegangenen Torpedos bis zu seiner Detonation in den Klippen unterhalb des Leuchtturmes, so lassen sich anhand der Torpedogeschwindigkeit weitere Rückschlüsse über den Standort von *UB 77* beim ersten Angriff ziehen. Von dieser vermuteten Position müssen nun alle weiteren Eintragungen im U-Bootkriegstagebuch folgerichtig auf die Seekarte übernommen werden, um den ungefähren Standort des Dampfers bestimmen zu können.

»20.52 Uhr Alarmtauchen wegen eines heranlaufenden Zerstörers. Verlasse das Angriffsgebiet.

Abb. 84

Der Leuchtturm von Altacarry Head auf Rathlin Island. Unterhalb der Klippen schlug der fehlgegangene Torpedo von *UB 77* ein.

21.34 Uhr. Lasse Auftauchen, um die Batterien zu laden, die Druckluft für die Torpedos aufzupumpen. In der Ferne kann ich am torpedierten Dampfer mehrere Schiffe erkennen, die Blinksignale austauschen.

23.00 Uhr. Boot steuert erneut die alte Angriffsposition an. Vom Dampfer *Tuscania* ist nichts mehr zu sehen. Mehrere abgeblendete Zerstörer kreuzen in der Gegend. Überall werden Blinksignale zwischen den Sicherungsschiffen ausgetauscht. Es sind keine Schlepper vor Ort, so daß anzunehmen ist, daß die *Tuscania* bereits gesunken ist. Bereits 30 Minuten nach dem ersten Treffer wurden keine S.O.S.-Signale mehr gefunkt. Ich verlasse das Angriffsgebiet, um während der Nacht südlich von Islay zu kreuzen.«

Am nächsten Morgen gibt der englische Marinesender die Versenkung der *Tuscania* bekannt.
Auszug aus der *Fremden Presse* vom 07. Februar 1918:

»(...) Die Britische Admiralität gibt bekannt, daß der britische Dampfer Tuscania *(14.348 Bruttoregistertonnen) in der Nacht vom 5. auf den 6. Februar vor der Irischen Küste versenkt worden ist. Das Schiff beförderte Truppen aus den Vereinigten Staaten von Amerika. Insgesamt befanden sich 2397 Personen an Bord. Insgesamt konnten 2187 Personen, darunter 76 Offiziere, 1935 Soldaten, 16 Schiffsoffiziere und 125 Besatzungsmitglieder*

gerettet werden. Weiterhin wurden 3 Passagiere und 32 weitere Personen gerettet, über die keine näheren Angaben bekannt sind. (...)«

Die *Tuscania* war ein zum Truppentransporter umgebauter Passagier-Liner und fuhr unter britischer Flagge für die Anchor-Line Reederei. Sie wurde im Jahre 1914 durch die Werft A. Stephen and Son gebaut und hatte eine Länge von 167 m und eine Breite von 19 m. Ihre Höchstgeschwindigkeit betrug 17,5 Knoten.

Ein Überlebender des Untergangs bringt den Stein ins Rollen

Zehn Jahre später, im Winter 1928, kommt es zu einem Briefwechsel zwischen dem Kapitän von *UB 77*, Kapitänleutnant Wilhelm Meyer, und dem Deutschamerikaner Leo Zimmermann, einem Überlebenden des Untergangs der *Tuscania*. Im Verlauf dieser Korrespondenz wurde der Angriff auf den Dampfer von beiden Beteiligten untersucht und aufgearbeitet.

Der Geleitzug, zu dem die *Tuscania* gehörte, befand sich auf der Reise von Halifax nach London. Am 27.01.1918 verließ der Dampfer den Hafen von Halifax. Der Geleitzug wurde anschließend unter der Leitung des britischen Kreuzers *Cochrane* formiert. Der Konvoi bestand aus 16 Handelsschiffen, die in vier Reihen nebeneinander fuhren. Am 04.02.1918 stießen acht britische Zerstörer als Sicherungsfahrzeuge zum Geleit. Nach der Torpedierung des Dampfers *Tuscania* verblieben die Zerstörer *Pigeon*, *Mosquito* und *Grashopper* beim torpedierten Schiff, während der restliche Geleitzug mit hoher Geschwindigkeit den Angriffsort verließ und seine Reise nach London fortsetzte.

Um 20.40 Uhr des 5. Februars wird die *Tuscania* evakuiert. Eine Stunde später sinkt das Schiff in der Nähe des Angiffsortes in 55°25' nördlicher und 06°12' westlicher Breite. 200 Personen fanden bei diesem Untergang den Tod.

Ein Raum voll Porzellan!

Das Eindringen in das Innere eines Wracks ist immer wieder eine besondere Herausforderung. Man begibt sich in eine unbekannte Welt, in der kaum eine Orientierung möglich ist und wo überall Gefahren lauern. Schnell hängt man irgendwo fest, bleibt stecken oder ist durch aufgewühltes Sediment in der Sicht so behindert, daß sich nicht erkennen läßt, wo sich der Ausgang befindet. Trotz aller Risiken ist es aber stets aufs Neue ein unbeschreiblich spannendes Gefühl, das Innere eines gesunkenen Schiffes zu erkunden. Immer hat man die Hoffnung, einen interessanten oder vielleicht sogar kostbaren Fund zu machen. Ein seit dem Untergang noch nie betauchtes Schiff von der Größe der *Tuscania* bietet immer ungeahnte Möglichkeiten. Nie weiß man, was man

Abb. 85

6-seitiger Auszug aus dem Briefwechsel zwischen Kapitän Meyer und dem Deutschamerikaner Leo Zimmermann:

Abschrift. 133

Milwaukee,Wis, Nov. 12, 1928.

Lieutenant Commander Meyer
U.B. 77 (1918)

Dear Sir:

On Feb. 5. 1918 your submarine torpedoed the transport „Tuscania" (British) with American troops on board.

Every year on that evening we celebrate the occasion by meeting, having formed ourselves into an association.

We admire your courage in that attack and I would be glad to receive a letter from you that I might read at our next meeting.

Tell us about that trip and attack. I will sureley appreciate an answer.

Si könen mir in Deutsch schreiben wenn si wollen ich kann es lesen.

Ich danke ihnen recht hertslich.

Your truly
(gez)Leo V. Z i m m e r m a nn,
1019 – 32nd St.
Milwaukee, Wis, U.S.A.

Abschrift. 134

Entwurf der Antwort.

Saarbrücken, Dezember 1928.

Herrn Leo V. Zimmermann,

1019 – 32 nd St.

M i l w a u k e e , Wis.

Ich bestätige den Empfang Ihres Schreibens vom 12.November 1928, in dem Sie baten, Ihnen etwas Näheres über die Versenkung der „Tuscania" am 5. Februar 1918 mitzuteilen. Ich gestatte mir, Ihnen darauf Folgendes zu erwidern:

Wir hatten Anfang Februar 1918 einige Tage an der nordirischen Küste gekreuzt und beabsichtigten, am 5. Februar weiter in den Nordkanal hineinzugehen. Um 5,50 Nm. an diesem Tage, südlich Rhynus of Islay stehend, sahen wir im Westen starke Rauchwolken. Wir liefen darauf zu und konnten bald feststellen, daß es sich um einen großen Geleitzug handelte, der mit südöstlichem Kurse in den Nordkanal einlaufen wollte. Vorweg fuhr ein Dampfer mittlerer Größe, hinter diesem ein großer, weiß gemalter Dampfer mit 2 Schornsteinen, dahinter ein großer Kreuzer mit 4 Schornsteinen und dann noch 6 – 8 mittlere Dampfer. Das

Ganze

135

– 2 –

Ganze war stark gesichert durch Zerstörer.

Wir liefen nun eine Zeitlang vor dem Geleitzug her, um seinen genauen Kurs und seine Fahrt festzustellen, und um eine Angriffsmöglichkeit auszukundschaften.

Um 7,05 Nm., in der Nähe der Insel Rathlin, legte wir uns dann auf Angriffskurs 60°.

Ich beabsichtigte erst, einen Überwasser-Angriff anzusetzen; inzwischen hatten aber die hinteren Dampfer und einige Zerstörer eine Dwarslinie an der Steuerbordseite des Geleitzuges gebildet, jedenfall um einen U-bootsangriff zu erschweren.

Da wir von diesen Dampfer leicht gesehen werden konnten, so gingen wir um 7,25 Nm unter Wasser. Unsere Situation war nun etwas ungemütlich, da wir von den in Dwarslinie stehenden Dampfern leicht gerammt werden konnten.

Währenddessen war es auch so dunkel geworden, daß ich durch das Sehrohr kaum noch etwas erkennen konnte. Plötzlich bemerke ich, wie in das Sehrohr ein undeutlicher, verschwommener Schatten einwandert. Erst als über diesem Schatten zwei Schornsteine sichtbar werden, merke ich überhaupt, daß dies der gesuchte Dampfer ist.

Wir konnten gerade noch zwei Torpedos losmachen, die, wie ich annehme, den Dampfer am Heck getroffen haben, nachdem sie 1200m gelaufen waren.

Nach dem Schuß tauchten wir gleich weg auf größere Tiefe und erwarteten den üblichen Wasserbomben-Segen. Aber es geschah nichts, sodaß wir um

sh

- 3 -

sh Nm wieder auftauchen konnten. Da sahen wir dann, daß da „etwas passiert" war. Der Dampfer hatte zwei weiße Topplaternen gesetzt, lag stark nach Steuerbord über und achtern tief im Wasser. Außerdem sah man Scheinwerfer leuchten und Leuchtraketen steigen. Der Dampfer gab SOS-Funksignale und dabei seinen Namen „Tuscania".

Da er immer noch nicht sinken wollte, so schossen wir noch einen Torpedo auf ihn ab, der aber sein Ziel verfehlte.

Inzwischen war es ganz dunkel geworden, das Leuchten der Scheinwerfer etc. hörte auf, vom Dampfer war nichts mehr zu sehen, nur abgeblendete Zerstörer fuhren umher, wir bemerkten rings um uns ihre Morse-Signale.

Wir liefen daraufhin wieder etwas nach Westen ab und kreuzten während der Nacht südlich Rhynns of Isly hin und her.

Am nächsten Morgen gingen wir wieder nach der Torpedierungsstelle, wo noch einige Bretter und Balken umherschwammen, sonst war nicht zu sehen.

Am 7. Februar bestätigte die britische Admiralität durch Funkspruch der Großstation Poldhu, daß „Tuscania" versenkt worden wäre.

Welches Aufsehen die Versenkung des Schiffes damals in den Vereinigten Staaten erregt hat, ist uns erst nach unserer Rückkehr in den Heimathafen bekannt geworden, die am 21. Februar erfolgte.-

Dies wäre das, was ich in der Hauptsache über die Versenkung der „Tuscania" zu berichten hätte.

Es

- 4 -

Es wäre mir angenehm, zu erfahren, warum Sie dies Ereignis feiern; ich nehme an, daß Sie zu den Geretteten der „Tuscania" gehören. Falls dies zutrifft, gestatte ich mir, Sie noch nachträglich zu Ihrer Rettung zu beglückwünschen.

Auch würde es mich interessieren, eine Darstellung dieser Kriegsbegebenheit, von Ihrer Seite aus gesehen, zu erhalten.

In Erwartung Ihrer weiteren Nachricht hierüber, verbleibe ich

mit hochachtungsvollem Gruße

(gez) Dr. Wilhelm Meyer,

Kapitänleutnant a.D. derzeit

Kommandant UB 77.

Mit Nr 2741/28 vom 10.1.29. wurde Kptlt. M. mitgeteilt, daß gegen das Absenden vorstehender Antwort nichts einzuwenden sei.

Z. K. Z. B. von UB 77. Sp.

2/7.29.

Auszug aus Briefwechsel zwischen dem früheren Kommandanten von UB 77, Kptlt. a.D. Wilhelm Meyer und früheren amerikanischen ~~Angehörigen~~ Soldaten des Transports Tuscania.

1./ Skizze des Gefechtsbildes, entworfen von Leo Zimmermann, Milwaukee. – Brief an Kptlt. Meyer vom 17.II.29.

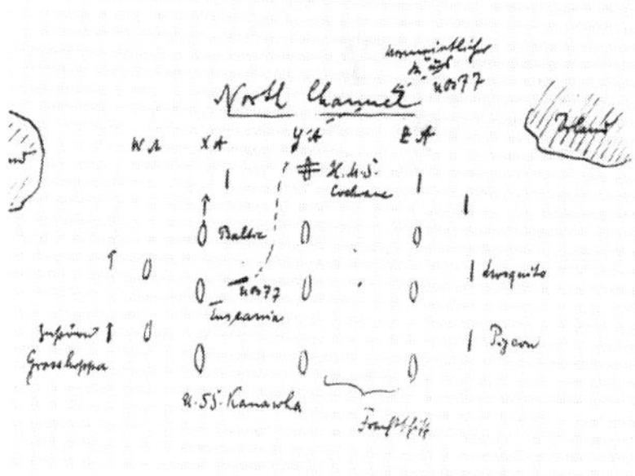

Dazu bemerkt Kptlt Meyer im Brief vom 5.IV.29: Den Kurs von UB77 haben Sie in Ihrer Skizze insofern nicht ganz richtig angegeben, als UB77 nach Ihrer Zeichnung dem Transport entgegengelau

finden wird. Natürlich sind diese Funde nicht immer echte Kostbarkeiten. Für den Finder sind sie dennoch stets von unermeßlich ideellem Wert. Sie repräsentieren ein kleines Stück Geschichte, die man als Erinnerung an einen Tauchgang an einem einst stolzen Liner mit nach Hause nehmen kann.

Das Wrack steht in einer Tiefe von 118 m aufrecht auf ebenem Grund. Wir erreichen das vordere Schiffsdeck in Höhe des großen Kranauslegers, wo sich einst der Mast befand. Mein Tiefenmesser zeigt 102 Meter an, als ich das Schiff zum ersten Mal berühre. Als wir wenige Meter entlang der Steuerbordreling schwimmen, erreichen wir nach kurzer Zeit die Aufbauten des Promenadendecks. Ich versuche mich an die vorher studierten Baupläne des Liners zu erinnern. Ich müßte mich nun im Bereich der ehemaligen Erste-Klasse-Unterkünfte befinden. Ich erkenne zwei Holztüren, die eingefallen an ihren Befestigungen hängen. Als ich die verrotteten hölzernen Türflügel zur Seite drücke, ist Norman schon zur Stelle, um mit seinem Tauchermesser ein kleines Messingschild aus dem weichen Holz zu hebeln. Als mir Norman einige Stunden später das inzwischen gereinigte Türschild zeigt, ist die Aufschrift »1st Class Dining Room« zu lesen. Ein schöner Fund, doch auch ich sollte meine Andenken sammeln können. Im Schein unserer Taucherlampen erkennen wir einen langen Korridor, der einst mit Menschen gefüllt, nun düster und voller Sediment im Lichtkegel erscheint. Vorsicht ist geboten, denn ein unachtsamer Flossenschlag würde uns nun sofort in dichte Schlammwolken einhüllen. Im trüben Licht sind verfaulte Linoleumböden zu erkennen, die mit feinem Schlamm überzogen sind.

Zwischen eingefallenen Zwischenwänden und zerbrochenem Glas finden wir unzählige Geschirrteile, die sich in einer Ecke des Raumes beim Untergang des Schiffes angesammelt haben. Hunderte von verschiedenartigen Tellern, Schüsseln, Tassen und Kristallgläsern stapeln sich vor uns im Schlamm. Einige der Geschirrteile packen wir vorsichtig in ein mitgebrachtes Netz. Dies sind Funde, wie die, von denen ich eingangs sprach – nicht sonderlich wertvoll, aber später in einer Vitrine wunderschön anzusehen. Welche besseren Souvenirs kann man sich wünschen als Teile des Erste-Klasse-Geschirrs eines alten Passagierliners?

Wir erreichen den Eingang des großen Speisesaals, ohne weitere sichtbare Geschirrteile zu finden. Der größte Teil ist im weichen Sediment verborgen. Als wir uns umdrehen, um in Richtung des Ausganges zu schwimmen, greifen wir daher beim Verlassen des Raumes tief in den Schlamm, um vielleicht doch noch etwas zu finden. Jetzt, da wir das Schiffsinnere wieder verlassen, können wir dies gefahrlos tun, denn die aufgewühlten Sedimentwolken bleiben hinter uns und nehmen uns nicht die Sicht. Ich grabe tiefer im Schlamm, um vielleicht die auffällige Form einer Tasse, einer Schüssel oder einer Servierplatte zu ertasten. Augenblicklich sind wir in eine dichte Schlammwolke eingehüllt. Von einer Sekunde auf die andere ist die Sicht gleich Null. Wir sind gezwungen, uns

Abb. 86

Geborgene Porzellanfunde aus dem Wrack der *Tuscania*.

mit den Händen am Schiffsboden voranzutasten, um nicht die Orientierung zu verlieren. Blind schwimmen wir weiter in die Richtung, in der wir den Ausgang vermuten, ohne aufzuhören, weiter im Schlamm zu graben. Vielleicht findet sich ja doch noch das eine oder andere schöne Stück, das das Wrack heute freigibt.

Aktivitäten dieser Art, eingeschlossen in einem Wrack, ohne die Möglichkeit des direkten Aufstieges, ohne Sicht und dazu noch in einer Tiefe von über 100 Metern, sind wirklich nichts für ängstliche Gemüter. Doch durch unzählige Tauchgänge dieser Art haben wir bereits Routine im Umgang mit solch widrigen Verhältnissen und erreichen auch dieses Mal den Ausgang, ohne uns im Wrack zu verirren.

Als es uns möglich ist, im Licht unserer Lampen wieder etwas zu erkennen, überprüfen wir schnell unsere Bottom-Timer und stellen fest, daß uns noch ein paar Minuten Zeit bleiben. Schnell untersuchen wir unsere geborgenen Funde. Norman hatte etwas mehr Glück, doch zusammen haben wir mehrere unversehrte Porzellanteile gefunden, die wir nun in unseren Netzen an einem Hebesack an die Wasseroberfläche schicken. In dieser Tiefe ist keine Zeit, uns über unsere Funde zu freuen.

Die Versenkung der *Santa Maria*

Knapp drei Wochen nach der Versenkung des englischen Hilfskreuzers *Tuscania* durch *UB 77* befand sich *U 19* im gleichen Seegebiet um Rathlin Island auf Feindfahrt. Wieder sollte es neue Opfer unter den englischen und amerikanischen Versorgungsschiffen geben, die den Rathlin Sound auf ihrer Fahrt zu den Umschlaghäfen in Schottland und Mittelengland durchqueren mußten. Innerhalb von nur zwei Tagen wurden durch *U 19* zwei große Schiffe versenkt und ein weiteres torpediert; dieses konnte jedoch in einen Hafen geschleppt werden.

Die Geschichte der *Santa Maria* begann im Jahre 1901, als sie in Cleveland/Ohio in der Werft der American Shipbuilding Company gebaut wurde und unter dem Namen *Minnetonka* vom Stapel lief. Für die damalige Zeit war es ein riesiges Schiff mit einer Länge von 132 Meter und einer Wasserverdrängung von 5383 Bruttoregistertonnen. Zu Beginn des Ersten Weltkrieges wurde die *Minnetonka* von der Reederei »Sun Company of Philadelphia« erworben und unter dem neuen Namen *Santa Maria* als Versorgungstanker auf der Transatlantikstrecke zwischen Amerika und England eingesetzt. Fast hätte sie den Krieg überstanden, doch zu Beginn des Jahres 1918 besiegelte sich auch das Schicksal des Tankers.

Kapitän John V. Olsson verließ mit seinem Schiff am Morgen des 20. Januar 1918 mit einer Ladung Treibstoff im Werte von US-$ 152.870 den Hafen von

Abb. 87

***U 19*, das unter dem Kommando von Kapitänleutnant Johannes Spieß lief.**

Abb. 88

Der amerikanische Tanker *Santa Maria* (ex *Minnetonka*).

Chester in Amerika. Gegen Mittag schloß sich die *Santa Maria* einem nach Osten ablaufenden Konvoi an. Ziel dieses Geleitzuges war Lamlash im schottischen Clyde. Die Reise verlief bis zum 19. Februar ohne Zwischenfälle. In der Nacht vom 19. auf den 20. Februar 1918 geriet jedoch der Geleitzug etwa 250 Meilen vor der nordirischen Küste in ein schweres Unwetter. Im Verlauf eines aus nordwestlicher Richtung ziehenden Sturmtiefs wurde die *Santa Maria* von dem Konvoi getrennt. Kapitän Olsson blieb nichts weiter übrig, als seine Fahrt alleine – ohne den Schutz der begleitenden Zerstörer – fortzusetzen. In Kriegszeiten ein gefährliches Unterfangen! Doch zunächst lief alles nach Plan. Am Morgen des 25. Februar befand sich die *Santa Maria* bereits zwei Meilen östlich des Leuchtturms von Altacarry vor der nordirischen Insel Rathlin. Gegen 10.55 Uhr wurde der Tanker dort von einem britischen Patrouillenboot gestoppt.

Kapitän Olsson erhielt die Anweisung, seine Fahrt unter dem Schutz von vier bewaffneten Fischdampfern in Richtung Lough Foyle fortzusetzen. Der Führer dieser Sicherungsflotte befahl Kurs auf den Rathlin Sound zu nehmen, da er der Auffassung war, daß es sicherer sei, in der Nähe der Küste zu fahren. Schließlich waren in der vergangenen Nacht U-Boot-Bewegungen nördlich von Rathlin Island gemeldet worden. Genau zwei Stunden später war die Fahrt der *Santa Maria* dennoch zu Ende. Ein Torpedo des deutschen U-Bootes *U 19* unter dem Kommando von Kapitänleutnant Johannes Spieß explodierte um 12.55 Uhr im Vorschiff des Tankers. Schon wenige Minuten nach dem Treffer sackte der Bugsteven unter die Wasseroberfläche. Kapitän Olsson stellte fest, daß seine Situation hoffnungslos war. Resignierend gab er den Befehl das sinkende Schiff zu verlassen und auf die beidrehenden Begleitschiffe überzusetzen. Eine knappe Stunde später sank die *Santa Maria* bis zur Brücke unter die Wellen. Lediglich das Heck ragte noch steil aus dem Wasser, bevor der Tanker etwa 20 Minuten später endgültig in die Tiefe glitt.

Heute liegt der Tanker steuerbords auf dem steinigen Meeresgrund. Man erreicht die obere Bordwand in einer Tiefe von 48 Metern. Die Unterkante des Heckbereiches befindet sich in 63 Meter Tiefe, während der Bug in einer Tiefe von 72 Metern ruht. Das Wrack wurde erst vor wenigen Jahren von meinem Freund Tommy Cecil gefunden und ist noch relativ wenig betaucht worden.

Die Bergung der Schiffsglocke

Seit drei Jahren führt unsere Gruppe eine genauere Untersuchung des Wracks durch. Während eines meiner letzten Tauchgänge an der *Santa Maria* entdeckten wir auf dem Meeresgrund unterhalb der Brücke in einer Tiefe von 63 Metern etwas Interessantes: Vom sandigen Untergrund und herumliegendem

Abb. 89

Von l. n. r.: Norman Woods, Autor Mario M. Weidner und Oliver McElroy mit geborgenen Granathülsen, nach einem Tauchgang am Buggeschütz der *Santa Maria* auf 73 Meter.

Geröll fast völlig verborgen, erregte ein kleines Stück Messing unsere Aufmerksamkeit, von dem nur wenige Zentimeter zu sehen waren. Der Form nach sah es aus wie der Rand eines Tellers, doch nachdem wir die Stelle etwas vom steinigen Sediment befreit hatten, stellten wir fest, daß dieser Fund viel zu groß für einen Teller war. Außerdem war unser Fundobjekt mit einem Metallgestell verschraubt. Da wir die geplante Grundzeit fast ausgeschöpft hatten, unternahmen wir keine Anstalten, an dem noch nicht identifizierten Objekt zu arbeiten. Bei Tauchgängen in dieser Tiefe ist es sehr wichtig, sich genaustens an die Planung zu halten. Aufgeregt besprachen wir nach unserem Auftauchen unseren Fund. Norman, mein Tauchpartner, war der festen Überzeugung, daß es sich nur um die Schiffsglocke handeln konnte. Auch Tommy teilte diese Ansicht und so beschlossen wir, am nächsten Tag zu der betreffenden Stelle des Wracks zurückzutauchen, um uns Gewißheit zu verschaffen.

Früh am nächsten Morgen kehrten wir dann zur *Santa Maria* zurück. Die erste Tauchgruppe, zu der auch ich gehörte, tauchte geradewegs zu der Stelle, an der wir die Glocke vermuteten. Nach einer Tauchzeit von 23 Minuten hatten wir es geschafft: Die Halterungen am Gestell waren gelöst und die Fundstelle war weitestgehend von Sediment und Gestein befreit. Norman schwamm ein letztes Mal in die aufgewühlten Sedimentwolken und versuchte, den nun freigelegten Fund zu ertasten. Sekunden später tauchte er aus der Schlammwolke heraus und schüttelte mir die Hand. Wir hatten die Glocke gefunden!

Beim Auftauchen begegneten wir der zweiten Gruppe, bestehend aus Tommy und Oliver, die sich nun gegen die einsetzende Strömung zum Wrack begaben. Schnell verständigten wir uns mit Handzeichen, daß die Glocke bereit zur Bergung war – und schon versanken die beiden in der Tiefe, um unsere Arbeit zu beenden. Zurück im Boot suchte ich erwartungsvoll das Meer ab. Ich wartete darauf, daß der prall gefüllte Hebesack mit der Glocke die Wasseroberfläche durchbricht und wir unseren Fund ins Trockene ziehen können.

Doch heute ist das Glück nicht auf unserer Seite. Oliver erzählt uns später, was am Wrack passierte: Zunächst verlief alles nach Plan. Die Glocke wurde mit einem Seil am Hebesack befestigt und der mit Luft gefüllte Hebesack schoß nach oben. Dann aber geschah es: an einem hervorstehenden Wrackteil in Höhe der Brücke blieb der Hebesack hängen und wurde durch scharfe Metallteile des Wracks aufgeschlitzt. Die Glocke fiel auf den Meeresgrund zurück und mußte nun mit einem neuen Hebesack nach oben geschickt werden. Doch ein Unglück jagt bekannterweise das andere! Während diesmal der Hebesack mit der Glocke an der Wasseroberfläche erscheint, muß sich das Halteseil, das um die Glocke geknotet war, beim Aufprall am Wrack gelockert haben, denn erneut haben wir Pech: Noch während ich das Boot beidrehe, damit Norman die Glocke heranziehen kann, sehen wir mit entsetzten Augen, wie eine Welle den Hebesack empor hebt, sich unser wertvoller

Fund aus dem Halteseil löst und die Glocke wieder in die Tiefe sinkt. Offensichtlich war heute nicht unser Tag.

Am nächsten Tag sollte unser Vorhaben aber endlich gelingen. Erneut in Gruppen aufgeteilt, suchen wir die Umgebung der *Santa Maria* systematisch ab. Nach nur 11 Minuten Tauchzeit findet Norman die Glocke in 66 Meter Tiefe etwa 20 Meter vom Wrack entfernt neben mehreren Bullaugen auf dem Sand und macht mit wilden Bewegungen auf sich aufmerksam. Diesmal wollen wir sicher gehen. In einem mitgebrachten stabilen Netz schwebt die Schiffsglocke wenige Minuten später endgültig nach oben, während Tommy und Oliver noch einige Bullaugen nach oben schicken. Nach unserer obligatorischen Dekopause, die uns dieses Mal besonders lange vorkommt, können wir unsere schwer verdiente Trophäe endlich in Empfang nehmen.

Die massiv aus Messing gefertigte Glocke zeigt noch den ursprünglichen Schiffsnamen *Minnetonka* vom Stapellauf im Jahre 1901. Sie wurde später von uns feierlich an Tommy Cecil übergeben und dem Rathlin Dive Center gestiftet, wo sie heute ausgestellt ist.

Die Torpedierung des Dampfers *Calgarian*

Wie interessant die Recherche eines Schiffsunterganges sein kann, zeigt das folgende Beispiel des englischen Hilfskreuzers *Calgarian*. Gleichzeitig gibt dieser Fall einen sehr guten Einblick, welche Dokumente für den Wracksucher

Abb. 90

Die geborgene Schiffsglocke der *Santa Maria* (ex *Minnetonka*).

Abb. 91

Das Herstellerschild der *Santa Maria*.

und Historiker nach all den Jahren noch in den Archiven zur Verfügung stehen. Bei der Auswertung der Kriegstagebücher der U-Bootkommandanten zeigte sich auch, mit welchen Tricks und welchem Wagemut deutsche U-Boote operierten: So wurde der Hilfskreuzer *Calgarian* erst beim zweiten Anlauf, nachdem die kompletten feindlichen Sicherungsfahrzeuge untertaucht worden waren, versenkt.

Die ursprünglich als Passagierliner für den Linienverkehr der Allan Line Steamship Company im Jahre 1914 auf der Werft von Fairfield in Belfast gebaute *Calgarian* war ein Schiff mit einer Tonnage von 17.515 BRT. Ihre beiden Dampfturbinen leisteten 21.000 PS und ermöglichten eine Geschwindigkeit von 20 Knoten. Gleich nach ihrer Fertigstellung wurde das Schiff von der englischen Admiralität übernommen, zum Hilfskreuzer umgebaut und der 9ten Cruiser Squadron der Royal Navy unterstellt, die zu diesem Zeitpunkt aus drei Kreuzern und fünf Hilfskreuzern bestand. Auf dem Schutzdeck wurden acht 12-cm-Geschütze in die vorhandenen Befestigungsplatten eingebaut. Danach mußten lediglich noch die Teile des Schanzkleides abgeschnitten werden, um den Geschützen den größtmöglichen Bestreichungswinkel zu verschaffen. Außerdem erhielt die Brücke einen optischen *Barr & Stroud*-Entfernungsmesser sowie einige Scheinwerfer. In den Ladeluken wurden provisorische Munitionskammern eingerichtet. Dünne Panzerplatten und aus Tauwerk geflochtene Matten schützten wichtige Bereiche des Schiffes oberhalb des Oberdecks. Ein großer Teil der leicht entzündlichen Verkleidung der Kabinen, in den Gesellschaftsräumen und in den Zwischendecks, wurde entfernt. Zur Verbesserung der Verständigung von der Brücke zu den Geschützen, zum Maschinenraum und zum achtern gelegenen Hilfssteuerstand wurde ein Sprachrohrsystem eingebaut. Die ursprünglich weißen Aufbauten wurden in aller Eile mit einem grauen Anstrich versehen, und nur wenige Tage später stand die *Calgarian* als Hilfskreuzer zur Verfügung. Ihre erste Aufgabe bestand darin, im Mittelatlantik Patrouillienfahrten durchzuführen.

Am 1. März 1918 war die *Calgarian* unter dem Kommando von Kapitän R.A. Newton in der Nähe von Nordirland als Sicherungskreuzer für einen Konvoi bestehend aus dreißig Handelsschiffen eingesetzt. Neben der Aufgabe des Begleitschutzes diente die *Calgarian* dieses Mal auch als Transporter für eine große Anzahl von Marinesoldaten, die zu ihren neuem Einsatzort gebracht werden mußten. Die deutsche Admiralität hatte gerade den uneingeschränkten U-Boot Krieg gegen die alliierten Geleitzüge im Bereich zwischen Irland und Schottland angekündigt. Die *Calgarian* war das erste Opfer dieser Kampagne, als sie nach insgesamt vier Torpedotreffern des deutschen U-Bootes *U 19* unter dem Kommando von Kapitänleutnant Johannes Spieß versenkt wurde. Sie sank innerhalb kürzester Zeit und riß zwei Offiziere und 47 Besatzungsmitglieder mit in den Tod.

Kptl. Johannes Spieß schreibt über den Angriff in seinem Tagebuch:

»01. März 1918, 07.00 Uhr. (...) habe wieder Wartestellung vor dem Nordkanal bei der Insel Rathlin bezogen. Die Bewachung besteht aus zwei Fischdampfern und sechs Luftschiffen, die vor dem Nordkanal in unterschiedlichen Höhen kreisen.
17.20 Uhr. Steuere Angriff auf großen Dampfer, der Zick-Zack-Kurse steuert und durch zwei Zerstörer gesichert wird. Kurz vor meiner möglichen

Abb. 92

Die am 1. März 1918 nördlich von Rathlin Island torpedierte *Calgarian*.

Schußabgabe, ändert der Dampfer unerwartet seinen Kurs, so daß ich nunmehr zu einem Heckangriff übergehen muß.
17.36 Uhr. Feuerbefehl. Schuß aus Rohr III. Die Torpedo-Tiefeneinstellung beträgt 2,5 Meter, Entfernung: 180 Meter. Treffer!
17.50 Uhr. Ich wage einen Rundblick durch das Sehrohr. Der Dampfer schwimmt offensichtlich ganz normal. Zwei rote Flaggen werden im Toppmast gehißt. Der eine der beiden Zerstörer umkreist den angeschossenen Dampfer, während der andere Zerstörer die Gegend mit dichtem Ölqualm einnebelt, um mir die Sicht zu nehmen. Zwei Fischtrawler gehen nun ebenfalls längsseits des Dampfers. Von allen Seiten kommen weitere Wachschiffe heran. Um das Sinken des Dampfers zu erreichen, muß ich einen weiteren Angriff fahren. Der Batterieinhalt unserer Tauchzellen ist nahezu erschöpft. Ich wage den Angriff trotzdem! Noch bevor mein Boot auf eine akzeptable Schußentfernung herangeschlichen ist, erreichen fünf weitere Zerstörer den Dampfer. Die Zerstörer kamen von einem auslaufenden Konvoi, der nun in einer Entfernung von 2 Seemeilen gestoppt liegt. Von der Insel Rathlin erreichen weitere 11 Wachschiffe den Angriffsort. Zwei Trawler haben mittlerweile Schlepptrossen am Dampfer festgemacht und sind im Begriff anzuschleppen. Mehrere Begleitschiffe gehen nun zum Schutz des Dampfers an dessen Längsseite.
18.36 Uhr. Beide Bugtorpedos werden auf eine Tiefeneinstellung von 5 und 6 Metern einjustiert, um die Begleitschiffe zu unterschießen und den Dampfer trotz der Seitensicherung zu treffen.
18.39 Uhr. Feuerbefehl. Doppelschuß im Drehen des Bootes aus 2. und 1. Rohr. Entfernung 500 Meter. Beides Treffer. Unser Boot wird infolge der glatten See kurz vor dem Abfeuern der beiden Torpedos gesehen. Ein

Abb. 93

„U 19"

Datum Uhrzeit	Art des Fahrzeuges, ungefähre Größe, falls möglich, Stärke Convoys.	ungefährer Kurs	ungefährer Schiffsort	Bemerkungen.
25.2. Vm.	2 Dampfer	einlf.	Dicht unter Land bei Rathlin, Jsl.	Außer Angriffsgebiet.
25.2. 55 Nm.	2 Dampfer 5000 u. 10000 ts.	einlf.	20 sm. S W. von Mull of Cantyre.	1 Dampfer 10000 ts. durch Torpedo versenkt.
25.2. Nm.	2 Gr. Tankdampfer.	einlf.	5 sm North Rathlin, Jsl.	1 Dampfer 5000 ts. durch Torpedo versenkt.
26.2. Nm.	Geleitzug 6 Dampfer .	einlf.	Einfahrt von Belfast.	1 Fampfer 5000 ts. durch Torpedo verqenkt.
27.2. 55 Vm.	Geleitzug 5 Dampfer .	auslf.	vor Belfast.	Außer Angriffsgebiet.
27.2. 55 Vm.	Geleitzug 2 gr.u.1 mittl. Dampfer.	einlf.	10 sm Ost von Black Head	Keine Angriffsmöglichkeit.
1.3. Nm.	Dampfer oder Hilfskreuzer 17515 tons.	S.O. Kurs.	9 sm N W Rathlin Jsl.	Durch Torpedo versenkt.

Angriffsaufzeichnungen von *U 19*.

Abb. 94

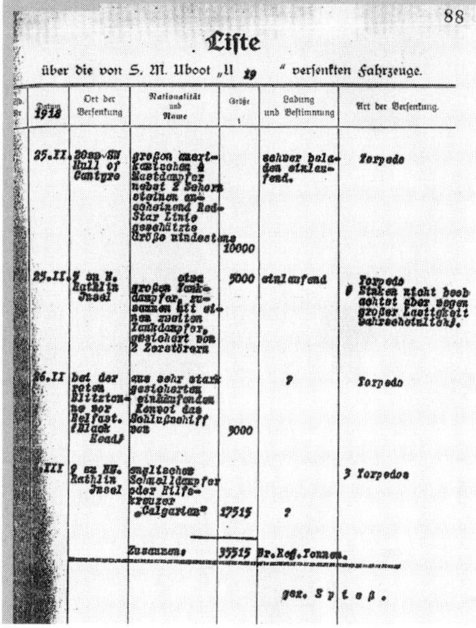

88

Liste

über die von S. M. Uboot „U 19“ versenkten Fahrzeuge.

Datum 1918	Ort der Versenkung	Nationalität und Name	Größe t	Ladung und Bestimmung	Art der Versenkung.
25.II.	20sm SW Mull of Cantyre	großen amerikanischen 4 Mastdampfer nebst 2 Schornsteinen anscheinend Red-Star Linie geschätzte Größe mindestens	10000	schwer beladen einlaufend.	Torpedo
25.II.	5 sm N. Rathlin Insel	etwa großen Tankdampfer, zusammen mit einem zweiten Tankdampfer, gesichert von 2 Zerstörern	5000	einlaufend	Torpedo (Sinken nicht beobachtet aber wegen großer Lastigkeit wahrscheinlich).
26.II	bei der roten Blitztonne vor Belfast. (Black Head)	aus sehr stark gesicherten einlaufenden Konvoi das Schlußschiff von	3000	?	Torpedo
[illegible].III	9 sm NW. Rathlin Insel	englisches Schnelldampfer oder Hilfskreuzer „Calgarian“	17515	?	3 Torpedos
		Zusammen	35515	Br.Reg.Tonnen.	

gez. Spieß.

Auflistung der von *U 19* versenkten Fahrzeuge.

Fischdampfer rauscht in großer Fahrt auf uns zu. Gebe Befehl tiefer zu tauchen. Zwei Wasserbomben explodieren in unmittelbarer Entfernung unseres Bootes. Bis auf eine zerbrochene Kompaßbeleuchtung sind keine weiteren Schäden zu verzeichnen. Es folgen vier weitere Wasserbomben, als unser Boot bereits auf einer Tiefe von 50 Meter taucht. Verlasse den Angriffsort auf großer Tiefe.
21.15 Uhr. Gebe Befehl zum Auftauchen. Ausblasen. Radio meldet die Versenkung des bewaffneten Hilfskreuzers Calgarian, *17.515 BRT, mit dem Verlust von 2 Offizieren und 46 Besatzungsmitgliedern.«*

Vom U-Bootkommandanten zum Buchautor

Einige Jahre später schreibt Kapitänleutnant Johannes Spieß in Kapitel 12 seines Buches »Sechs Jahre U-Bootkrieg«:

»(...) Am 1. März 1918 (...) blockierte (ich; Einfügung d. V.) gerade in der Nähe von Rathlin den Eingang zum Nordkanal. Es war Golfstromfrühlingswetter, sehr sichtig mit langsam ganz einschlafendem Wind. Die Enge wurde an diesem Tage von drei Fischdampfern bewacht, die dort langsam auf und ab standen. Die hohen Felsküsten mit ihren Gehöften und Leuchtürmen bildeten

einen malerischen Hintergrund. Gegen Mittag kamen nacheinander sechs unstarre Luftschiffe in Sicht, die wie muntere Spatzen Kapriolen ausführten und anscheinend »einen guten Sport« hatten, indem sie gegen die Felswände anflogen und dann mit erstaunlicher Steigefähigkeit daran vorbei und ganz knapp darüber hinwegglitten.

Wir mußten jetzt sehr sparsam im Sehrohrgebrauch sein. Gegen 4 Uhr erschien noch eine Dwarslinie von acht Fischdampfern, die nach Signalen evolutionierten, vielleicht waren sie eine sogenannte Horchverfolgungsgruppe. Sonst war, wie üblich, der ganze Horizont leer und öde. Als ich um 5 Uhr das Sehrohr ausfuhr, entdeckte ich im Nordwesten einen einlaufenden Zweischornsteindampfer, der mit hoher Fahrt im Zickzack und gesichert von zwei großen Zerstörern sich näherte. Wird er in Angriffsbereich kommen? Vorläufig sah es nicht so aus. Mit möglichst hoher Fahrt, wie sie nach der bereits zehnstündigen Unterwasserfahrt noch möglich war, versuchte ich seine Generalkurslinie zu erreichen. Zwei Bug- und ein Heckrohr waren klar. Es sah nicht so aus, daß ich ihn noch erreichen würde, und ich resignierte schon, als ich beim nächsten Sehrohrausfahren bemerkte, daß er fast direkt auf U 19 zudrehte. Zum Bugschuß war es nun schon zu nah, ich mußte mich vor dem heranbrausenden Liner noch schnell vorbeiziehen – und das ohne noch einmal das Sehrohr zu zeigen, wegen der ölglatten See.

»Beide Maschinen alle Fahrt voraus! Heckrohr fertig!«

»Meldung, wenn zwei Minuten um sind!«

»Vorhaltewinkel einstellen!«

»Maschinen kleine Fahrt voraus!«

Sehrohr ausfahren. ... Rundblick. ... Seitenzerstörer ist frei. Wir sind eben frei von der Kurslinie. Ziel wandert schon ein (Abstand?). Sehrohr tiefer. Heckrohr los. ... Auf Tiefe gehen. ... Rrumms. Donnerwetter, das war nah.

»Laufstrecke nach Zeit?«

»180 Meter.«

»Bloß runter mit dem Boot! Maschinen alle Fahrt!«

Wo bleiben denn heute die Wasserbomben? Die Uhr zeigt 5.36 Uhr nachmittags.

Nach 14 Minuten traute ich mich vorsichtig auf Sehrohrtiefe und sah ein mir stets unvergeßliches Bild vor mir. Ruhig und majestätisch lag das große Schiff da, seine Schwimmlage war vollkommen unverändert. Der Qualm aus seinen Schornsteinen wirbelte senkrecht in die Luft. Seine Promenadendecks waren mit eilenden Gestalten belebt. Zwei Fischdampfer, die gerade in der Nähe beim Einlaufen passierten, waren bereits bei ihm längseits. Der eine Zerstörer sauste wie ein fliegender Bettsack um seinen verwundeten Schützling, der andere nebelte ihn ein. Die Sonne stand tief über dem klaren Horizont und bildete einen selten malerischen Hintergrund mit ihren rötlichen Strahlen. Eine ganz leichte Abendbrise begann sich zu regen. Als Signal, daß es von einem U-Boot torpediert war, hatte das Riesenschiff zwei rote Flaggen übereinander gesetzt und vom nahen Eingang des Nordkanals eilten zahlreiche Rauchwolken herbei. Dort standen ja allein 11 Fischdampfer auf und ab.

Der Anblick dieses Schauspiels war derart einzigartig, daß ich Offiziere und einen Teil der Besatzung kurz durch durch das Sehrohr blicken ließ. Dann fuhr ich dasselbe ein und drehte meinen Bug wieder der Angriffsstelle zu. Trotz des geringen Stromvorrates mußte ich noch einmal zu Schuß kommen, da der Gegner sonst eingeschleppt wurde.

Aufs höchste gespannt pirschten wir uns heran. Nur zweimal sollte das Sehrohr kurz ausgefahren werden. Beim ersten Mal sah ich folgendes Bild: Außer den erwarteten 11 Fischdampfern waren plötzlich noch fünf weitere Zerstörer um den Harvaristen versammelt. Wo kamen denn die plötzlich her? Ich drehte das Sehrohr schnell weiter und staunte: In zwei Seemeilen Entfernung lag ein großer Konvoi gestoppt und wurde von drei sogenannten Foxgloves (U-Bootabwehrkreuzern, Anmerkung d. V.) umstreift. Dieser Geleitzug war gerade beim Auslaufen gewesen und mit von ihm stammten die Rauchwolken, die ich vorher bei Rathlin gesehen hatte. Er hatte fünf Begleitszerstörer bei sich gehabt.

Am Schnelldampfer war die Lage folgende: Zwei Fischdampfer hatten schon vorn Schlepptrossen hinübergegeben. An seiner Backbordseite lagen zwei Zerstörer und ein Fischdampfer festgemacht und nahmen Leute über. Wegen dieser Fahrzeuge mußte es vermieden werden, eins derselben statt des »dicken Bobbies« zu treffen. Ich stellte also beide Bugtorpedos auf fünf und sechs Meter um.

Jetzt kamen wir in Angriffsnähe und hörten die Turbinengeräusche der oben herumstöbernden Zerstörer und das Schlagen der Fischdampferschrauben. Wir fuhren »geräuschlose Fahrt«. Um 6.39 Uhr nachmittags fuhr ich das Sehrohr zum Schuß aus:

»Hart Backbord!«

Ziel wird schon geschleppt. ... Rundblick. ... Verdammt dicht hinter uns dreht ein Fischdampfer aufs Sehrohr los.

»Maschinen halbe Fahrt!« ... »Zweites Rohr los! Erstes Rohr los!« ... »Alle Mann voraus, so schnell wie möglich!«

Rabumm, rabumm. ... Alles wackelt, Licht geht aus. ... Kompaß ist unklar, Ruder mitschiffs. ... Rrumms, ... rrumms. ... Hurra, zwei Treffer. ... U 19 saust in die Tiefe. ... Rabumm, ... rabumm, noch zwei Wasserbomben.

Pause, dann noch zwei. Uff, hier war wirklich »dicke Luft«. Inzwischen stürzten wir unter dem Opfer durch auf dessen andere Seite.

Die ersten beiden Wasserbomben hatte der Fischdampfer direkt in unseren Ausstoßschwall »gedroppt«. Sie knallten uns um die Ohren, bevor unsere Torpedos detoniert waren. Ein Wunder, daß unser Boot sonst intakt geblieben war. Unser Stromvorrat war gleich zu Ende, ein Glück, daß die Nacht schnell anbrach und wir nach einem ersten vergeblichen Versuch, der durch einen Zerstörer vereitelt wurde, endlich auftauchen konnten.

Wir zogen eine breite Ölspur hinter uns her, die wir erst am nächsten Tage beseitigen mußten. Unser Opfer war anscheinend gesunken, hoffentlich auch noch einer der längsseits liegenden Zerstörer. Näheres über unseren Erfolg erfuhren wir erst im Kattegatt. – Wir hatte den englischen Hilfskreuzer Calgarian von 17.500 Tonnen versenkt. Insgesamt wurden auf dieser Fahrt 35.000 Tonnen feindlicher Schiffsraum versenkt. Unter den Opfern befand sich auch noch ein amerikanischer Dampfer von über 10.000 Tonnen (der Tanker Santa Maria; Anmerkung d. Verfassers).

Beim Sammeln vor der Aufnahme an der deutschen Küste am 7. März 1918 durch die Geleitfahrzeuge ereignete sich eine kleine Sensation: Wir lagen auf dem Grunde, um die Dunkelheit abzuwarten und riefen mit dem Unterwasserschallapparat U 94 an, um ihm ein Signal zu machen. Nach kurzer Zeit meldeten sich außerdem noch U 62, dann U 102, dann U 91 usw., kurz, wir lagen zu acht Booten dicht nebeneinander auf dem Meeresboden. Ein seltener Zufall.

In Wilhelmshaven war großer Empfang, da wir mit fünf großen U-Booten gleichzeitig dort in die Schleuse einliefen. U 19, das die meisten Erfolge von dieser Fahrt zurückgebracht hatte, erhielt sogar die Musikkapelle des Befehlshabers der U-Boote an Bord und wir fuhren nach unserem Wohnschiff.

Anläßlich der Versenkung der Calgarian erhielt ich das Ritterkreuz des Hohenzollernschen Hausordens.«

Heute liegt die *Calgarian* auf der Nordwestseite der Insel Rathlin Island in einer Tiefe von 115 Metern. Das Wrack steht aufrecht und man erreicht das Deck in etwa 90–95 Metern.

Aufgrund der extrem starken Gezeitenströmung von bis zu 5 Knoten kann das Wrack nur an wenigen Tagen des Jahres betaucht werden. Dennoch hat unser Tauchteam dort bereits zwei erfolgreiche Tauchgänge durchgeführt.

Nasses Grab für *UB 82*

Abb. 95

***UB 82*, unter dem Kommando von Kapitänleutnant Becker, verließ am 6. April 1918 den Heimathafen in Bremerhaven für eine Fernoperation in der Gegend des Nordkanals der Irischen See.**

Unzählige U-Boote aus beiden Weltkriegen fanden in den Kriegsjahren ein schreckliches Ende. Meist gab es keinerlei Überlebende beim Untergang und alle Seeleute fanden in dem engen Stahlrumpf des Bootes ihre letzte Ruhestätte. Für unser Tauchteam ist es selbstverständlich, diese Grabesruhe nicht durch Eindringen in das Wrack zu stören, da wir Achtung vor den verstorbenen Besatzungsmitgliedern haben. Um jedoch bei der Vielzahl der in der Irischen See gesunkenen und vermißten U-Boote Historikern und Besatzungsangehörigen Gewißheit über den Verbleib der Boote geben zu können, haben wir uns entschlossen, diese Boote zumindest zu identifizieren. Das deutsche Unterseeboot *UB 82* ist nur ein Beispiel für viele andere, die wir in den letzten Jahren durch einen Tauchgang zum Wrack identifizieren konnten.

Ein Auszug aus der »Fremden Presse« Nr. 92 vom Dezember 1921 bestätigte schließlich den Untergang. Während einer Verhandlung vor dem Britischen Prisengericht wurde über die Höhe des Prisengeldes entschieden, das den Besatzungen der englischen Schiffe für die Versenkung von *UB 82* ausgezahlt

Abb. 96

Nach Erreichen des Einsatzgebietes wurde *U 82* zuletzt am 15. April 1918 von der Besatzung von *U 19* in der Nähe von Rathlin Island gesehen, als zwischen den Booten Erkennungssignale ausgetauscht wurden. Seit diesem Tag gilt *UB 82* als im Einsatz vermißt.

werden sollte. Hierbei wurde der Untergang des U-Bootes folgendermaßen geschildert:

»(...) Am 17. April 1918 patrouillierten die beiden englischen, bewaffneten Fischtrawler Pilot Me *und* Young Fred *im Nordkanal vor der Irischen Küste. Um 17.15 Uhr entdeckten die beiden Trawler vor der Bucht von Fair Head, ein feindliches U-Boot in unmittelbarer Nähe ihrer Schiffe. Das auftauchende U-Boot wurde sofort von den beiden Trawlern mit Artilleriefeuer unter Beschuß genommen. Nach mehreren schweren Treffern im Turmbereich versinkt das U-Boot gegen 17.30 Uhr mit dem Bug voraus in Position: 55°13'N/ 05°55'W«.«*

Das U-Boot wurde identifiziert als *UB 82* mit einer Besatzung von 35 Mann. Es gab keine Überlebenden. Der Präsident des englischen Prisengerichtes gewährte den Besatzungen der englischen Trawler *Pilot Me* und *Young Fred* für die Versenkung von *UB 82* jeweils die Summe von 175 Pfund Sterling.

Die Überreste des U-Bootes ruhen heute nur wenige Bootsminuten vom Wrack der *Santa Maria* vor dem Felsmassiv von Fair Head in einer Tiefe von 88 Meter. Das Wrack liegt auf der Backbordseite und ist stark zerbrochen und eingefallen. Das U-Boot wurde anhand der auf der Schiffsschraube eingeschlagenen Kennzeichnung identifiziert. Alle Luken sind nach wie vor geschlossen, was darauf zurückzuführen ist, daß keines der Besatzungsmitglieder sich aus dem Boot retten konnte. Zum Gedenken an die gefallenen Seeleute wurde von uns am Turmluk eine Gedenkplatte mit den Namen der Toten hinterlegt.

Die englische Kaiserin *Empress of Britain*

Neben den bekannten Passagierlinern *Titanic* und *Britannic* war das englische Passagierschiff *Empress of Britain* eines der gewaltigsten und luxuriösesten Schiffe dieses Jahrhunderts. Von den meisten Menschen längst vergessen, liegt das Wrack etwa 70 Seemeilen nordwestlich der nordirischen Küste in einer Tiefe von 148 Metern. Die genaue Wrackposition sowie die an dieser Stelle anzutreffende Meerestiefe erfuhr ich jedoch erst einige Jahre später.

Zunächst stieß ich im Herbst 1990 in den Kriegsverlustlisten von Lloyds in London sowie in den Kriegstagebüchern der deutschen Admiralität auf den Hinweis, daß das Schiff auf der Fahrt von Kanada nach England etwa 150 Seemeilen nordwestlich der Irischen Küste durch deutsche Jagdbomber angegriffen worden und zwei Tage später nach Torpedotreffer untergegangen sei. Nachdem ich in meinem privaten Archiv ein Bild der *Empress of Britain* fand und mir die enormen Ausmaße des Schiffes bewußt wurden, ließ mich der Gedanke an diesen Liner nicht mehr los. Schnell wurde mir klar, daß es sich bei dem Wrack der *Empress of Britain*, neben der *Titanic* und der *Britannic*, um eines der größten Schiffswracks dieser Erde handeln mußte. Ein Blick auf die Seekarte des in Frage kommenden Gebietes ließ in mir die Hoffnung aufkeimen, daß das Wrack in betauchbaren Tiefen liegen könnte.

Wieder einmal hatte mich das Wrackfieber gepackt. Ich begann, mich näher mit der Geschichte dieses riesigen Passagierschiffes zu befassen.

Obwohl die *Empress of Britain* in Deutschland bei weitem nicht so einen hohen Bekanntheitsgrad genießt wie ihre berühmten Vorgängerschiffe, war sie mit 42.348 BRT nach der 1916 gesunkenen *Britannic* (48.158 BRT) und der im Jahre 1912 gesunkenen *Titanic* (46.329 BRT) das größte je in Großbritannien gebaute Passagierschiff. Gleichzeitig war es das größte Fahrgastschiff, das die Reederei Canadian Pacific Railway Co. bis heute in ihrem Besitz hatte. Im Sommer 1922 hatte die Canadian Pazific ihre bis dahin besten Passagierschiffe die *Empress of Scotland* sowie die *Empress of Australia*, beides ehemalige deutsche Schiffe, auf der Nordatlantikroute zwischen Southhampton und New York eingesetzt. Zu ihnen gesellte sich ein Jahr später die *Empress of France*.
Alle diese Schiffe liefen eine Geschwindigkeit von 17–19 Knoten, doch im Kampf um die schnellste Atlantiküberquerung hatte immer noch die konkurrierende White Star Line, zu der auch die *Titanic* gehört hatte, die Nase vorn. Daher beschlossen die Eigentümer der Canadian Pacific auf der Nordatlantik-

Abb. 97

Der englische Luxusliner »Empress of Britain« während einer seiner im Jahre 1936 durchgeführten Kreuzfahrten in der Ägäis.

route ein noch größeres und vor allen Dingen schnelleres Passagierschiff einzusetzen, um mehr Passagiere anziehen zu können. Natürlich wollten sie auch endlich schneller als die anderen Schiffahrtsgesellschaften auf dieser Route sein. Schnelligkeit und Komfort galten in dieser Zeit schließlich als Aushängeschild jeder Reederei. Längst vergessen waren die Gigantomanie und der Wetteifer, die zum Bau und zum tragischen Ende der *Titanic* geführt hatten.

In Zusammenhang mit dem Baubeschluß für die *Empress of Britain* wurde seitens der Canadian Pacific sogar eine völlig neue Atlantikroute ausgearbeitet. Passagiere nach Chicago beispielsweise könnten mit einer Transatlantik-Passage auf einem schnelleren Schiff als der geplanten *Empress of Britain* nach Quebec und von dort weiter mit der Eisenbahn nach Chicago reisen, wodurch sie einige Stunden Reisedauer gegenüber der normalen Transatlantik-Route nach New York einsparen würden. Außerdem sollte der geplante Schiffsneubau auch für Kreuzfahrten geeignet sein, denn im Winter, wenn der St.Lorenz-Seeweg, den das Schiff auf dem Weg nach Quebec passieren mußte, zugefroren war, gab es im Nordatlantikverkehr ohnehin keinen allzugroßen Passagierandrang.

Die *Empress of Britain* lief schließlich am 28. November 1928 in der renommierten Werft John Brown's im schottischen Clyde mit der Werftnummer »534« vom Stapel und war eines der bemerkenswertesten Passagierschiffe dieses Jahrhunderts. Die Ausstattung des Liners war in vieler Hinsicht einzigartig und bot einen Luxus, der für Schiffe dieser Art wohl unerreicht bleiben dürfte. Die Abmessungen betrugen 228,53 Meter Länge und 29,30 Meter Breite. Ihre

Maschinenanlage war ausgestattet mit vier Turbinen, acht Kesseln und vier Propellerschrauben, die eine Höchstgeschwindigkeit von 24 Knoten erlaubten. Die Passagierkapazität betrug 452 Personen in der 1. Klasse, 260 Personen in der Touristenklasse und 470 Personen in der 3. Klasse.

Die Abmessungen des Schiffes sollten ursprünglich noch gewaltiger sein, doch letztendlich ergab sich eine Begrenzung aufgrund der Tatsache, daß das Schiff sowohl den Panama- als auch den Suezkanal ohne Schwierigkeiten passieren sollte und außerdem als Kreuzfahrtschiff in kleine und große Häfen einlaufen können mußte. Daher war ein maximaler Tiefgang von nur 9,60 Metern notwendig. Das Schiff hatte einen geraden, leicht geneigten Bug, ein Kreuzerheck sowie zehn Decks: Sonnendeck, Bootsheck, Promenadenheck sowie die Decks 'A' bis 'G', wovon die letzten beiden nicht durchlaufend waren. Der Schiffsrumpf war durch 14 wasserdichte Schotten in Abteilungen unterteilt. Von den drei Schornsteinen dienten nur die beiden vorderen als Rauchabzug. Der hintere Schornstein war wie bei vielen Schiffen dieser Größenordnung, so auch bei der *Titanic* und der *Britannic*, lediglich eine Attrappe und diente nur der Maschinenraumbelüftung.

Während der ersten Probefahrt erreichte die *Empress of Britain* eine Geschwindigkeit von 25,52 Knoten, was sich als höchst befriedigendes Ergebnis erwies, denn damit war sie eines der schnellsten Passagierschiffe ihrer Zeit. Ihre erste Reise war, bedingt durch diese hohe Marschgeschwindigkeit, ebenfalls sehr erfolgreich, denn sie überquerte den Atlantik in rekordverdächtiger Zeit und erreichte Quebec von Cherbourg aus in nur knapp fünf Tagen. Die Reisedauer von Cherbourg bis Father Point am St.Lorenz-Strom betrug nur vier Tage, 18 Stunden und 26 Minuten. Dies war absoluter Rekord – die Reederei war am Ziel ihrer Wünsche.

Die Reisegeschwindigkeit der *Empress of Britain* ermöglichte 14tägige Abfahrten von Southhampton aus. Dabei stellte sich der Brennstoffverbrauch als ebenfalls zufriedenstellend heraus. Zudem war die Maschinenanlage äußerst zuverlässig. Aufgrund dieser guten Erfahrungswerte konnte das Schiff in den darauffolgenden Jahren plangemäß während der Sommermonate auf der Nordatlantikstrecke eingesetzt werden, während es in den Wintermonaten als Kreuzfahrtschiff in südlicheren Gefilden Verwendung fand.

In dieser Zeit war die *Empress of Britain* auch in einige kleinere Unfälle verwickelt. Der schlimmste ereignete sich am 16. Juni 1935 im dichten Nebel in der Bucht von St. Lorenz. Auslaufend rammte sie den 5000-BRT-Kohlenfrachter *Kafiristan*. Der Frachter wurde stark beschädigt und drei Besatzmitglieder fanden bei der Kollision den Tod. Die *Empress of Britain* trug jedoch nur leichte Schäden am Bug davon und konnte ihre Reise fortsetzen.

Die letzte Abfahrt als kommerzielles Handelsschiff von Southhampton erfolgte am 2. September 1939. Nach der Ankunft in Quebec wurde das Schiff auf Dock gelegt. Schon zwei Monate später wurde sie bereits wieder seeklar gemacht. Mittlerweile in einem grauen Tarnkleid gestrichen und mit leichter Defensivbewaffnung versehen, wurde sie als Truppentransporter in Fahrt gebracht. Auf der ersten Reise im Dienst der Royal Navy brachte sie kanadische Truppen nach Europa. Hierbei erwies sich die *Empress of Britain* als hervorragend geeigneter Truppentransporter, denn sie konnte dank ihrer hohen Marschgeschwindigkeit zumeist uneskortiert reisen. Begleitzerstörer oder schnelle Korvetten, die in der Lage gewesen wären, bei gedrosselter Fahrt des Dampfers, die Sicherheit des Truppentransporters zu gewährleisten, waren in den Kriegsjahren stets Mangelware, da sie meist in Angriffshandlungen verwickelt waren. Die Britische Admiralität verließ sich darauf, daß bei voller Fahrt weder feindliche U-Boote noch sonstige Kriegsschiffe der *Empress of Britain* folgen konnten, und schickte sie immer häufiger alleine auf die gefährliche Atlantikreise.

Zwar erwies sich die hohe Marschgeschwindigkeit des umgebauten Passagierschiffes tatsächlich als vorteilhaft, denn es gelang dem Kapitän der *Empress* in den nächsten Monaten mehrfach angreifenden U-Boote davonzulaufen, doch bei aller Freude über dieses Glück vergaß man einen entscheidenden wunden Punkt: den Angriff aus der Luft! Während einer erneuten Reise ohne Begleitschutz von Suez via Kap der Guten Hoffnung nach Liverpool stand die *Empress of Britain* am Morgen des 26. Oktober 1940 etwa 150 Seemeilen nordwestlich von Irland in Position 55°00'N/11°16'W, als sie von einem deutschen Focke-Wulf-Bomber unter der Führung von Flugzeugführer und Kommandant, Oberleutnant Jope, entdeckt und angegriffen wurde. Nach insgesamt vier Tiefflugangriffen der FW 200 und mehreren Brandbombentreffern stand das Schiff im Bereich des Promenadendecks und einige Meter hinter der Kommandobrücke lichterloh in Flammen.

Abb. 98

Ein solcher Focke-Wulff-Bomber wurde der *Empress of Britain* zum Verhängnis.

Kapitän z. S. Charles Sapsworth von der *Empress of Britain* blieb dennoch auf der Brücke und koordinierte verzweifelt die Brandbekämpfung auf seinem Schiff. Als die Situation aussichtslos erschien, gab er den Befehl die Rettungsboote zu Wasser zu bringen, um zumindest die Truppen und Hilfskräfte sowie einen Teil der Schiffsbsatzung in Sicherheit zu bringen. Die über Funk herbeigerufenen Hilfsschiffe erschienen wenige Stunden später und konnten die ausgebooteten Passagiere und Besatzungsmitglieder aufnehmen.

Trotz aller Prognosen konnte die an Bord der *Empress of Britain* verbliebene Löschmannschaft den Brand unter Kontrolle bringen. Als gegen Mittag das Feuer nahezu verloschen war, beschloß man, das Schiff an die irische Küste in einen schützenden Hafen zu schleppen. Die beiden Schleppdampfer *Thames* und *Marauder* nahmen das Schiff daraufhin an den Haken und begannen ihre Fahrt zur Küste. Zunächst verlief zwei Tage lang alles nach Plan. Das beschädigte Passagierschiff hielt sich gut über Wasser und der Schleppzug kam langsam, aber stetig voran. Am 28. Oktober jedoch wurde der *Empress of Britain* der endgültige Todesstoß versetzt: Nach einem Torpedo-Doppelschuß des deutschen U-Bootes *U 32* unter dem Kommando von Kptlt. Heinz Jaenisch explodierte der Kesselraum des Passagierschiffes und mit dem Bug voran sank sie innerhalb von wenigen Minuten. Kapitän Sapsworth konnte in letzter Sekunde sein Schiff verlassen. Beim Untergang starben 49 Besatzungsmitglieder, die entweder durch die Kesselexplosion ums Leben kamen oder ertranken.

An dieser Stelle meiner Recherche hatte ich natürlich längst meine irischen Freunde und Tauchpartner darüber informiert, daß ein riesiger Passagierdampfer in ihren heimischen Gewässern, dem Nordkanal der Irischen See, liegen mußte. Da ich wußte, daß meine Partner so wie ich enthusiastische Wrack-

Abb. 99

Die brennende *Empress of Britain* kurz vor ihrem Untergang.

taucher sind, die in mühsamer Kleinarbeit nach neuen Wrackpositionen suchen, war ich nicht sonderlich überrascht, daß sie längst von der *Empress of Britain* gehört hatten. Gerüchte und jede Menge Taucherlatein kursierten schon lange zwischen den ortsansässigen Tauchern. Oliver, einer meiner irischen Tauchpartner war, so wie ich, auch schon längere Zeit dem Mythos der *Kaiserin* verfallen. Mit den Jahren wurde das Wrack nahezu zu einer Legende. Alle wußten von seiner Existenz, doch niemand war in der Lage, auch nur eine vage Positionsbestimmung durchzuführen. In den darauffolgenden Monaten versuchten sowohl meine Partner in Irland als auch ich in Deutschland anhand der gesammelten Informationen und durch Auswertung von Archivmaterial die Untergangsstelle der *Empress* näher einzukreisen. Unser größtes Problem war die Tatsache, daß wir nur eine ungenaue Standortbestimmung des Schiffes zum Zeitpunkt des Flugzeugangriffes vornehmen konnten. Wir gingen jedoch davon aus, daß der Dampfer nach dem Löschen der Brände durch die Schleppschiffe mit direktem Kurs auf die irische Küste eingeschleppt wurde. Durch Mitkoppeln dieses vermuteten Kurses sowie ungefähres Bestimmen der Marschgeschwindigkeit, die der Schleppzug maximal laufen konnte, näherten wir uns immer mehr einem Seegebiet, in dem Hunderte von Schiffswracks liegen. Jede dieser Positionen mit Sonar und Echolot auf ihre Ausmaße hin zu überprüfen, geschweige denn an diesen Stellen zu tauchen, hätte weitere Jahre gedauert.

Im Dezember 1991 glaubten wir schon, die Position der *Empress* zu kennen, doch an dieser Stelle war das Wasser über 120 Meter tief, so daß an einen Tauchgang zunächst nicht zu denken war, denn niemand von uns war bis zu diesem Zeitpunkt so tief getaucht.

Aufgrund der unbefriedigenden Ergebnisse unserer Recherchen, denn die Zeit für ein Tauchprojekt in dieser Tiefe war noch nicht reif, wendeten wir uns anderen Wracks in geringeren Tauchtiefen zu, von denen es im Seegebiet des Nordkanals genügend gibt.

Als wir zufällig im August 1995 den entscheidenden Hinweis durch einen befreundeten Fischer bekamen, wußten wir, daß wir uns geirrt hatten. Die zunächst vermutete Position der *Empress* sollte sich Jahre später als die Untergangsstelle des am 05.02.1918 gesunkenen Passagierschiffs *Tuscania* entpuppen. Von dem Hochseefischer erfuhren wir, daß er an einer völlig anderen Stelle, etwa 25 Seemeilen nördlich unseres ursprünglichen Suchgebietes, einen großen Sonarkontakt aufzeichnen konnte, der aufgrund der Ausmaßen auf ein sehr großes Wrack schließen ließ. Der Blick auf die Seekarte zeigte uns auch tatsächlich eine »Position approximate«, also eine vom Hydrographischen Institut nur vage vermessene Wrackposition, der wir bis zu diesem Zeitpunkt noch keinerlei Beachtung geschenkt hatten, da wir die Untergangsstelle der *Empress of Britain* bis zu diesem Zeitpunkt in einem völlig anderen Gebiet vermutet hatten.

Einige Wochen später rief mich mein Freund Tommy, mit dessen Boot wir stets unsere Wrackexpeditionen durchführten, in Deutschland an und erzählte mir aufgeregt, daß er nun endlich die vom Fischer geplottete Wrackposition angefahren und mittels Echolot und Side-Scan-Sonar vermessen hat. Anhand der Sonaraufzeichnungen mit einer Längenausbreitung von über 200 Meter hatten wir keine Zweifel mehr, das Wrack der *Empress* gefunden zu haben. Nun stellte sich jedoch ein anderes Problem, denn das Wrack liegt auf einer durchschnittlichen Tiefe von 150 Metern. Zwar verfügten wir alle zu diesem Zeitpunkt bereits über eine Tiefenerfahrung von annähernd 100 Metern, doch dies reichte eben noch nicht, um ein solches Wrackprojekt in Angriff zu nehmen!

Es sollte weitere Monate dauern, bis ich am Mittag des 8. März 1996 ein Fax von Norman, dem dritte Taucher in unserer Vierergruppe bekam, auf dem in großen Lettern geschrieben war: »I've got the bell of the Empress!!« Er hatte es also tatsächlich geschafft und war vor mir zum Wrack vorgedrungen. Zusammen mit Oliver war es ihm gelungen, zur Brücke des Dampfers, die wie sich beim Tauchgang herausstellte, *lediglich* in einer Tiefe von 118 Metern liegt, vorzudringen und die Schiffsglocke zu bergen. Durch diese Mitteilung war meine Abenteuerlust neu entfacht und nur zwei Wochen später, befand ich mich einmal mehr, wie so oft in den letzten Jahren, auf der Fähre nach Rathlin Island, um meine Freunde zu besuchen. Natürlich hatte ich nur einen Gedanken im Kopf: Ich wollte zum Wrack der *Empress* hinunter tauchen!

Einige Tage später, als das launische irische Wetter sich ausnahmsweise von seiner besten Seite zeigte und ich mich bereits durch mehrere tiefe Trainingstauchgänge auf diesen Tag vorbereitet hatte, war es dann endlich soweit. Früh am Morgen machten wir uns auf die lange Bootsfahrt zur Untergangsstelle der *Empress*. Zuvor verbrachten wir fast eine ganze Stunde damit, unsere umfangreiche Ausrüstung und Unmengen von Atemgasflaschen an Bord zu verstauen. Norman, Oliver und ich benötigen für unseren Tauchgang neben unseren 300-bar-2x15-Liter-Doppelgeräten mit Bottom-Mix Trimix 10/59 jeweils zusätzlich vier 11-Literflaschen mit EANx-40- und EANx-80-Gemischen für die Deko-Phase, Preßluft als Travel-Mix und für unsere Hebesäcke sowie die obligatorische Pony-Bottle mit Argon für unsere Trockenanzüge.

Um auf Tiefe am Wrack etwas beweglicher zu sein, sah es unsere Tauchgangsplanung vor, nicht wie sonst üblich den gesamten erforderlichen Gasvorrat mitzunehmen, sondern *nur* mit dem Doppelpaket und zwei Stagetanks sowie der 10-Liter-Preßluft- und 2-Liter-Argonflasche zu tauchen. Das restliche benötigte Dekogas sollte uns später durch unsere Oberflächenmannschaft im Begleitboot an der Dekoleine herabgelassen werden. Dies erforderte natürlich einen sehr erfahrenen und aufmerksamen Skipper, doch auf Tommy, mit dem ich jahrelang tauchte und das Meer befuhr, war in jeder

Beziehung Verlaß! Sicherheitshalber kalkulierten wir aber dennoch unser EANX-40-Deco-Mix mit über 50 % Reserve, um für alle Eventualitäten gewappnet zu sein.

Nach knapp drei Stunden Fahrzeit mit unserem schnellen Boot hatten wir die Untergangsstelle der *Empress* erreicht. Routiniert machte sich Tommy sofort daran, mit seinem Boot Suchkreise zu fahren, und so konnten wir schon nach wenigen Minuten die Umrisse des riesigen Wracks auf dem Monitor des Sonars einwandern sehen. Nun begannen Norman, Oliver und ich damit, unsere umfangreiche Ausrüstung anzulegen. In der Zwischenzeit hatte Tommy bereits durch geschickte Bootsmanöver die Abtauchleine, die mit einem großen Haken am Wrack eingehakt wird, befestigt. Langsam wurde es ernst. Zugegebenermaßen machte sich nun eine leichte Nervosität in mir breit, denn noch nie hatte ich einen so tiefen Tauchgang unternommen. Da meine beiden Tauchpartner und ich jedoch auf dem gleichen Ausbildungstand waren und sie das Wrack bereits problemlos betaucht hatten, machte ich mir keine allzugroßen Sorgen. Eine gewisse Unruhe, hervorgerufen durch den Respekt vor der großen Tauchtiefe und dem Bewußtsein, ins Ungewisse zu tauchen, ist bei solchen Extremtauchgängen durchaus normal.

Als ich kurze Zeit später in 30 Meter Tiefe an der Abtauchleine auf mein Bottom-Mix wechselte, war meine Nervosität längst verflogen. Ich konzentrierte mich auf meine Abstiegsgeschwindigkeit und die etwa 90 Meter, die ich bis zum Erreichen des Wracks noch vor mir hatte. Nach acht Minuten Tauchzeit konnte ich in einer Tiefe von knapp 110 Metern wenige Meter unter mir das Wrack erblicken. Zunächst dachte ich noch, wir hätten den Meeresgrund erreicht, doch als ich auf der bräunlich grauen, mit orangefarbenen Schwämmen bewachsenen Masse landete und die genieteten Stahlplatten erkennen konnte, wurde mir schnell klar, daß ich mich auf dem riesigen unüberschaubaren Rumpf des Liners befand.

Einige Sekunden war es schwer, sich überhaupt zu orientieren, denn alles was ich sah, war eine nicht-endende Masse Stahl. Aufgrund der Erzählungen meiner Tauchpartner wußte ich aber, daß das Wrack auf der Steuerbordseite liegt, und als ich Norman und Oliver folgte, die zielstrebig über die Bordwand davonschwammen, konnte ich nach einigen Meter vor mir die Reling erkennen. Im nächsten Moment sah ich im Lichtkegel meiner Lampe das ehemalige Promenadendeck, das wie ein schwarzes gähnendes Loch in die sonst regelmäßige Bordwand hineingeschnitten scheint. Einst verlief hier eine üppig verglaste Passagierpromenade, doch die meisten Fensterrahmen sind beim Untergang und im Verlauf der Jahre auf dem Meeresgrund eingefallen und befinden sich nun tief im Inneren des Wracks. Weitere Zwischendecks und Niedergänge erscheinen im Lampenlicht, doch mir bleibt keine Zeit, diese näher zu erkunden, denn fast schon hatte ich den Anschluß an meine Tauchgefährten verloren.

Norman und Oliver schwammen bereits etliche Meter vor mir; ich konnte nur noch das Licht ihrer Lampen in der Dunkelheit erkennen. Ich wußte genau, wohin die beiden so schnell wollten, denn bei unserer Tauchgangsplanung hatten wir den Entschluß gefaßt, wieder zur Schiffsbrücke zu tauchen, denn dort gibt es, wie an jedem Wrack, die interessantesten Fundstücke. Schließlich hatte Norman bei seinem ersten Tauchgang an der *Empress* auf Anhieb die Schiffsglocke geborgen!

Als ich den Anschluß an meine Partner wiedergefunden hatte und einen Blick auf meine Bottom-Timer warf, zeigte die Uhr bereits 12 Minuten Tauchzeit. Es blieben uns noch genau sechs Minuten, bevor wir den Tauchgang abbrechen mußten, um den Aufstieg zur Wasseroberfläche einzuleiten. Auf unserem weiteren Weg entlang der Bordwand in einer Tiefe von 120 Metern konnte ich eine weitere Öffnung erkennen, die ich als ehemalige Gepäckladeluke identifizierte. Das stundenlange Studium der Baupläne des Wracks machte sich wieder einmal bezahlt. Es ist schon ein großer Vorteil, genau zu wissen, in welchem Bereich des riesigen Wracks man sich gerade befindet. Wie schnell ist eine falsche Richtung eingeschlagen, und man hat statt der Brücke das Heck erreicht!

Das Wrack verlor sich unter mir in der Dunkelheit, als ich vor mir wie die Arme einer Riesenkrake die ausgeschwenkten leeren Davits der Backbord-Rettungsboote in die Höhe emporragen sah. Jetzt hängen über ihnen einige zerrissene Fischernetze, wie Leichentücher, und ich machte einen großen Bogen um sie, um mich nicht in Gefahr zu bringen. Sich in solchen Netzen, die leider an Wracks sehr häufig anzutreffen sind, noch dazu in dieser Tiefe zu verfangen, kann schnell zu einer lebensgefährlichen Situation führen.

Nachdem mich die nun stärker werdende Strömung fast in ein weiteres, plötzlich vor mir auftauchendes Netz getrieben hätte, und ich gerade noch ausweichen konnte, sah ich, wie plötzlich unter mir das Deck schlagartig zu Ende war und ich ins Leere schwamm. Nach zwei Flossenschlägen befand ich mich wieder an der Bordwand und folgte Norman, der zielstrebig nach rechts abbog und entlang mehrerer viereckiger Bullaugen in die Tiefe glitt. In 128 Metern Tiefe war er plötzlich in einer Öffnung der Brücke verschwunden. Um ihn nicht durch meine Anwesenheit in der Enge des Wracks zu gefährden, widerstand ich der Versuchung hinterherzutauchen. Statt dessen ließ ich mich noch einige Meter tiefer gleiten, weil ich im Licht meines Unterwasserscheinwerfers eine Messinglampe erkennen konnte, die neben einem Niedergang an der Wand hing. Durch einen erneuten Blick auf meinen Bottomtimer, vergewisserte ich mich, daß ich noch Zeit hatte. Mir blieben noch etwa drei Minuten, um die Lampe zu lösen. Ich hatte Glück, denn bereits nach wenigen kräftigen Rüttelbewegungen brachen die im Salzwasser stark angegriffenen Befestigungschrauben. Mit einem weiteren Ruck zog ich das Leitungskabel der Stromversorgung aus dem Lampensockel und verstaute mein Souvenir in meinem Sammelnetz. Neben mir erschienen nun auch Norman und Oliver, die in der Zwischenzeit zwei Bullaugen an Hebesäcken zur Wasseroberfläche geschickt hatten, die aus ihrer Verankerung gerostet waren und lose in den Fensterrahmen lagen.

Unsere Grundzeit wurde nun langsam aber sicher knapp, denn wir hatten zu lange gebraucht, um die Schiffsbrücke zu erreichen. Bei der Erstbetauchung des Wracks hatten meine Partner mehr Glück, denn an diesem Tag verfing sich der Haken des Abtauchseils nur wenige Meter neben der Brücke und führte die beiden bereits nach kurzer Zeit an die richtige Stelle.

So blieben mir nur wenige Minuten am eigentlichen Ziel des Tauchgangs, dem Brückendeck, doch immerhin hatte ich als Andenken an diesen Tauchgang eine Lampe gefunden. Nach einer Run-Time von 18 Minuten verließen wir die Wrackoberkante in knapp 117 Metern und schwebten der Wasseroberfläche entgegen. In einer Tiefe von 60 Metern bremsten wir unseren Aufstieg, schickten unsere Deko-Bojen nach oben und führten in 57 Metern unseren ersten Deko-Stop durch. Kaum hatten wir unsere Bojen nach oben geschickt, hörten wir auch schon Tommy, der mit dröhnenden Schraubengeräuschen seines 400 PS starken Doppel-Inborders sein Boot in unsere Richtung jagte. Kurze Zeit später konnten wir uns in die vom Boot heruntergelassene Dekoleine einhaken. Als wir knapp 20 Minuten später in 30 Metern auf EANx 40 umstiegen, kamen uns schon die zusätzlichen Stagetanks entgegen, die Tommy an einem zweiten Seil zu uns herabließ.Tommy kannte unseren Zeitplan immer bis ins letzte Detail und wußte ganz genau, daß wir uns nun auf der richtigen Tiefe für unser Deko-Mix befanden. Ich habe in meinem Leben keinen erfahreneren Seemann gekannt als ihn. Einen besseren Boat-Cover-Mann und Freund kann man sich nicht wünschen!

Unseren Tauchgang beendeten wir nach einer knapp dreistündigen Dekompressionszeit ohne Zwischenfälle. Erschöpft und doch sehr glücklich über den guten Verlauf dieser Tauchoperation reichten wir unsere Ausrüstung ins Boot und begannen unsere Rückfahrt nach Rathlin Island. Es war sicherlich ein sehr anstrengender Tauchgang, doch wir wurden in jeder Hinsicht belohnt. Das selbst gesetzte Ziel, das Wrack der *Empress of Britain*, unserer *Kaiserin*, wie wir sie stets genannt hatten, hatten wir erreicht und waren in eine Tiefe vorgedrungen, die niemand von uns je zuvor gemeistert hatte. Mit einem gewissen Stolz verließen wir die Untergangsstelle und überließen das Wrack wieder der unendlichen Stille des Ozeans.

Außer Reichweite?

Die bisher in diesem Buch beschriebenen Wracks liegen in einer Tiefe, die nur von sehr wenigen Tauchern in ihrem Leben je erreicht werden. Das Tauchen in Tiefen von über 100 Metern ist für viele gleichzusetzen mit einem Flug auf den Mond. Trotz der erfolgreichen Tauchexpedition zum Wrack der *Empress of Britain* in einer Tiefe von 148 Metern gibt es immer neue Herausforderungen, denen es sich zu stellen gilt. Immer wieder stoße ich bei meinen Recherchen auf neue Wracks, die in noch unbekannten Tiefen auf ihre Entdeckung warten. Allein etwa 25 U-Boote sind in den Tagen nach Beendigung des Zweiten Weltkrieges unter dem Codewort »Operation Deadlight« versenkt worden. Diese deutschen Beuteboote wurden von der englischen Marine in einem Tiefengraben des Nordatlantiks versenkt. Über den Grund dieser Versenkung ist nicht viel bekannt, doch Gerüchten zufolge sollen sich auf diesen U-Booten englische Geheimwaffen und -dokumente befinden, für die es nach Kriegsende keinen Bedarf mehr gab und die vor der Weltöffentlichkeit geheim gehalten werden sollten. Alle diese Boote liegen in einer Tiefe von etwa 170 Metern.

Gerade in diesem Seegebiet liegen auch noch eine Reihe äußerst interessanter Wracks, die aufgrund der großen Wassertiefe noch nie betaucht wurden. Erst vor einigen Monaten stießen wir auf die Position des englischen 17.000-BRT-Hilfskreuzers *Transylvania*, der am 10. August 1940 von einem deutschen U-Boot torpediert und versenkt wurde. Das Wrack liegt 65 Seemeilen nördwestlich der Insel Rathlin Island im Nordkanal, in einer Tiefe von 182 Metern. Ein weiteres großes Passagierschiff liegt nur wenige Seemeilen von dieser Position in einer Tiefe von 187 Metern. Es ist der Flüchtlingsdampfer *Arandora Star*, der von Kapitänleutnant Günther Prien, einem der bekanntesten deutschen U-Bootkapitänen versenkt wurde.

Vielleicht gelingt es unserem Tauchteam oder nachfolgenden Tauchergenerationen eines Tages, in diese Tiefen vorzustoßen, um weitere Wracks zu erforschen. Es ist schwer zu sagen, welche neuen Tauchtechniken in den nächsten Jahren entwickelt werden. Sicherlich gab es in der Vergangenheit mit U-Booten bereits Vorstöße in weit größere Tiefen. Ein bekanntes Beispiel hierfür ist die Entdeckung und Erforschung des berühmten Passagierliners *Titanic* in einer Tiefe von 3800 Metern durch den amerikanischen Tiefseeforscher Robert D. Ballard oder aber auch die ebenfalls durch Ballard durchgeführte

Erforschung des deutschen Schlachtschiffes *Bismarck,* in einer Tiefe von 4740 Metern. Solche Expeditionen erfordern jedoch einen Finanzetat in Millionenhöhe und haben mit dem normalen Wracktauchen nichts mehr zu tun.

In meinen Augen liegt die Herausforderung des Wracktauchens in der Bewältigung großer Tauchtiefen durch Freitaucher und der Möglichkeit, ein Wrack eigenhändig zu erforschen. Es ist immer wieder ein packendes Abenteuer in noch größere Tiefen vorzudringen und ein Stück Vergangenheit zu entdecken. Die Position eines versunkenen Schiffes zu kennen und nicht daran tauchen zu können, weil es zu tief liegt, ist für mich kein Grund aufzugeben. Neue Herausforderungen erfordern nur neue Methoden. Doch wie weit können wir unser persönliches Limit ausdehnen? Wann wird das Risiko unkalkulierbar? Möglicherweise müssen wir feststellen, daß wir an unsere Grenzen gestoßen sind. Bis zum heutigen Tage ist es uns noch nicht gelungen, zum Wrack der *Arandora Star* vorzudringen. Zweimal scheiterten wir bereits an dieser Tiefe. Dennoch werden wir es wieder versuchen. Vielleicht müssen wir uns aber auch damit abfinden, daß die *Arandora Star* – wie auch andere tiefgelegene Wracks – tatsächlich außerhalb unserer Reichweite liegt?

Lüftet auch die *Arandora Star* ihr letztes Geheimnis?

Eines der fünf Schiffe für den Fracht- und Passagierverkehr der Blue Star Line nach Südamerika, die 14tägige Abfahrten von London zum Rio de La Plata bieten sollten, war die *Arandora Star*. Die Indienststellung der *Arandora* – wie der Name zunächst lautete – erfolgte im Jahre 1927 von der Bauwerft Cammell Laird in Birkenhead. Ihre Größe betrug 12.857 BRT bei einer Länge von 160,77 m und einer Breite von 20,50 m. Angetrieben wurde die *Arandora* von Dampfmaschinen, die von acht Kesseln mit Öl oder Kohlebrennern beheizt wurden sowie zwei Propellern. Nach erfolgtem Umbau im Jahre 1929 betrug ihre Tonnage 15.501 BRT. Das Schiff hatte zwei Schornsteine, von denen einer eine Attrappe war und nur zur Belüftung des Maschinenraumes diente, sowie acht Decks.

Auf der La-Plata-Route fuhr die *Arandora* allerdings nicht lange, denn der Konkurrenzkampf in diesem Seegebiet war sehr hart, besonders durch die Royal Mail Line. Daher wurde sie im Jahre 1929 zum Kreuzfahrtschiff umgebaut. Dafür wurden der Aufbau vergrößert, die Ladekapazität eingeschränkt und das Passagiervolumen reichlich gesteigert. 1939 wurde auch der hintere Mast abgenommen, wodurch sich ihr Aussehen weiter veränderte. Mit dem Namenszusatz *Star* startete sie ihre Karriere als Kreuzfahrtschiff. Sie fuhr im Sommer nach Norwegen und in die nördlichen Hauptstädte und im Winter in die Karibik und nach Südamerika. Im Herbst und im Frühjahr kreuzte sie für gewöhnlich im Mittelmeer und an der nordafrikanischen Küste.

Abb. 100

Der englische Passagier-Liner *Arandora Star*. Aufnahme aus dem Jahr 1932.

Im August 1939 mußte ihr Kreuzfahrtprogramm wegen des Ausbruchs des Zweiten Weltkrieges eingeschränkt werden. Sie fuhr im September nach New York. An Bord waren viele Amerikaner, die fürchteten, in Europa in den Kriegsdienst gestellt zu werden und sich nach Hause absetzen wollten. Obgleich sie die richtige Größe für einen bewaffneten Hilfskreuzer hatte, wurde sie nicht für diesen Zweck umgerüstet, denn das Schiff war ohnehin etwas rank und zusätzliche Geschütze hätten die Seetüchtigkeit beeinträchtigt. Stattdessen sollte sie sich sich am Auslegen von Torpedonetzen im Ärmelkanal beteiligen.

Jedoch auch für diese Aufgabe wurde die *Arandora Star* nie richtig eingesetzt, obwohl sie sich bei den Tests als geeignet erwiesen hatte. Mit einem grauen Anstrich versehen, fuhr sie nach Liverpool und dann nach Norwegen, um dort britische, französiche und polnische Soldaten zu evakuieren. Die Rückreise fand im Konvoi statt und sie erreichte trotz einiger Bombenattacken sicher den Hafen von Glasgow.

Als nächstes unternahm die *Arandora Star* einige Reisen nach Frankreich, um dort alliiertes Personal abzuholen, das aus Dünkirchen geflohen war. In Bayonne und St. Jean de Luz gelang es ihrer Besatzung, 3000 Mann an Bord zu nehmen und sicher nach Liverpool zu bringen, während feindliche Flugzeuge über ihren Masten kreisten. Ihre nächste Aufgabe bestand darin, einige Hundert deutsche und italienische Internierte sowie deutsche Kriegsgefangene nach Kanada zu bringen. Diese Reise sollte sie alleine ohne Eskorte unternehmen, wobei sie sich auf ihre relativ hohe Geschwindigkeit von 17 Knoten und eine Zick-Zack-Route verlassen mußte. Um sich im Notfall verteidigen zu können, hatte sie eine defensive Bewaffnung erhalten. Sie verließ Liverpool am 1. Juli 1940 mit 712 Italienern, 478 Deutschen, 200 Wachsoldaten und einer Besatzung von 174 Mann. In der Nacht wurde Malin Head, die Nordspitze Irlands umrundet und Kurs auf St. Johns auf Neufundland gesetzt.

Am nächsten Morgen spürte das deutsches U-Boot *U 47* unter dem Kommando von Kapitänleutnant Günther Prien die *Arandora Star* auf. Prien hatte sich bereits ein Jahr zuvor einen großen Namen als U-Boot-Kapitän gemacht, als er in den Hafen von Scapa Flow eindrang und dort das britische Schlachtschiff *Royal Oak* versenkte. Als er die *Arandora Star* als feindliches Schiff ausgemacht hatte, feuerte er seinen letzten noch an Bord verbliebenen Torpedo auf das Schiff ab.

Prien schreibt am Morgen des 02. Juli in sein Kriegstagebuch:

»07.29 Uhr. Schiffspeilung in 83°. Dampfer in Sicht.
07.30 Uhr. Alarmtauchen. Rundblick durchs Sehrohr. Schiffspeilung in 105°, Bug weist genau in unsere Richtung. Dampfer läuft ziemlich hohe Geschwindigkeit.
07.34 Uhr. Schiffsposition 0°.
07.44 Uhr. Schiffsposition 35°.
Geschätzte Geschwindigkeit des Dampfers beträgt 15 Seemeilen. Entfernung 3500 m. Aufgrund des vom Dampfer gefahrenen Zick-Zack-Kurses gehe ich von einem feindlichen Schiff aus.
07.53 Uhr. Position QU 5116, 56°17'N/11°05'W, Seegang Stärke 3, Wind Südwest 2, leichte Dünung, diesig, gute Sicht. Steuere Angriff auf den feindlichen Dampfer. Torpedo wird um 07.53 Uhr und 28 Sekunden aus Torpedorohr V. abgefeuert. Position 70°, Geschwindigkeit 15 Seemeilen, Entfernung 2500 m. Beobachte Treffer im Bereich des ersten Schornsteines.«

Abb. 101

U 47 bei der Rückkehr aus Scapa Flow.

Der von Kapitän Prien abgefeuerte Torpedo traf auf der Steuerbordseite im hinteren Bereich des Maschinenraumes, der sofort vollief. Sämtliche Besatzungsmitglieder, die sich dort aufgehalten hatten, kamen ums Leben. Die Explosion setzte die Antriebsmaschinen und die Kessel des Schiffes lahm. Auch ein Notruf konnte nicht abgesetzt werden, weil die dafür notwendigen Energiequellen ausgefallen waren. Während dieser kurzen Zeit konnten zehn Rettungsboote und einige Rettungsflöße zu Wasser gelassen werden. Einige der Passagiere waren schon älter und weigerten sich zunächst, das Schiff zu verlassen.

Kapitän Günther Prien berichtet weiter in seinem Kriegstagebuch:

»08.15 Uhr. Dampfer hat gestoppt. Ungefähre Position 180°. Schiff zeigt leichte Schlagseite nach Steuerbord. Rettungsboote sind teilweise schon zu Wasser gelassen. Weitere Rettungsboote folgen. Lasse das Boot auf 20 Meter abtauchen und verlasse das Gebiet.
08.40 Uhr. Rundblick durch das Sehrohr. Vom Dampfer ist nichts mehr zu sehen.
08.48 Uhr. Position westlich des Nordkanals. Lasse auftauchen. Kurs liegt an auf 20 Grad. Boot steuert Heimatkurs. Versenkter Dampfer war bewaffnet mit einer größeren Kanone am Heck. Dampfer ähnelte dem Typ Ormontes mit ca. 15.000 BRT. Ich gehe davon aus, daß das Schiff untergegangen ist, denn bei meinem letzen Auftauchen hatten wir 15 Seemeilen Sicht und es war kein Dampfer zu sehen.«

Am Mittag des nächsten Tages erhält Prien und die Besatzung von *U 47* schließlich über Bordradio die Bestätigung, daß der Dampfer *Arandora Star*, 15.501 Bruttoregistertonnen, gesunken ist.

Der Kapitän der *Arandora Star* und der deutsche Kapitän des Dampfers *Adolph Woermann*, der als Kriegsgefangener an Bord war, gingen mit dem Schiff unter. Die Überlebenden wurden von einem Flugboot der Royal Air Force gesichtet und wenige Stunden später von dem kanadischen Zerstörer *St. Laurent* aufgefischt.

805 Menschen kostete der Untergang das Leben, darunter 486 Italiener und 175 Deutsche. *U 47* wurde im März 1941 im Atlantik versenkt, wobei die gesamte Besatzung ums Leben kam.

Die Untergangsposition der *Arandora Star* befindet sich ähnlich der *Justicia* sehr weit auf offener See und erfordert eine Anfahrt von ca. 5 Stunden von Rathlin Island. Das Wrack liegt auf ebenem Kiel in einer Tiefe von 187 Metern. Echolotmessungen über dieser Position ergaben eine Mindesttiefe bis zu den Aufbauten von etwa 163 m. Bis zum heutigen Tag wurde das Wrack noch nicht betaucht. Lediglich einen Versuch, die Aufbauten des Liners zu erreichen, hat unsere Gruppe unternommen. Dieser Tauchgang wurde allerdings in einer Tiefe von 110 Metern aufgrund von starker Strömung abgebrochen.

Wo liegen die Grenzen?

Die von unserer Tauchgruppe bis zu diesem Zeitpunkt erreichten Tauchtiefen sind weit über dem normalen Limit des Sporttauchens und liegen längst im Grenzbereich der technischen Möglichkeiten für Hobbytaucher. Die Wracks, die wir betaucht haben, liegen in einer Tiefe von 70–150 Meter, und nur wenige Taucher können diese extremen Tiefen je erreichen. Solche Tauchgänge sind gleichzusetzen mit einem »Wandeln auf Messers Schneide«. Entweder die Gradwanderung gelingt, oder man stürzt ab, weil die persönlichen Grenzen überschritten wurden. Aber wo genau liegen die Grenzen? Wie tief können Menschen mit »normaler« Ausrüstung tauchen, bevor die Schwierigkeiten und Risiken eine inakzeptable Größe annehmen? Diese Frage ist relativ schwierig zu beantworten, da jeder Mensch unterschiedliche Fähigkeiten und körperliche Voraussetzungen mit sich bringt. Darüber hinaus gibt es physikalische Grenzen.

Bei Tauchgängen mit normaler Preßluft liegt die theoretische Tiefengrenze bei etwa 70 Meter. Taucht man tiefer, ist der Partialdruck des in der Preßluft vorhandenen Sauerstoffs in einem Druckbereich, in dem er toxisch auf den menschlichen Organismus wirkt. Die ersten Anzeichen dieser Sauerstoffvergiftung, oftmals Muskelschmerzen, Schwindelgefühl oder Tunnelblick kennen viele Taucher besser unter der Bezeichnung »Tiefenrausch«. In einem solchen Rauschzustand kann sich ein Taucher nicht mehr richtig konzentrieren und nimmt Dinge, die um ihn herum passieren, wesentlich schlechter wahr. Dieses Gefühl der Beklemmung kann sehr schnell zu Panikreaktionen führen. Es ist schon ziemlich ironisch, daß ausgerechnet der sonst für den Menschen lebenswichtige Sauerstoff eine solch tödliche Gefahr für den Taucher sein kann. Doch diese theoretische Tiefenbegrenzung mit Preßluft ist nicht etwa eine »fiktive« Grenze, die sich schlaue Gelehrte ausgedacht haben. Vielmehr ist es ein Gefahrenbereich, in dem das Risiko einer Sauerstoffvergiftung immens hoch ist.

Eine weitere Begrenzung des Tauchens mit herkömmlicher Luft ergibt sich durch die hohe Stickstoffanreicherung im Blut des Tauchers in großen Tiefen. Hierbei ergeben sich ähnliche Symptome wie bei der Sauerstoffvergiftung. Mit zunehmender Tiefe ist die Stickstoffkonzentration im Blutkreislaufs des Tauchers so hoch, daß hierdurch ebenfalls unkontrollierte Reaktionen des Tauchers möglich sind. Dieses Phänomen kann bei manchen Tauchern bereits schon bei einer Tiefe von weniger als 30 Meter beobachtet werden, doch selbst erfahrene Taucher werden diesen Zustand in einer Tiefe von etwa 50 Meter erleben. Spätestens in einer Tiefe von 60 Meter erreicht die Stickstoff- und Sauerstoffnarkose einen absolut kritischen Punkt, der sehr schnell und oftmals ohne lange Vorwarnung zu einer tödlichen Gefahr werden kann.

Berufstaucher und Technical Diver haben diese Gefahren durch Veränderung ihrer Gasgemische und Reduzierung des Sauerstoff- und Stickstoffanteils überwunden und die Grenzen weit nach unten erweitert. Die reduzierten Gasmengen werden durch Helium oder andere nicht-toxische Inertgase ersetzt. Doch selbst das ungiftige Helium birgt mit zunehmender Tiefe immer größere Gefahren. Ab einer Wassertiefe von ca. 140 Metern können Muskelrämpfe auftreten und spätestens nach Überschreiten der 280 Meter kann es zur vollständigen Bewußtlosigkeit des Tauchers kommen. Bei diesen Gefahren muß man sich die Frage stellen, ob sich der Aufwand und das Risiko solcher Extremtauchgänge lohnen.

Ich für meinen Teil, kann diese Frage mit einem klaren Ja beantworten, denn ich hatte die Gelegenheit, an tiefen Wracks zu tauchen, die nie zuvor betaucht worden waren. Ich denke, die Grenzen des Technical Diving liegen in erster Linie dort, wo die individuelle Belastbarkeit eines jeden Tauchers aufhört. Lange bevor technische, medizinische oder pysikalische Grenzen erreicht werden, ist oft der Mensch am Ende seiner Leistungsfähigkeit. Hat ein Taucher sein persönliches Maß erreicht, sollte er auch nicht versuchen, dieses Limit zu überschreiten. Es eignet sich auch nicht jeder Autofahrer zum Formel-1-Piloten! Das gleiche gilt für den Tauchsport. Bei allen Tauchgängen sollte die persönliche Gesundheit im Vordergrund stehen. Was bringt es einem Taucher, wenn er tief taucht, es aber niemandem erzählen kann, da er es nicht überlebt? Billy Deans, ein amerikanischer Pionier des Technical Diving, sagte einmal in einem Interview: »Die schönste Sache, die ich von einem Wrack mit nach Hause bringen kann, ist mein eigenes Leben!«

Trotz aller Gefahren wird es auch in Zukunft immer wieder Taucher geben, die ihre persönlichen Grenzen suchen und in immer größere Tiefen vordringen wollen. Immer wieder wird es aber auch lautstarke Kritiker geben, die diese »Grenzgänger« verurteilen. Schon frühere Tieftauchpioniere, die einen großen Teil ihres Lebens der Unterwasserforschung gewidmet haben und oftmals unter Einsatz ihres Lebens nach neuen Tauchmethoden suchten und ihre persönlichen Grenzen finden wollten, ernteten herbe Kritik. Auch heute werden Extremtaucher von der Tauchszene oft kritisiert. Sind solche »Kamikazetaucher« oder »Tiefenjäger«, wie sie manchmal genannt werden, wirklich ein schlechtes Beispiel für andere? Verleiten sie womöglich andere Taucher, sich auf die Risken solcher Tauchgänge einzulassen? Tatsächlich gibt es in Deutschland nur eine Handvoll Taucher, die in der Lage sind, Tauchgänge in Tiefen von über 100 Meter durchzuführen. Sie wissen jedoch genau, was sie tun, auch wenn sie oft nur mitleidig belächelt und in eine Außenseiterrolle gedrängt werden. Daher denke ich, daß die Frage gestellt werden muß, warum die Kritik an tiefen, technischen Tauchgängen so verbreitet ist?
Die lautstärkste Kritik kam in der Vergangenheit gerade von denen, die niemals über das normale Sporttauchen hinweggekommen sind, also von Personen, die

entweder nicht über die notwendige Erfahrung und das entsprechende Fachwissen oder schlicht und ergreifend nicht über den entsprechenden Mut verfügen, solche Tauchgänge durchzuführen. Jene Kritiker sind der Auffassung, niemand solle solche tiefen und gefährlichen Tauchgänge durchführen, da das purer Unsinn sei. Sie versuchen, ihre eigene Unfähigkeit dadurch zu verschleiern, daß sie Fehler bei anderen suchen, die seit Jahren solche Tauchgänge sicher durchführen. Sie verschließen auch ihre Augen vor der Tatsache, daß nur Tieftauchen mit Preßluft eine extrem gefährliche Angelegenheit ist. Tauchgänge mit Mischgas hingegen ermöglichen es – entsprechendes Fachwissen, Disziplin und sorgfältige Planung vorausgesetzt – große Tiefen relativ sicher und mit einem gut kalkulierbaren Risiko aufzusuchen. Dennoch möchte ich an dieser Stelle noch einmal betonen, daß Technical Diving und Tauchgänge in große Tiefen kein »Volkssport« ist. Im vergangenen Jahr sind zwei, der wohl erfahrensten Technical-Diver, der englische Höhlenspezialist und Tauchpionier Rob Palmer sowie der amerikanische Höhlentaucher Rob Parker bei tiefen Tauchgängen ums Leben gekommen. Mein bester Freund Tommy verlor ebenfalls im vergangenen Jahr sein Leben bei einem tiefen Wracktauchgang, obwohl er über mehr als 30 Jahre Taucherfahrung unter extremsten Bedingungen verfügte. Darüber hinaus verunglückten – wie leider jedes Jahr – viele Hobbytaucher, aber auch Mischgastaucher, weil sie die Grenzen ihrer Leistungsfähigkeit überschritten haben.

Jeder interessierte Sporttaucher sollte sich Gedanken darüber machen, ob der hohe finanzielle Aufwand beim Mischgastauchen, die extrem hohen psychischen und körperlichen Anforderungen und das Gefahrenpotential solcher Tauchgänge nicht die eigenen Möglichkeiten schlichtweg überschreiten. Auch die beste und teuerste Tauchausrüstung macht keinen besseren Taucher!

Hannes Keller, Schweizer Tauchpionier und Tieftauchrekordhalter erzählte mir von seinem im Jahre 1960 aufgestellten und bis heute noch gültigen europäischen Tiefenrekord für Freitaucher, von 222 Metern: Bevor sich sein späterer Tauchpartner, der amerikanische Journalist vom LIFE-Magazin Kenneth McLeish dazu entschloß, an diesem Rekordversuch teilzunehmen, fragte er Keller, ob die Sache denn nicht gefährlich sei. Keller antwortete darauf: »Oh ja, sie ist sogar verdammt gefährlich!«. Daraufhin antwortete McLeish: »Wenn das so ist, dann komme ich mit!« Später erwähnte McLeish in einem weiteren Gespräch mit Keller, daß er nur deshalb mitgekommen sei, weil Keller das große Risiko eines solchen Extremtauchganges richtig eingeschätzt hatte. Hätte er die Gefahr, in eine solche Tiefe hinabzutauchen, unterschätzt, hätte er ihn für einen schlechten Taucher gehalten, der sich arglos in Gefahr begibt, und wäre nicht mit Keller getaucht!

Obwohl ich die Risiken von Tieftauchgängen genau kenne und mich Tommys Tod tief getroffen hat, tauche ich dennoch weiter. Der Reiz, neu entdeckte

Wracks zu betauchen und in Tiefen vorzudringen, die weltweit nur von sehr wenigen Tauchern gemeistert werden können, ist für mich größer, als alle mit solchen Extremtauchgängen verbundenen Gefahren. Tommy hätte genauso weiter gemacht, wie ich heute, denn er teilte meine Leidenschaft. Ich versuche jedoch auch, das Gefahrenpotential meiner Tauchgänge in einem für mich kalkulierbaren Rahmen zu halten, lerne aus eigenen Fehlern und analysiere die Unfallberichte verunglückter Taucher genauestens, um daraus die für mich richtigen Schlüsse zu ziehen. Ich kenne meine persönlichen Grenzen genau, weiß, wann es besser ist eine Herausforderung nicht anzunehmen und lasse mich nicht aus Imponiergehabe oder Selbstüberschätzung zu Tauchgängen überreden, die ich nicht bewältigen kann. Hannes Keller machte in diesem Zusammenhang während eines unserer Gespräche die treffende Bemerkung: »Die Natur hat den Mensch nicht für das Tauchen vorgesehen, doch er kann respektvoll in die Geheimnisse der Welt unter Wasser eindringen.«

Zur Zeit befassen mein Tauchteam und ich uns mit weiteren Tieftauch-Projekten. Unter anderem ist ein neuer Versuch geplant, zum Wrack der *Arandora Star* vorzudringen. Zwei weitere Passagierliner, die beide in einer Tiefe jenseits von 140 Metern liegen, sollen ebenfalls in naher Zukunft erforscht werden. Durch den Einsatz neuer Techniken werden wir eines Tages vielleicht sogar einige Wracks in noch größeren Tiefen betauchen können, von denen wir bereits die Untergangspositionen kennen. Diese Schiffe liegen jedoch in fast 200 Meter Tiefe und sind daher auch für unser Team – zur Zeit – noch jenseits des Grenzbereiches.

Anhang

Quellen und Adressen für eigene Wrackrecherchen

Bundesarchiv Koblenz
Potsdamer Straße 1
56075 Koblenz
(Bilder von Schiffen und Personen, Kriegstagebücher)

Bundesarchiv – Militärarchiv
Wiesentalstraße 10
85356 Freiburg i. Br.
(Kriegstagebücher Schiffe / U-Boote etc.)

Commissioners of Irish Lights
16. Lower Street
Dublin 2, Ireland
(Anfragen über gesunkene Schiffe in englischen Hoheitsgewässern)

Department of Transport
General Register & Record
Gabalfa
Cardiff CF4 4YA, United Kingdom
(Kopien der Schiffspapiere zu Seeleuten und Besatzungsmitgliedern 1939–1950, Register von Seeleuten und Dienstverhältnissen 1941–1972, Geburt u. Tod von Besatzung und Pasagieren, Handelsmarine, Navy Reserve)

Department of Transport
War Risk Insurance Office
2 Marcham Street
London, United Kingdom
(Schiffsname und Datum des Untergangs – Eigentumsverhältnisse des Rumpfes und der Ladung, die durch Kriegshandlungen WW I+II verloren gegangen sind)

Deutsche Dienststelle (Referat V.)
Eichenborndamm 179
13403 Berlin
(Personenbezogene Recherche, Militärische Ranglisten)
Guildhall Libary
Aldermanbury
London, United Kingdom
(Untergangsumstände von Lloyds of London 1740/1–1981, Board of Trade Inquiry reports)

Imperial War Museum
Lambeth Road
London, United Kingdom
(Kurze Technische Beschreibungen von Handelsschiffen,Verlustmeldungen gesunkener Schiffe. Bildmaterial ist vorhanden in Department of Photographs, des Imperial War Museums)

Lloyd's Register of Shipping (Information Group, CMG)
71 Fenchurch Street
London, United Kingdom
(Kurze Beschreibungen der Untergangsumstände, Untergänge seit 1890)

Lloyd's of London Press
Ehrenbergstrasse 59
22767 Hamburg 50

Ministry of Defence (Hydrographic Office)
Hydrographisches Institut – Wrackabteilung
Tounton Somerset
United Kingdom
(Informationen über alle europäischen, vermessenen Schiffswracks)

Ministry of Defence (Naval Historical Branch)
3–5 Great Scotland Yard
London, United Kingdom
(Anfragen zu englischen Kriegsschiffen und Personen)

WZ- Bilddienst
Börsenstraße 29
26352 Wilhelmshaven
(Schiffsbilder der deutschen und ausländischen Flotten, 1848–Neuzeit)

Wracks in der Irischen See, die noch zu finden sind

Die folgenden 159 englischen Handels- und Kriegsschiffe wurden durch Kriegseinwirkungen an der Irischen Küste sowie im Nordkanal der Irischen See als verloren gemeldet. Neben Hunderten bereits aufgefundenen und betauchten Wracks sind hier lediglich solche Schiffe aufgelistet, die bis zum heutigen Tage noch nicht entdeckt sind.

Die Untergangsumstände sind wie folgt klassifiziert:
M = Mine, U = U-Boot, F = Flugzeugangriff.

Erster Weltkrieg

Name	Tonnage	Untergangs-datum	Ursache	Ungefähre Untergangsposition
Manchester Commerce	5363 t	27.10.1914	M	20 Sm N, 1,4 Sm E Tory Island
Tritonia	4272 t	19.12.1914	M	22 Sm NNE Tory Island
Cherbury	3220 t	29.04.1915	U	27 Sm WNW Eagle Island
Fulgent	2008 t	30.04.1915	U	20 Sm WNW Blaskets
Earl of Latham	132 t	05.05.1915	U	8 Sm SW Old Head Kinsale
Centurion	5858 t	06.05.1915	U	13 Sm SE 1,4 Sm E Coninbeg

Name	Tonnage	Untergangs-datum	Ursache	Ungefähre Untergangsposition
Candidate	5945 t	06.05.1915	U	15 Sm S Barrels LV.
Glenholm	1968 t	21.05.1915	U	16 Sm WSW Fastnet
George & Mary	100 t	04.06.1915	U	15 Sm SW Eagle Island
Sunlight	1433 t	06.06.1915	U	20 Sm SW Galley Head
Trafford	215 t	16.06.1915	U	30 Sm WSW Tuskar
Iberian	5223 t	30.07.1915	U	9 Sm SW Fasnet
Osprey	310 t	12.08.1915	U	40 Sm NE by E Inis Teraght
Bonney	2702 t	17.08.1915	U	16 Sm SE Tuskar
Africa	1038 t	16.09.1915	M	1,5 Sm off Kingstown
Aranmore	1050 t	21.03.1916	U	24 Sm ENE of Eagle Island
Maggie	269 t	17.08.1915	U	8 Sm E by S Arklow LV.
Englishman	5257 t	24.03.1916	U	30 Sm NE Malin Head
Manchester Engineer	4302 t	27.03.1916	U	20 Sm W by S Coningbeg LV.
Zent	3890 t	05.04.1916	U	28 Sm W by S Fastnet
Cardonia	2169 t	16.04.1916	U	20 Sm S of Fastnet
Lilian H.	467 t	19.01.1917	U	15 Sm SE Old Head of Kinsale
Neuquen	3583 t	20.01.1917	U	20 Sm NW by W Sceligs

Name	Tonnage	Untergangs-datum	Ursache	Ungefähre Untergangsposition
Ava	5076 t	27.01.1917	U	? südlich von Irland
Cliftonian	4303 t	06.02.1917	U	2 Sm SSW Galley Head
Hopemoor	3740 t	14.02.1917	U	20 Sm NW of Scelligs
Kincardine	4108 t	03.03.1917	U	20 Sm NE Teeraght
Mediterranean	105 t	10.03.1917	U	13 Sm S Hook
T. Crowley	97 t	10.03.1917	U	12 Sm S Hook
Brika	3549 t	13.03.1917	U	13 Sm SE by S Coninbeg
Northwaite	3626 t	13.03.1917	U	14 Sm WNW Blaskets
William Martin	104 t	16.03.1917	U	9 Sm SW by W Ram Head
Ennistown	689 t	24.03.1917	U	10 Sm SE of South Arklow LV.
Howe	175 t	24.03.1917	U	4 Sm NE from North Arklow LV.
Adenwen	3793 t	25.03.1917	U	6 Sm SE by E from North Arklow LV.
Holgate	2604 t	27.03.1917	U	10 Sm of Scelligs
Ardglass	778 t	28.03.1917	U	4 Sm from South Arklow LV.
Wychwood	1985 t	28.03.1917	U	4 Sm SSW South Arklow LV.
Harvest Home	103 t	28.03.1917	U	4 Sm NE South Arklow LV.
Lincolnshire	3965 t	29.03.1917	U	8 Sm SW by S Hook

Name	Tonnage	Untergangs-datum	Ursache	Ungefähre Untergangsposition
Gold Coast	4255 t	19.04.1917	U	14 Sm S Mine Head
Arethusa	1279 t	23.04.1917	U	15 Sm NW Eagle Island
New Design	66 t	04.05.1917	U	15 Sm E by S Tuskar
Pilar De Larenga	136 t	04.05.1917	U	2 Sm SE by S Tuskar
Greta	297 t	05.05.1917	U	11 Sm SE Mine Head
Lodes	396 t	05.05.1917	M	4 Sm Ballycotton
Feltria	5354 t	05.05.1917	U	8 Sm SE Mine Head
Calchas	6748 t	11.05.1917	U	5 Sm W by S Teeraght
Barrister	3679 t	11.05.1917	U	7 Sm SW Mine Head
Silverburn	284 t	13.06.1917	U	4 Sm SE Cove Bay
Dart	3207 t	14.06.1917	U	6 Sm SSW Ballycotton LH.
Carthaginian	4444 t	14.06.1917	M	2,5 SmNW Inistrahull LH.
Raloo	1012 t	17.06.1917	U	6 Sm SE by E Coningbeg LV.
Violet	158 t	18.06.1917	U	9 Sm SSE Coningbeg LV.
Kangaroo	76 t	18.06.1917	U	20 Sm S Tuskar
Batoum	4054 t	19.06.1917	U	6 Sm S Fastnet
Miami	3763 t	22.06.1917	U	11 Sm ESE Fastnet
Lady of the Lake	51 t	30.06.1917	U	15 Sm SSW Hook
Iceland	1501 t	03.07.1917	U	10 Sm SW Galley Head

Name	Tonnage	Untergangs-datum	Ursache	Ungefähre Untergangsposition
Coral Leaf	428 t	07.07.1917	U	18 Sm NW by N Teeraght
Tarquah	3859 t	07.07.1917	U	10 Sm SW Bull Rock
Garmoyle	1229 t	10.07.1917	U	14 Sm SE Mine Head
Kioto	6182 t	11.07.1917	U	20 Sm SW Fastnet
Ludgate	3708 t	26.07.1917	U	2 Sm S Galley Head
Akassa	3919 t	13.08.1917	U	3 Sm SE Galley Head
Athenia	8668 t	16.08.1917	U	7 Sm N Inistrahull
Roscommon	8238 t	21.08.1917	U	20 Sm N Tory Island
Devonian	10.435 t	21.08.1917	U	20 Sm N Tory Island
Cymiran	1014 t	25.08.1917	U	13 Sm SE by S Tuskar
Lynburn	2470 t	29.08.1917	M	0,5 Sm SW by W Arklow LV.
Cooroy	2470 t	29.08.1917	U	10 Sm by W Hook
Tuskar	1159 t	06.09.1917	M	3 Sm W Eagle Island
Zeta	2269 t	14.09.1917	U	8 Sm SE Fastnet
Sandsend	3814 t	16.09.1917	U	6 Sm SW Mine Head
Etal Manor	1875 t	19.09.1917	U	7 Sm SW Hook
Carrabin	2739 t	01.10.1917	U	10 Sm S Dount Rock
Bedale	2116 t	06.10.1917	U	25 Sm SE by S Mine Head
Aylevaroo	908 t	07.10.1917	?	Südküste Irlands

Name	Tonnage	Untergangs-datum	Ursache	Ungefähre Untergangsposition
Richard de Laringa	5591 t	08.10.1917	U	15 Sm SE Ballycotton Island
Memphian	6305 t	08.10.1917	U	7 Sm ENE of North Arklow LV.
Gredlon	3322 t	08.10.1917	U	7 Sm ENE of North Arklow LV.
Rhodesia	4313 t	11.10.1917	U	7 Sm SE by S Coningbeg LV.
East Wales	4321 t	14.10.1917	U	8 Sm SW Daunt Rock
Carlo	3040 t	13.10.1917	U	7 Sm SW Coningbeg
Ardmore	1304 t	13.10.1917	U	13 Sm WSW Coningbeg LV.
Elsena	335 t	22.10.1917	U	16 Sm SE 0,5 Sm S Arklow LV.
Copeland	1184 t	02.12.1917	U	15 Sm SSW Tuskar
Hare	774 t	14.12.1917	U	7 Sm E Kish LV.
Formby	1282 t	16.12.1917	?	Nordkanal der Irischen See
Coningbeg	1279 t	18.12.1917	?	Nordkanal der Irischen See
Canova	4637 t	24.12.1917	U	15 Sm S Mine Head
Daybreak	3238 t	24.12.1917	U	1 Sm E South Rock LV.
Birchwood	2756 t	03.01.1918	U	25 Sm E Blackwater LV.
Rose Marie	2220 t	05.01.1918	U	13 Sm N Arklow LV.

Name	Tonnage	Untergangs-datum	Ursache	Ungefähre Untergangsposition
Aurania	13.936 t	04.02.1918	U	15 Sm NW Inistrahull
Cresswell	2828 t	05.02.1918	U	18 Sm E by N 0,5 Kish LV.
Pinewood	2219 t	17.02.1918	U	15 Sm S Mine Head
Wheatflower	188 t	19.02.1918	U	10 Sm SE by S Tuskar
Rockpool	4502 t	02.03.1918	U	12 Sm NE by N Eagle Island
Castle Eden	1949 t	04.03.1918	U	4 Sm SSE Inistrahull LH.
Nanny Wignall	93 t	09.03.1918	U	14 Sm SE by S Tuskar
Tweed	1777 t	14.03.1918	U	15 Sm SSE Tuskar
Glenford	494 t	20.03.1918	U	24 Sm E 0,5 S Rockabill
Kassanga	3015 t	20.03.1918	U	23 Sm SE by S of South Arklow LV.
Trinidad	2592 t	22.03.1918	U	12 Sm E Codling LV.
Lough Fisher	418 t	30.03.1918	?	12 Sm SSE Helvick
Myrtle Branch	3714 t	11.04.1918	U	9 Sm NE by N Inistrahull
Ladoga	1917 t	16.04.1918	U	15 Sm SE of S Arklow LV
Fern	444 t	22.04.1918	U	5 Sm E by N Kish LV.
Johnny Toole	84 t	29.04.1918	U	Irische See
Iniscarra	1412 t	12.05.1918	U	10 Sm SE Ballycollon Island

Name	Tonnage	Untergangs-datum	Ursache	Ungefähre Untergangsposition
Inisfallen	1405 t	23.05.1918	U	16 Sm E 3/4 Sm N Kish LV.
Marmera	10.509 t	23.07.1918	U	Südküste Irlands
Mesaba	6833 t	01.09.1918	U	21 Sm E 1/4 N Tuskar
City of Glasgow	6545 t	01.09.1918	U	21 Sm E 1/4 N Tuskar
Joseph Fisher	79 t	15.09.1918	U	16 Sm E by N Codling LV.
Energy	89 t	15.09.1918	U	18 Sm E by N Codling LV.
Downshire	368 t	21.09.1918	U	8 Sm ESE Rockabill
Hebburn	1938 t	25.09.1918	U	14 Sm S Mine Head
Baldersby	3913 t	28.09.1918	U	9 Sm E 1/2 Sm S Codling LV.
Eupion	3575 t	03.10.1918	U	10 Sm W Loop Head

Zweiter Weltkrieg

Name	Tonnage	Untergangs-datum	Ursache	Ungefähre Untergangsposition
Vancouver City	4988 t	14.09.1939	U	51°23'N/07°03'W
William Frances Massey	4212 t	06.06.1940	U	55°33'N/08°26'W
Scottish Ministel	6998 t	16.07.1940	U	56°10'N/10°20'W

Name	Tonnage	Untergangs-datum	Ursache	Ungefähre Untergangsposition
Pearlmoore	4581 t	19.07.1940	U	55°23'N/09°18'W
Troutpool	4886 t	20.07.1940	M	54°40'N/05°40'W
Jamaica Progress	5475 t	30.07.1940	U	56°26'N/08°30'W
Jersey City	6322 t	31.07.1940	U	55°47'N/09°18'W
Boma	4586 t	05.08.1940	U	55°44'N/08°04'W
Cumberland	10.939 t	23.08.1940	U	55°43'N/07°33'W
Pecten	7468 t	25.08.1940	U	56°22'N/07°55'W
Har Zion	5022 t	30.08.1940	F	56°20'N/10°00'W
Mardinian	2434 t	09.09.1940	U	56°37'N/09°00'W
Aska	8323 t	16.09.1940	F	55°15'N/05°55'W
City of Mobile	6614 t	16.09.1940	F	54°18'N/05°16'W
New Sevilla	13.801 t	20.09.1940	U	55°48'N/07°22'W
City of Simla	10.138 t	21.09.1940	U	55°55'N/08°20'W
Stratford	4753 t	26.09.1940	U	54°50'N/10°40'W
Manchester Brigade	6042 t	26.09.1940	U	54°53'N/10°22'W
Osage	1010 t	18.12.1940	F	4 Sm NE Arklow LV.
Isolda	734 t	19.12.1940	F	In der Nähe von Barrels LV.
Diplomat	8240 t	27.12.1940	U	55°42'N/11°37'W

Name	Tonnage	Untergangs-datum	Ursache	Ungefähre Untergangsposition
Ringwall	497 t	27.01.1941	M	Irische See, südl. von Isle of Man
Kyle Rona	307 t	17.02.1941	F	Irische See
Port Townsville	8661 t	03.03.1941	F	52°05'N/05°24'W
Empire Frost	7005 t	12.03.1941	F	51°36'N/05°40'W
London II.	1260 t	21.03.1941	F	51°23'N/04°30'W
Brier Rose	503 t	26.03.1941	F	Irische See
Olivine	929 t	28.03.1941	F	Irische See
Olga S.	2252 t	06.04.1941	F	55°48'N/09°45'W
Baron Carnegie	3178 t	11.06.1941	F	51°55'N/05°34'W
St. Patrick	1922 t	13.06.1941	F	52°04'N/05°25'W
Botwey	5106 t	26.07.1941	U	55°42'N/09°53'W
Empire Gunner	4492 t	07.09.1941	F	52°08'N/05°18'W
Daru	8854 t	15.09.1941	F	51°56'N/05°58'W
Empire Heritage	15.702 t	08.09.1944	U	55°27'N/08°01'W
Pinto	1346 t	08.09.1944	U	55°27'N/08°01'W
Norfolk Castle	6466 t	28.02.1945	U	51°58'N/05°25'W
Maja	8181 t	15.09.1945	U	53°40'N/05°14'W